# Chants de la Mère

## Chants devotionnels de Sri Mata Amritanandamayi

## Volume 6

Mata Amritanandamayi Center, San Ramon
California, États Unis

# Chants de la Mère, Volume 6

*Publié par :*

Mata Amritanandamayi Center
P.O. Box 613
San Ramon, CA 94583
États Unis

———————— *Bhajanamritam Volume 6 (French)* ——————————



*Première édition par le Centre MA* : août 2016

*En France :*

Ferme du Plessis
28190 Pontgouin
www.ammafrance.org

*En Inde :*

www.amritapuri.org
inform@amritapuri.org

# L'importance du chant dévotionnel

Mes enfants, en ce *kali yuga* (âge sombre du matérialisme), pour obtenir la concentration, les *bhajans* (chants dévotionnels) sont plus abordables que la méditation. Si nous chantons à voix haute, nous oublions les bruits environnants, sources de distraction, et nous parvenons ainsi à nous concentrer. Les bhajans, la concentration et la méditation, telle est l'ordre de la progression. Mes enfants, garder le souvenir constant de Dieu, c'est la méditation.

Si les bhajans sont chantés avec concentration, ils seront bénéfiques pour le chanteur, pour l'auditoire et pour la Nature. À force d'écouter de tels chants, un réveil intérieur se produira.

Les bhajans sont une discipline spirituelle dont le but est de concentrer notre esprit sur notre divinité d'élection. Grâce à cette concentration, on peut se fondre dans le Divin et faire l'expérience de la béatitude de son véritable Soi.

Il importe peu que l'on croie en Krishna ou au Christ, en Kali ou en Marie, ou encore en un Dieu sans forme; on peut aussi méditer sur une flamme, une montagne ou sur la paix dans le monde, tout en chantant.

Chacun peut savourer la paix venant du Divin qui est en lui en laissant son esprit se fondre dans le son des chants divins.

Sri Mata Amritanandamayi

# Guide de la prononciation

NB : Ces indications sont générales et imparfaites. Elles concernent surtout le sanskrit et le malayalam. Il est donc essentiel d'écouter attentivement la cassette ou le CD pour chanter correctement. Les chants en tamoul et en hindi se prononcent un peu différemment. Par exemple en tamoul, le c de la transcription se prononce comme celui de Céline en français et non tch :

**Voyelles**

| | | | | |
|---|---|---|---|---|
| A | comme | **a** | dans | **Amérique** |
| AI | comme | **aï** | dans | **aïe** |
| AU | comme | **ao** | dans | **cacao** |
| E | comme | **é** | dans | **école** |
| I | comme | **i** | dans | **Italie** |
| O | comme | **o** | dans | **or** |
| U | comme | **ou** | dans | **choux** |

**Consonnes**

| | | | | |
|---|---|---|---|---|
| KH | comme | **kh** | dans | **Eckhart** en allemand |
| G | comme | **g** | dans | **garage** |
| H | comme | **h** | dans | **harvest** en anglais |
| GH | comme | **gh** | dans | **loghouse** en anglais |
| PH | comme | **ph** | dans | **shepherd** en anglais |
| BH | comme | **bh** | dans | **clubhouse** en anglais |
| TH | comme | **th** | dans | **lighthouse** en anglais |
| DH | comme | **dh** | dans | **redhead** en anglais |
| C | comme | **tch** | dans | **Tchernobyl** |
| CH | comme | **ch-h** | dans | **staunch-heart** en anglais |
| J | comme | **dj** | dans | **Djibouti** |
| JH | comme | **dge** | dans | **hedgehog** en anglais |
| Ñ | comme | **ny** | dans | **canyon** |
| Ś | comme | **sh** | dans | **shine** en anglais mais plus sifflé |
| Ṣ | comme | **ch** | dans | **cher** |
| Ṅ | comme | **ng** | dans | **sing**, (nasal) en anglais |

| | | | | |
|---|---|---|---|---|
| V | comme | v | dans | **vallée** |
| ZH | comme | **rh** | dans | **rhythm** en anglais |
| Ṛ | comme | **r** | dans | **r'bouteux** (semi-voyelle) |

Les voyelles surmontées d'un trait sont longues, elles se prononcent comme celles indiquées plus haut mais durent deux fois plus longtemps.

Les consonnes qui ont un point en-dessous (ṭ, ṭh, ḍ, ḍh, ṇ, l, ṣ) sont des consonnes palatales, qui se prononcent avec le bout de la langue contre le palais.

Ces mêmes lettres sans le point sont des consonnes dentales, qui se prononcent avec la langue à la base des dents.

Les doubles consonnes sont fréquentes, elles se prononcent et on doit les entendre.

Le ṭ sonne souvent un peu comme un ḍ ce qui n'est pas du tout le cas de ṭṭ qui sonne très dur. Si la personne qui chante est une femme il est parfois nécessaire de changer le genre des mots, par exemple *putran* (fils) devient *putri* (fille), *dasan* (serviteur) devient *dasi* (servante) et *makan* (fils) devient *makal* (fille). Il n'est pas possible de mentionner toutes ces variantes dans ce livre et le public francophone ne s'en apercevra pas. Si vous voulez chanter devant un public indien, vérifiez d'abord que le texte est correct.

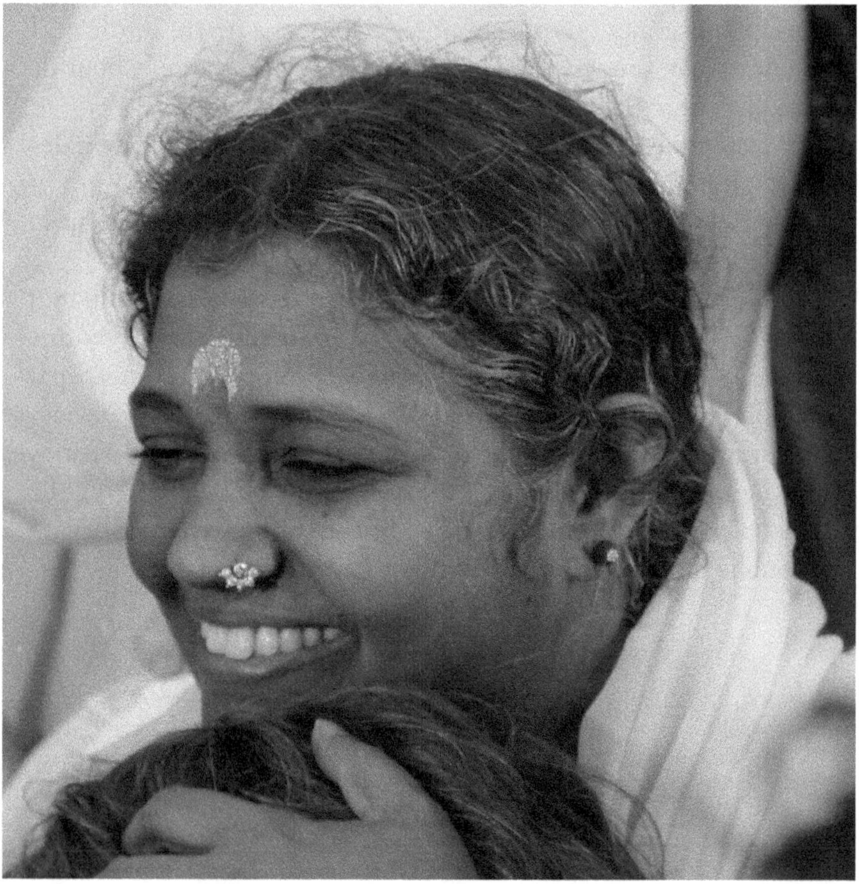

# ABHIVANDANAM (TELUGU)

**abhivandanam abhivandanam**
**ādi gaṇapati nīku abhivandanam**

Salutations à Ganapati, le dieu primordial.

**jagadamba oṭilōna gārālu kuṭicēṭṭi**
**bāla gaṇapati nīku abhivandanam**
**muddu cūpulatōṭa mahēśu nalariñcu**
**prathama gaṇapati nīku abhivandanam**

Salutations à l'enfant Ganapati, choyé, assis sur les genoux de Jagadamba, la Mère de l'univers. Salutations à Ganapathi dont les doux regards font la joie de Shiva.

**vātsalya bhāvāna ṣaṇmukhuni tilakiñcu**
**vighna dēvara nīku abhivandanam**
**callani cūpulatō lōkāla nēlēṭṭi**
**vijaya gaṇapati nīku abhivandanam**

Salutations à Ganesha, Celui qui détruit les obstacles et contemple Shanmukha avec compassion. Salutations à Ganapathi victorieux qui règne avec bonté sur tous les mondes.

**buddhi siddhula gūrcu ā vakratuṇḍunaku**
**vighnamula parimārcu ā amba sutunaku**
**siddhidvāramunēlu mūla gaṇapati nīku**
**bhakti mirage cētu ātmābhivandanam**

Salutations à Vakratunda (le Seigneur qui a une trompe recourbée) qui accorde la connaissance et la puissance. Salutations au Fils de la Mère divine, Celui qui détruit les obstacles.

# ĀDIPARAMA JYŌTIVAI (TELUGU)

**ādiparama jyōtivai**
**ādi pranava nādamai**
**śakala jīvula jīvamai**
**veligē daivamā**

O Être suprême et lumineux,
Tu Te manifestes en tant que Lumière primordiale,
Tu as pris la forme du son Om (*pranava*),
Tu es la vie de tout ce qui existe.

**nā jīvana prāṇamā**
**sakala bhuvana tējamā**
**ālakiñcu nā vēdana**
**akhila lōka pālanā**

O Vie de ma vie ! *Tejas* (lumière) du monde,
Ecoute mon appel plein de souffrance !
O Souverain du monde !

**chitta dōṣālē māpu**
**vivēka kānti dīpamā**
**nā jīvana chukkānivai**
**dāri chūpi nadipimppumā**
**rāvegā nā prāṇa dīpamā**
**māyagā nā bhāva timiramu**
**chērchukō nī pāda sannidhinē**

Tu es la Lumière du discernement,
Tu effaces les notions erronées (*doshas*)
inscrites dans le mental (*chitta*).
Sois le gouvernail de ma vie, guide-moi !
Viens vite, O Lumière de ma vie !
Efface la notion du « moi »
et conduis-moi à Tes pieds de lotus !

**māya jagati tāpame**
**śamiñchu malaya pavanamā**
**nā prema pārijātamai**
**prakaṭiñchi pravahimppumā**
**rāvegā nā prāṇa dīpamā**
**māyagā nā bhāva timiramu**
**chērchukō nī pāda sannidhinē**

Dans la canicule du monde illusoire,
Tu es la brise rafraîchissante qui nous apaise.
Viens me traverser, Amour éternel au doux parfum !
Viens vite, O Lumière de ma vie !
Efface la notion du « moi »
et conduis-moi à Tes pieds de lotus !

# Ā-Ī BHAVĀNĪ (MARATHI)

**ā-ī bhavānī ānandadāyinī**
**aṣṭabhujā tū simhavāhinī**
**bhaktavalsalē pāpanāśinī**
**namana tulā hē tuḷjābhavānī**

O Mère Bhavani, Toi qui donnes la béatitude !
Tu possèdes huit mains, Tu chevauches un lion.
Mère affectueuse de Tes dévots, Tu effaces les péchés.
O Mère qui demeure à Tuljapur, nous Te saluons !

**ā-ī ude ude g ambā-bā-ī**

Gloire, gloire à la Mère divine !

**mahālakṣmi karavīravāsini**
**jagadambā ramā nārāyaṇī**
**ādimāyā tū jagajananī**
**namana tulā hē viṣṇuvilāsinī**

O grande Déesse Lakshmi (déesse de la richesse)
qui demeure à Karavir, Mère de l'univers, Rama, Narayani…
Puissance primordiale, Mère de tous les mondes.
Tu fais les délices du Dieu Vishnu, nous Te saluons !

**ā-ī rēṇukā parama paravanī**
**ānandarūpīnī māhūravāsinī**
**ēkavīrā tū bhavabhayahāriṇī**
**namana tulā hē bhārgavajananī**

O Mère Renuka, suprême Déesse
Tu es la Puissance d'où jaillit la parole.
Toi qui donnes la béatitude, Tu résides à Mahur.
O Ekavira, Tu annihiles la peur de l'inconnu.
O Mère de Bhargava, nous Te saluons.

**ādiśakti saptaśrngavāsinī**
**kalimalahāriṇi āsuramardini**
**viśvapālike mahāyōginī**
**namana tulā hē vaṇībhavānī**

Tu es la Puissance primordiale demeurant à Saptasringi.
Tu balayes la peur de la mort et détruis les démons.
Support de l'univers, suprême ascète,
Déesse de la parole, nous Te saluons !

**prēmasvarūpiṇi mangalakāriṇī**
**śāntādurgā umā śivānī**
**jagajananī akhilasvarūpiṇī**
**namana tulā hē bhavatāriṇī**

Incarnation de l'amour, cause de tous les actes propices,
Shantadurga, Uma, Shivani….Mère de l'univers,
Mère omniprésente qui nous fait traverser l'océan
de la naissance et de la mort, nous Te saluons !

# AJNABI RĀH KĒ (HINDI)

**ajnabi rāh kē ajnabi rāsatē**
**phir bhi caltē rahē ik tērē vāstē**
**bīc sāgar mē hun mai kinārānahī**
**kōyī sāthī nahī kōyī sahārā nahī**
**phir bhi caltē rahē ik tērē vāstē**
**mā... ō mā... ō mā... ō mā...**

O Mère, voyageurs égarés, ignorants de la route,
nous continuons cependant à marcher, uniquement pour Toi.
Perdus au beau milieu de l'océan, incapables de trouver le rivage,
Sans amis ni soutien, nous persévérons, uniquement pour Te trouver.
O Mère, O Mère, O Mère….

**dard sīnē mē lēkar bhaṭaktē rahē**
**har kadam par uṭkar girtē rahē**
**phirbhi manmē ās lēkē caldiyē**
**antamē tērē caraṇōmē ā paṭē**
**mā... ō mā... ō mā... ō mā...**

Nous errons, impuissants, le cœur douloureux et trébuchons à chaque pas ; nous poursuivons cependant notre chemin ;
l'espoir au cœur, nous avançons.
Nous savons qu'à la fin, nous trouverons refuge à Tes pieds de lotus.
O Mère, O Mère, O Mère….

**āvāz dēkar diltumē bulārahā ō mā**
**jō dardthā miṭgayā nā gilā rahā ō mā**
**tērē yād mē... āsū yē bahē**
**chūṭhēna tērāsath jabtak yē dam rahē – (2)**
**mā... ō mā... ō mā... ō mā...**

O Mère, notre cœur T'appelle ! Les souffrances passées, les plaintes, tout cela s'est envolé. Puissions-nous verser des larmes en

pensant à Toi : notre seul désir est de rester auprès de Toi jusqu'à notre dernier souffle.
O Mère, O Mère, O Mère….

# AKAMANATIN KĀRIRUḶAI (TAMOUL)

**akamanatin kāriruḷai**
**nīkkiṭumun pēraruḷai**
**nānmaraiyin nar poruḷai**
**nāṭivantēn nānumammā**
**pāvaminta ezhaiyammā**

Ta grâce disperse les sombres nuages intérieurs. Même le pauvre hère que je suis est venu en quête de Celle qui est l'Essence des quatre Védas.

**saraṇam saraṇam kāḷiyamma**
**saranam durgā dēviyamma**

Donne-moi refuge, O Mère Kali,
Donne-moi refuge , O Durga Dévi !

**puviyālum punnakaiyarasi**
**putirnirainta bhuvanamitil**
**aruḷnirai attiruvaṭiyil**
**manam kuvintiṭa vēṇḍumammā – en**
**manam kuvintiṭa vēṇḍumammā**

Enchanteur est Ton sourire, O Souveraine de cet univers rempli d'énigmes.
Puissent mes pensées être concentrées uniquement sur Tes pieds, d'où jaillit la grâce.

**tuyarkaḷ nirainta vaiyakattil**
**tumbakkaṭalil mūzhgukirēn**
**maraikaḷ pottrum nāyakiyē**
**piḷḷaiyenai kāppāye**
**piḷḷaiyenai kāppāye**

Ce monde est rempli de douleur. Je me noie dans une mer de tristesse. Toi que glorifient les quatre Védas, daigne venir sauver Ton enfant !

## ĀLAMBAHĪNA (MALAYALAM)

**ālambahīnarkkorattāṇiyāṇū nī,**
**āgamōdyāna sugandham!**
**ātmasvātantryābhi vāṇcchitarkkamma nī**
**bhāvanātītāvabōdham!**

Tu es le soutien des malheureux, le parfum qui émane du jardin des Ecritures. Amma, pour ceux dont l'âme aspire à la liberté, Tu es une incroyable fenêtre sur l'infini.

**pūmaṇam pēṛunna kāttupōl īśvarā**
**dēśangaḷ nīḷepparatti,**
**pārinnatirvarampillāte pāyunna**
**kāruṇya svargamga yamma!**

O Dieu, comme le vent souffle partout dans le monde, apportant parfums et fragrances, Mère est la compassion du Gange céleste (Swarganga) qui coule, ignorant les frontières.

**randakṣaramkondu jīvalōkattinde**
**randagravum chērttiṇakkām**
**'amma' yennappadamillā irunnenkilellām**
**nirarthamāyēne!**

Par ces deux syllables, on peut joindre les deux extrémités de la terre.
Sans le mot AMMA, tout deviendrait absurde.

**jīvalōkattin jayōtsavavēdiyil**
**kālamākunnēkasākṣi!**
**kālattinum sākṣiyākunna satyattin**
**kālkkal namikkān paṭhikkām**

Le temps est le seul témoin des succès que nous fêtons.
Prosternons-nous aux pieds de la Vérité, qui est témoin du temps lui-même.

## AMALA BHARATAM (ANGLAIS)

**ABC 1-2-3, ek do teen India**
**amala bharatam om**
**amala bharatam, amala bharatam**
**amala bharatam om**

**Mananthavady, Bangaluru, Mysore can't you see?**
**Amma has come to you dear friends!**
**We are Her family.**
**Rise up, clean up, and plant some trees!**

Manantavadi, Bangalore, Mysore ne voyez-pas ?
Amma est arrivée chez vous, chers amis !
Nous sommes Sa famille.
Levez-vous, nettoyez, et plantez des arbres !

**O Hyderabad, Pune, Mumbai can't you see?**
**Amma has come to you, dear friends!**
**We are Her family.**
**Rise up, clean up, and plant some trees!**

O Hyderabad, Pune, Bombay ne voyez-pas ?
Amma est arrivée chez vous, chers amis !
Nous sommes Sa famille.
Levez-vous, nettoyez, et plantez des arbres !

**O Amdavad, Jaipur, New Delhi, Zindabad!**
**Amma has come to you dear friends!**
**We are Her family.**
**Rise up, clean up, and plant some trees!**

O Amdavad, Jaipur, New Delhi, Zindabad!
Amma est arrivée chez vous, chers amis !
Nous sommes Sa famille.
Levez-vous, nettoyez, et plantez des arbres !

# AMBE GĀLANU (KANNADA)

**Ambe gālanu ikutta todala mātanu nuṭiyuva**
**attukareyuva kūsunānu kāppāṭammā**

Amma, je ne suis qu'un enfant
aux pas chancelants, au babillage insignifiant.
Je T'appelle en pleurant,
s'il Te plaît, prends soin de moi.

**Ninna kōmalasparśavu santōṣa nandittu**
**jampu daniya tampali santāpa nīgittu**

Tes tendres caresses m'apportent une joie immense.
Dans la fraîcheur de Ta douce voix,
mes chagrins s'évanouissent.

**Ninna maṭilē amma entu nanagāsarē**
**jāribīladē iralu ammā avachikō kūsa**
**manadatumba tumbiha holasanellava nīgubā**
**prēmagangeya harisu ammā manava tumbikō**

Mère chérie, Tes bras sont mon unique refuge.
Serre-moi si fort contre Toi,
que jamais je ne glisserai hors de Tes bras.
Répands sur moi Ton amour, afin que mon cœur,
ainsi purifié, soit Ta demeure.

**Ninna mahimeya ariyuvā śaktiyēnu illavammā**
**belakachelli dhāritōru ammā nīnu**
**kaiya hiḍidu munnaṭesu ammā nanna**
**prēmabhakutiya varava nīḍu dayapālisu**

Mère, je n'ai pas la capacité de comprendre
Ta nature divine. Daigne éclairer le chemin vers Toi.
Prends-moi par la main et accorde-moi la pure dévotion.

# AMBĒ JAGADAMBĒ

**Ambē jagadambē ambē jagadambē**
**ambē jagadambē**
**ambē jagadambē ambē jagadambē**
**ambē jagadambē**
**jagadambē jagadambē jagadambē**
**jagadambē jagadambē jagadambē**

O Mère de l'univers, Mère….

**Jaya jagadīśvarī ōmkārēśvarī jaya hṛdayēśvarī mātē**
**jagadōdhāriṇi jaya bhavatāriṇi janamana hāriṇi vandē**
**mērī vin ti sunlō mātē darśana dē dō mātē**
**mōhini tāpavimōchini tribhuvana**
**kāriṇi pālini mālini hē jagadambē**

Gloire à la Déesse de l'univers, gloire à la Déesse du son Om,
Gloire à la Déesse du cœur. Salutations à la Mère
qui élève la conscience de l'univers

et nous fait traverser l'océan des naissances et des morts !
Entends ma prière et accorde-moi la vision de Ta forme,
O Mère. Tu effaces tous nos chagrins. O Créatrice
et Protectrice des trois mondes, O Mère de l'univers !

**kanmaṣa vāriṇi chinmaya rūpiṇi sanmatidāyini mātē**
**sakala surāsura vandita janani himagiri nandini vandē**
**mērī vin ti sunlō mātē darśana dē dō mātē**
**mōhini tāpavimōchini tribhuvana**
**kārini pālini mālini hē jagadambē**

O Mère, Tu nous laves de toutes nos impuretés.
Ta nature est la Conscience suprême ;
accorde-nous toutes les vertus !
Salutations à Toi, Fille de l'Himalaya.
O Mère, les êtres célestes et les démons
Te vénèrent ! Entends ma prière
et accorde-moi la vision de Ta forme.
O Mère. Tu effaces tous nos chagrins. O Créatrice
et Protectrice des trois mondes, O Mère de l'univers !

# AMBĒ MĀYAMAULĪ (MARATHI)

**ambē māyamaulī**
**vidyēchi tū karī gē sāvalī**
**hē śubhravastradhāriṇī**
**vīṇā madhuravādinī**
**vīṇā madhuravādini**

O Mère, ma Mère, guide-moi jusqu'à la Connaissance
O Déesse vêtue de blanc immaculé,
Tu joues sur la *vina* des airs mélodieux….

**vāgadīśvari namō namaḥ**
**akhilāṇḍeśvari namō namah**
**śāradē tujhā namō namaḥ**
**jai jagadīśvari namō namaḥ**

Je me prosterne devant la Déesse de la parole, la Déesse de tous les mondes. Je me prosterne devant Toi, Mère Sharada, gloire à la Déesse de l'univers !

**ambē māyamaulī**
**subuddhīchī karī gē sāvalī**
**hē śōkamōhanāśinī**
**pāpabhītivibhañjinī**
**pāpabhītivibhañjini**

O Mère, ma Mère, aide-moi à discerner. O Déesse,Tu détruis le chagrin, l'attachement, les péchés et la peur.

**ambē māyamaulī**
**vāngmayāchi karī gē sāvalī**
**hē bhaktalōkapālinī**
**prēma bhakti sandāyinī**
**prēma bhakti sandāyinī**

O Mère, O ma Mère, donne de la profondeur à mes paroles. O Déesse, Tu prends soin des dévots et leur accordes la dévotion suprême.

**ambē māyamaulī**
**ādyātmāchi karī gē sāvalī**
**hē hamsamandagāminī**
**jñāna mukti vidhāyinī**
**jñāna mukti vidhāyinī**

O Mère, ma Mère, aide-moi à grandir spirituellement.
O Déesse dont la démarche gracieuse évoque celle du cygne, c'est Toi qui donnes la Connaissance et la Libération.

# AMĒ MĀ MAIYĀ (GUJARATI)

**amē mā maiyā, tārā tē chaiyā**
**śaraṇē tārī āvyā mā**
**lai jā śo jō nayyā pār karāvjō**
**chōḍśō nahi madh dariyā mā**

Mère, nous, tes petits enfants,
sommes venus nous mettre sous Ta protection.
Daigne nous faire traverser l'océan (*de la naissance et de la mort).*
Ne nous abandonne pas en pleine mer !

**raḍtā kakkaḍṭā paḍtā akhḍtā**
**dvārē tārī pahōnchyā mā**
**khōḷāmā lēśō hṛdayē lagāvśō**
**vāḷśō nahi pāchā sansār mā**

C'est en pleurant, en sanglotant, en tombant et en trébuchant
que nous sommes enfin parvenus à Ta porte.
Prends-nous dans Ton giron, garde-nous contre Ton cœur.
O Mère, nous T'en prions, ne nous renvoie pas dans le monde !

**dvārē mā tārē kōḍiyā āvē**
**āvē dīn duḥkhiyā mā**
**duḥkhiyāna duḥkh harō**
**kōḍiyā na rog harō**
**āpī kanchan kāyā mā**

Vers Ton seuil, les lépreux, les pauvres et les affligés affluent.
Tu apaises les tourments et guéris les lépreux
qui repartent avec une peau intacte.

**chōḍśō nahi madh dariyā mā**

O Mère ! Ne nous abandonne pas en pleine mer !

# AMMĀ AMMĀ ENA UNNAI (TAMOUL)

**ammā ammā ena unnai**
**anbuḍan azhaikkum ennai**
**ēreḍuttum pārātinnum**
**ēninta viḷayāṭṭammā**

Pourquoi ce jeu, O Mère ? Pourquoi ne m'accordes-Tu pas le moindre regard quand je T'appelle avec amour « Mère, Mère » ?

**ēṇkiḍum en nilayaikkanḍu**
**uḷḷam innum iraṇkātat ēn**
**kanṭru nāḍi vantiṭum pōtu**
**kaniyāta tāyum uṇḍō**

En voyant mon état pitoyable, pourquoi Ton cœur ne fond-il pas ?
La vache repousse-t-elle son petit veau quand il vient vers elle ?

**anaittayumē aripavaḷanḍrō**
**entan uḷḷam ariyātavaḷo**
**tavaru enna seytēn ammā**
**tavarāmal ninaivāy ennai**

Toi qui es omnisciente, ignores-Tu mes pensées ?
Mère, quelle erreur ai-je donc commise ?
Garde-moi toujours dans Tes pensées.

**sērttu vaitta vinaikaḷai ellām**
**sērttukkoḷvāy un tāḷkaḷilē**
**pārttiḍammā kaḍaikkaṇ tirantu**
**iruvinaikaḷ muttrum nīṅka**

Daigne accepter les péchés que je dépose à Tes pieds.
Dans Ta bonté infinie, jette-moi un regard miséricordieux,effaçant ainsi toutes mes fautes.

# AMMĀ AMMĀ KŌṆĀCHĪ (KONKANI)

**Ammā ammā kōṇāchī**
**ammā sagalyā jagāchī**
**ammā amgele burgyāchī mōgāchī**
**mōgāchī mōgāchī amma mōgāchī mōgāchī**

Qui sont les enfants d'Amma ? Elle est la Mère
de l'univers entier. Elle est la Mère chérie
de tous Ses enfants.

**Hāsatta amkā gēttāttī**
**khuśitta amkā soyittāttī**
**bhaktī amkā dīttāttī mōgāchī**
**mōgāchī mōgāchī amma mōgāchī mōgāchī**

Amma nous accueille avec amour et veille sur nous
en souriant. Elle est notre Mère chérie,
Celle qui nous accorde la dévotion.

**Manāka śānti dīttāttī**
**rekṣā amgele karttāttī**
**sukhātta amkā dvarttāttī mōgāchī**
**mōgāchī mōgāchī amma mōgāchī mōgāchī**

Le mental trouve la paix quand il repose en Mère.
Elle prend soin de nous et s'assure que nous sommes sains et saufs.

# AMMANA DIVYA PĀDĀMBUJAGAḶIGE (KANNADA)

**ammana divya pādāmbujagaḷige**
**śirabāgu śirabāgu śirabāgu manujā**
**śirabāgu śirabāgu śirabāgu manujā**

O Homme, prosterne-toi aux pieds de lotus de la Mère divine

**māteya mamateya kṛpenamagādare**
**harivudu bhavabhaya chinteyatu**
**amṛtādēviya naukeyu doretare**
**bhavasāgarava dāṭuvevu**

La grâce de Mère, Sa compassion, balayent nos inquiétudes et nos peurs.
Voguant sur le navire de Mère,
nous traverserons l'océan de la transmigration.

**ella dharmagaḷa tiruḷanu sāruva**
**nondajīvige bharavase nīḍuva**
**ammana jīvana charitayanu**
**sāgaradalegaḷu sārutive**

En vérité, les vagues de l'océan proclament que la vie de Mère
révèle l'Essence de toutes les religions
et apporte l'espoir aux âmes qui souffrent.

**jagadambe śaraṇam jagadambe śaraṇam**
**jagadambe śaraṇam jagadambe śaraṇam**

Donne-nous refuge, O Mère de l'univers !

# AMMANA NĀḌIDU (TULU)

**ammana nāḍadu bulpinā onji**
**bālēnātulē bālēnātulē**
**āṇḍa īrenā maḍilaḍa bālē āda jappōḍe**
**amma yāna jappoḍe**

Cet enfant appelle sa Mère en pleurant : « Puis-je dormir sur Tes genoux comme un bébé ? Puis-je dormir ? »

**bandhu panpina janakulu kai buḍudu pōvvēra**
**oṭṭige battinā dēvere kāppule**
**amma kāppule enklēnu amma kāppule**

Ceux que nous appelons « notre famille » nous quitteront un jour. Tu es le Divin, Tu es toujours avec moi. Protège-moi ô Mère ! Prends soin de moi, Mère, prends soin de moi.

**dhyāna eṇchina rūpa eṇchina enk gottiji**
**amma paṇḍudu bulppēra mātra**
**enk barppuṇṭu amma enk barppuṇṭu**

Je ne connais ni méditation ni forme. Je ne sais que pleurer en appelant Mère. Je ne sais rien faire d'autre, Mère, rien !

**bhakti eṇchina mukti eṇchina enk gottiji**
**āṇṭa īṛanā pādakke śaraṇa**
**sādi tōjāle amma sādi tōjāle**

J'ignore tout de la dévotion et de la libération ; montre-moi comment prendre refuge à Tes pieds ! Montre-moi le chemin, Mère, montre-moi le chemin !

# AMMA NANUM (TAMOUL)

**ammā nānum nānāyirāmal**
**nīyāka mārūvatum eppozhutu**
**en uḷḷē nān senḍru**
**eṇṇankaḷaitu tān venḍru**
**nīyāka mārūvatum eppozhutu**

Mère, quand deviendrai-je Toi, abandonnant mon identité ?
Plongeant à l'intérieur, triomphant de toutes les pensées,
Quand m'unirai-je à Toi ?

**en sollum en sollāyirāmal**
**un sollāy mārūvatum eppozhutu**
**ammā... ammā... ammā... ammā...**

Mère, quand parleras-Tu à travers moi,
mes paroles n'étant plus miennes ?

**en seyalē en seyalāy ākāmal**
**un seyalāy mārūvatum eppozhutu**
**ammā... ammā... ammā... ammā...**

Quand agiras-Tu à travers moi,
mes actions n'étant plus miennes ?

**en icchai en icchai ākāmal**
**un icchai ākūvatum eppozhutu**
**ammā... ammā... ammā... ammā...**

Quand mes désirs seront-ils les Tiens
et non plus les miens ?

**nanḍrum tītum mārīḍumē**
**enṭrum inbam sērndiḍumē**
**kāṇum kāṭcikaḷ yāvayumē**
**undan mayamāy mārīḍumē**

Alors, le plaisir et la douleur auront beau se succéder, le vrai bonheur prévaudra toujours. Ta Présence triomphera en tout ce qui est visible.

**annāḷ varuvatum eppozhutu**
**nannāḷ varuvatum eppozhutu**

Quand ce jour béni se lèvera-t-il ? Quand viendra-t-il ?

# AMMĀ NĪ SIRIKKAYILĒ (TAMOUL)

**amma ni sirikkayile**
**aṇḍamellām sirikkutammā**
**atai pārtta uyirkaḷellām**
**ānandattil sirikkutammā**

O Mère, quand Tu souris, l'univers entier sourit. Voyant cela, toute la création rit, en extase.

**idayamatum sirikkutammā**
**idazh virittu sirikkutammā**
**puṇcirippai kaṇḍonṭrum**
**puriyāmal sirikkutammā**

Voyant Ton sourire, le cœur spontanément s'épanouit en un sourire, sans même comprendre pourquoi.

**kaivaḷaikaḷ sirikkutammā**
**kārcilambum sirikkutammā**
**mey uṇartti sirikkutammā**
**mēnmai kuṛi sirikkutammā**

Les bracelets et les parures de cheville sourient, tout sourit, oubliant tout et célébrant Ta grandeur.

**pūraṇamām un sirippil**
**puvi malarntu sirikkutammā**
**kāraṇankaḷ kāriyankaḷ**
**kaṭantu manam kaḷikkutammā**

Dans Ton sourire, le monde sourit, oubliant sa logique et ses activités.

# AMMĀ UNTAN (TAMOUL)

**ammā untan kaivaḷayāy ākamāṭṭēnā**
**salankai kulunki naṭakkayilē pāṭamāṭṭēnā**

Amma, fais de moi un de Tes bracelets, afin que je puisse chanter sur la mélodie que jouent Tes bracelets de cheville lorsque Tu marches !

**ammā untan meṭṭi oliyāy māramāṭṭēnā**
**mēnmaimiku pādamtanai pattramāṭṭēnā ammā**

Amma, fais de moi un anneau qui tinte à Ton orteil,
afin que je puisse danser avec Tes pieds sacrés !

**ammā aṇiyum malaraṇiyāy māramāṭṭēnā**
**nintiruvaṭiyil malaritazhāy māramāṭṭēnā ammā**

Amma, fais de moi la guirlande de fleurs qui Te pare,
change-moi en pétales, ornements de Tes pieds de lotus !

**anudinamum un arukē irukkamāṭṭēnā**
**aḷavillā un anpil kaḷikkamāṭṭēnā ammā**

Amma garde-moi près de Toi aujourd'hui et à jamais,
dans la béatitude de Ton amour infini.

**ammā un amudanāmam tutikkamāṭṭēnā**
**iṇaiyillā un ezhilil mūzhkamāṭṭēnā ammā**

Amma, fais que je demeure constamment absorbé dans la répétition du nectar de Ton nom, dans Ton incomparable beauté.

## AMMAYALLE ENTAMMAYALLE (TELUGU)

**ammavēlē mā ammavēlē**
**kaṇṇīru tuḍicchē mā ammavēlē**

N'es-Tu pas ma Mère, ma Mère chérie
qui essuie toutes les larmes ?

**lōkālanēlē ammavēlē**
**ī viśvakāriṇi ammavēlē**
**ennāḷugānē pilicchēnu ninnē**
**śaktisvarupiṇi rāvēlanē**

N'es-Tu pas la Mère des quatorze mondes,
la Créatrice de l'univers ? Combien de jours
ai-je passés à T'appeler ? O Toi dont la nature est
*shakti* (énergie), quand viendras-Tu ?

**sṛṣṭi shtitilaya samhāramantayu**
**iṣṭadānapriya nīlōnē lē**
**ennāḷugānē pilicchēnu ninnē**
**śakti svarupiṇāvēlanē**

O Toi qui aime accorder ce que l'on désire,
n'es-Tu pas tout à la fois, la Création, la Préservation
et la Destruction ? Combien de jours…

**vēdamu śāstramu vēdāntavidyayū**
**ādi maddhyāntamu nīvēnulē**
**ennāḷugānē pilicchēnu ninnē**
**śaktisvarupiṇi rāvēlanē**

N'es-Tu pas à la fois les Védas, les Ecritures,
le Védanta, l'origine, le milieu et la fin ?
Combien de jours...

# AMṚTĒŚVARĪ NINDE PADATĀRIL (MALAYALAM)

**amṛtēśvarī ninde padatārilaṇayuvān**
**choriyu nīyennil nin karuṇāmṛtam**
**bhavatāpataptamāy urukunnoren mānasam**
**tava kṛpāśītāmbu tēṭiṭunnū**

O Mère, répands sur moi Ta compassion,
afin que j'atteigne Tes pieds divins.
Mon cœur brûle dans ce monde d'illusion, rempli de chagrin;
il aspire aux eaux fraîches de Ta grâce.

**nī kaṭakkaṇṇināl enne tazhukiyāl**
**ennaṇaññīṭumī duḥkhānalan**
**nin kaṭākṣāmṛtam jīvandeyūṣara**
**maṇṇilum pūnkāvanam chamaykkum**

La caresse de Ton regard divin éteindra le feu de la souffrance.
Sous la pluie vivifiante de Ton regard si tendre, puisse le jardin calciné de ma vie fleurir et s'épanouir.

**tāyē taḷirkkarattāl nī talōṭīṭṭen**
**āmayaṅgaḷ nīkkitēṇam ammē**
**āturam jīvitam ākavē nin kṛpā –**
**pīyūṣamonnāl taḷirttiṭēṇam**

O Mère, par la caresse de Tes mains divines, mets fin à mes souffrances.
Puisse ma vie douloureuse s'épanouir sous l'effet du nectar de Ta grâce.

**ennakam chūzhunnorandhakāram ninde**
**mandahāsābhayāl nīṅgiṭēṇam**
**prārabdha ghōrakāntārattilam ammē nī**
**pūrṇṇēnduvāy kāntichintiṭēṇam**

Que la beauté de Ton sourire éclatant
dissipe les ténèbres qui enveloppent mon esprit.
Dans la dense forêt du *prarabdha (karma),*
brille avec l'éclat du clair de lune

# ĀNANDADHĀMAMĀM NINNILETTĀN (MALAYALAM)

**ānandadhāmamām ninnilettān**
**ātankitāntam kodicchidunnu**
**kaiyetthā durattāy nilppadendē Ammē**
**kaivalyasāra swarupini ni**

Mon cœur douloureux aspire à Toi, O Demeure de la Béatitude.
Essence de la Libération ! Pourquoi restes-Tu hors de portée ?

**vēdanayil tān tudangi janmam**
**vēdanayil tān oḍungiḍumō?**
**jīvanīr tēḍumī āturane**
**jagajīvanī nīyum maraniḍumō?**

Ma vie a commencé dans la souffrance.
S'achèvera-t-elle aussi dans la douleur ?
La Mère de l'univers va-t-Elle oublier
cet enfant malheureux en quête de la vie ?

**sargattināmukhamānatennum**
**naisargika nombarmākayālō**
**jīvitam bhoovitil nishkarunam**
**īvidham yāthanā nirbharitam**

Si la vie en ce monde est aussi cruellement douloureuse,
est-ce dû à la souffrance qui fut le prélude à la création ?

**āmoda sāmrajya rānjniyām nin**
**āromalām putramānu ñānum**
**enkilum Ammē ennikkulatām**
**pankayi nī tanu ī shokarājyam**

Je suis le fils de l'Impératrice de la béatitude,
mais ce que je reçois en héritage, c'est ce monde de souffrance.

**pinchilam paitalin punchiri pōl**
**peyavē nī chitta nairmalyamāy**
**nenjil ninnakay viringiḍunnu**
**mañilam pūvukal niramālaymāy**

En mon cœur Tu répands la pureté,
celle qui brille dans le sourire des enfants.
Les gouttes de rosée s'épanouissent pour former en mon cœur
une splendide guirlande de fleurs.

# ĀNANDAM ĀNANDAM ĀNANDAMĒ (TAMOUL)

**ānandam ānandam ānandamē**
**paramānandam ānandam ānandamē**

Béatitude, béatitude, béatitude ! Suprême béatitude !

**ammāvin kaḍaikkaṇ nammaiyum kaṇḍāl**
**ānandam ānandam ānandamē**
**avaḷ kaṇkaḷai imaittu punnakai purindāl**
**ānandam ānandam ānandamē**

Quand le regard de Mère tombe sur nous, c'est la béatitude.
Quand Elle nous fait signe et sourit, c'est la béatitude !

**kaṭṭiyaṇaittu darisanam aḷittāl**
**ānandam ānandam ānandamē**
**nam kannattilē avaḷ muttam koṭuttāl**
**ānandam ānandam ānandamē**

Quand Elle nous prend dans Ses bras, nous donne Son darshan,
c'est la béatitude. Quand Elle nous embrasse sur la joue,
c'est la béatitude !

**āṇandam ānandam ānandamē...**

Béatitude, béatitude, c'est la béatitude...

**ammāvin sundara vadanam kaṇḍāl -**
**ānandam āṇandam ānandamē**
**alai kaḍalena puraḷum kūndalai kaṇḍāl -**
**ānandam ānandam ānandamē**

Voir la magnifique forme de Mère, c'est la béatitude.
Sa chevelure ondule comme les vagues de l'océan.

**sivamām sandanappōṭṭinai kaṇḍāl**
**ānandam ānandam ānandamē**
**atil saktiyāmkunkamam sērntiḍumpōḍ -**
**ānandam ānandam ānandamē**

Voir sur Son front la pâte de santal, symbole de Shiva,
c'est la béatitude. Quand Elle porte en outre le *kumkum* (vermillon),
symbole de *shakti*, c'est la béatitude !

**ānandam ānandam ānandamē**

Béatitude, béatitude, c'est la béatitude.

# ĀNANDAMĒ ĀNANDAM (TAMOUL)

**ānandamē ānandam ennē enadu ānandam**
**anubhavamē anubhavam bhakti tanda anubhavam**

O Béatitude, béatitude ! Si intense est cette béatitude !
O expérience ! Quelle expérience m'est donnée par la dévotion !

**kaṇkaḷ raṇḍum kaṇṇanadu divyarūpam kāṇudē**
**kādiraṇḍum kāṇṇanadu venkuzhalil mayankudē**
**kaigaḷ raṇḍum kaṇṇankku veṇṇeyinai ūṭṭudē**
**kāliraṇḍum kaṇṇanoḍu āṭi āṭi kaḷikkudē**

Mes deux yeux contemplent l'Enfant Krishna ;
J'entre en extase au son de la flûte de Krishna que perçoivent mes deux oreilles. De mes deux mains, je nourris l'Enfant Krishna avec du beurre et avec mes deux jambes, je danse avec Krishna !

**nāvumavan mīdivaitta avalin suvaiyai rusikkudē**
**nāsiyavan vanamālai narumaṇattai rasikkudē**
**vāyumavan līlaigaḷai pāṭippāṭi magizhudē**
**mēniyavan tīṇḍalilē mellatannai izhakkudē**

J'ai sur la langue le goût du riz soufflé qu'Il a mangé.
Je respire le doux parfum de Sa guirlande de fleurs sauvages.
Mes lèvres chantent avec béatitude Ses jeux divins.
Peu à peu, je me fonds en Sa forme.

**nirmalamām idayamavan kōyilāga ānadē**
**nittiyamum isaimalarāl pūjaitanai ceyyudē**
**arivumavan gītaiyenum amudattinai parugudē**
**āṇavamum avanaṭiyil sevaganāy paṇiyudē**

Mon cœur devient pur. C'est maintenant Son temple !
Dans mon adoration quotidienne, les chants sont les fleurs que je dépose à Ses pieds. Mon mental boit le nectar de la Gita et mon ego tombe à Ses pieds. Je suis Son serviteur.

# ANBENUṀ SOLLUKKU AMMĀ (TAMOUL)

**anbenuṁ sollukku ammā - undan**
**anbinḍri nāṅkaḷiṅkillayē ammā**
**emaikākka ōtōṭi varuvāy - eṅkaḷ**
**idayattil enṭrenṭruṁ nī vīttriruppāy**

Où serions-nous sans Toi ? O Mère, amour pur,
accours nous protéger et demeure en nos cœurs à jamais.

**annaiyāy vandavōr śakti - adu**
**akhilattirkkellāṁ vazhaṅkiṭuṁ mukti**
**ariyāmai akattriṭa vārāy - emmuḷ**
**aravāzhvu malarndiṭa un aruḷ tārāy**

La puissance que Tu possèdes en tant que Mère apporte le salut à l'univers entier. Daigne ôter le voile de l'ignorance, accorde-nous la bénédiction d'une vie juste !

**tuyar tīra nī tānē marundu - bhaktar**
**tūymaiyām manatirkku aruṁ peruṁ virundu**
**kavalaikaḷ nīkkiṭu tāyē - nāṅkaḷ**
**kaikūppi nittamuṁ vaṇaṅkiṭuvōmē**

Tu es le remède à nos souffrances. Pour un chercheur spirituel, la pureté du cœur est la véritable richesse. Mère, nous nous inclinons devant Toi les mains jointes, daigne nous délivrer de tous les maux.

# ANBU VAṬIVĀNAVAḶ (TAMOUL)

**(jhala jahalavena)**
**anbu vaṭivānavaḷ annaiyavaḷ varukirāḷ**
**akilattil vizhākkōlam annai makkaḷin porkkālam**
**amudamazhayāy avaniyil ānandamē pozhiya**
**ādiśakti bhuvanattil bavani varukirāḷ**

L'incarnation de l'amour, la Mère divine, arrive ! C'est une fête universelle, l'âge d'or pour les enfants de la Mère divine. La Déesse, la Puissance suprême arrive, menant la procession. Elle est venue répandre le nectar de la béatitude sur l'univers entier.

**jhala jhalavena salankai kulunka**
**kalakalavena sirittukkoṇḍu**
**palapalapala līlai purintu bavani varukirāḷ**
**amma bavani varukirāḷ**

Mère est en tête du cortège, Ses bracelets de cheville tintinnabulent, Elle rit et se livre à de nombreux jeux divins (lilas) !

**om śakti parāśakti om śakti mahāśakti**
**akilattai aravaṇaittiṭa bavani varukirāḷ**
**ammā bavani varukirāḷ**

L'Essence du Om, la Puissance suprême de l'univers arrive en procession pour étreindre l'univers !

**kāḷī mahākāḷī... dēvī parāśaktī**

Kali, grande Kali.... Déesse... Puissance suprême !

**arttamillā vārttaikaḷai arttamuḷḷatākkivaittu**
**arttamillā siruvāzhvil anpatanai tantarūḷi**
**arttamuṭanē vāzhavaippāḷ anbunāyakī**
**akilalōka rakṣakiye jagadīśvarī**

Aux paroles creuses, Elle insuffle du sens.
De Son amour, Elle bénit nos vies courtes et sans but.
La Déesse de l'amour, Celle qui protège tous les mondes,
la Reine de l'univers de l'univers, vient donner un sens à notre vie.

**dēhamēgam sūzhntālum ātmasūrya oḷivīśum**
**ēkaśakti katiravanām parāśaktiyē**
**katiravanai tilakamākki tarittukkoṇḍavaḷē**
**kātaṇiyai veṇṇilāvāy māttri vaittavaḷē**

Bien que nous soyons entourés des sombres nuages de la conscience du corps,
Tu viens tel un Soleil qui nous envoie les rayons de la conscience.
O Mère ! Le Soleil est le tilak (point rouge) qui orne Ton front
Et Tes boucles d'oreilles brillent comme la Lune.

**manamenum pū malarkiratu tēnenum bakti niraikiratu**
**manakōvilil niraintiṭa dēvī varukirāḷ**
**kaliyukattin iruḷ maraya aruḷ vēṇḍumē**
**kalidōṣam nīkka jñāna mazhai vēṇḍumē**

La fleur de mon cœur s'ouvre, remplie du nectar de la dévotion.
Dévi vient demeurer dans le temple de mon cœur.
Pour dissiper les ténèbres du kali yuga, nous avons besoin de Sa grâce.
Quand se répandra sur nous la divine Connaissance du Soi,
alors les maux du kali yuga seront écartés.

# ANGUM INGUM (TAMOUL)

**angum ingum alaindiṭṭāy**
**amaidi tēḍi kaḷaittiṭṭāy**
**adu undan manattirukka**
**arindiḍāmal ēn alaindāy**

Tu t'épuises à chercher la paix en errant dans cet univers.
La paix demeure en toi, mais comme tu n'en as pas conscience, tu t'égares.

**iruppiḍattai māttri viṭṭāy**
**enḍrālum amaidi uṇḍō...**
**viruppamellām niraivu seytāy**
**vēṇḍiyadu kiṭaittaduṇḍō**

Partout tu as cherché, nomade sans foyer,
mais tu n'as pas trouvé la paix.
Tu as tenté de satisfaire tous tes désirs.
As-tu trouvé l'objet de ta quête ?

**param poruḷin padam paṇivāy**
**parivuḍanē vazhi naṭattum**
**sadguruvai caraṇaḍaivāy**
**śāntiyadum tānēvarum**

Prosterne-toi aux pieds du Divin et Il te guidera avec compassion.
Abandonne-toi au *satguru* et la paix viendra d'elle -même.

# ANNAI ENṬRA SONDAMĀ (TAMOUL)

**annai enṭra sondamā**
**anbu koḷḷuṁ bandamā**
**karuṇai uḷḷa neñchamē**
**kaninda bhakti aruḷumē**

Est-ce là de l'affection maternelle ? Est-ce un lien d'amour ?
Seul un cœur débordant de compassion peut nous bénir
en nous accordant une profonde dévotion.

**dharmmaṁ kākkuṁ tāyena**
**dharaṇi vanda durggayē**
**kattravar pōttriṭuṁ**
**karmam tīrkkuṁ annaiyē**

O Mère Durga, Tu es descendue sur cette terre
Pour protéger le *dharma* (la justice divine).
Les érudits Te glorifient O Mère, Toi qui détruis nos péchés.

**dīpaṁ kāṭṭuṁ chuṭarilē**
**dēvi mukhaṁ tōnṭrumē**
**pāpachumaikaḷ tīrndiṭa**
**pārvai onṭru pōtumē**

Ton visage divin brille dans la flamme de l'arati.
D'un regard, Tu réduis à néant le fardeau de nos péchés.

**tēṭi vandōṁ sannidhi**
**dinamuṁ kiḍaikkuṁ nimmati**
**karpakaṁ nī allavā**
**kaikoṭuttu kākkavā**

Nous venons vers Toi pour trouver la paix éternelle.
N'es-Tu pas l'arbre céleste *karpagam,*
Toi qui nous offres une main protectrice ?
*(Note: Karpagam est un arbre qui exauce tous les désirs. Il se trouve dans les Cieux.)*

**annaiyuṁ nīyē tātayuṁ nīyē**
**ādarittaruḷuṁ deyvamuṁ nīyē**
**annaiyuṁ nīyē tātayuṁ nīyē**
**ādarittaruḷuṁ deyvamuṁ nīyē**

Tu es notre Mère et notre Père, Tu es le Dieu dont la grâce est salvatrice.

# ANNAIYĒ UNNAIYĒ (TAMOUL)

**annaiyē unnaiyē eṇṇiye vāzhntiḍum**
**ariyāta makkaḷ emaiye**
**ponnaiyē maṇṇaiyē peṇṇaiyē eṇṇāta**
**peruvāzhvu vāzha vaippāy**

O Mère, accorde-nous Ta bénédiction !
Nous ne sommes que des enfants ignorants, Tu es notre unique pensée. Par Ta grâce, puissions-nous mener une vie noble et pure, sans désirer ni richesse ni plaisirs.

**mōhamum bhōgavum rōgamum emmaye**
**suṭṭri cuzhaṭṭrukiratē**
**yōgamum tyāgamum yāgamum sādhanaiyum**
**emma nī seyyavaippāy**

J'ai été pris au piège de l'illusion, des plaisirs et de la maladie.
O Mère, je T'en prie, guide-moi sur la voie du yoga,
du renoncement, de l'abnégation et des pratiques spirituelles.

**sarkkarai pākenḍrum vellattin pākenḍrum**
**eṇṇi ēmārukinḍrēn**
**tunba narakattil vīzhāmal nārāyaṇī**
**kaṭṭi emai kāpāṭṭruvāy**

Imaginant trouver douceur et félicité, nous nous ruons dans les difficultés. O Narayani, je T'en prie, sauve-moi de cet enfer .

**āpattu āpattu devī nī kāpāṭṭru**
**nānum katarukinḍrēn**
**tāmatam inḍri nī tāriṇī vantiḍu**
**tāymayē kāpāṭṭriḍu**

Je T'implore : « Sauve-moi du danger ! »
O Bhavatarini, O Incarnation de l'amour maternel,
je T'en prie, viens et sauve-nous.

# ĀVI AMBA (GUJARATI)

**āvi amba āvi amba**
**āvi amba āvi amba**
**āvi amba āvi ḥṛdayeśvari**
**kārunyarupini padhāri**

Voici venir la Mère, la Déesse de mon cœur,
la compassion personnifiée !

**lāl cundaddi odhine āvi**
**mand muskān karti**
**hāth banne pasāri kaheti**
**doddi āvo ballako badha**
**padhāri kārunyarupini padhāri**

Vêtue de soie dorée, rayonnant d'un sourire lumineux,
Balançant doucement les deux mains, Elle appelle :
« Venez vite, Mes enfants chéris ! »
Elle vient, la compassion personnifiée !

**sahune haiye lagāvavā**
**haiyye lagāvi cumbana devā**
**ballakone āshish deva**
**āshish āpi var deva**
**padhāri kārunyarupini padhāri**

Elle vient étreindre chacun d'entre nous,
donner un baiser à chacun, Elle vient nous bénir et exaucer nos désirs. Elle vient, la compassion personnifiée !

**kaṣta badhā dur karavā**
**nijānanda varsāvavā**
**agnāni aevā āpanane**
**ānandamā magna karvā**
**padhāri kārunyarupini padhāri**

Elle vient résoudre nos problèmes
et nous montrer où est la vraie béatitude.
Elle vient noyer de béatitude les ignorants que nous sommes.

# AWAKEN CHILDREN (ANGLAIS)

**Awaken Children Awaken Children**
**Awaken to the truth within yourself**

Éveillez-vous, mes enfants, éveillez-vous

**Mother can you hear me, I'm crying out to you**
**Alone in this world, searching for something true**
**Illusion engulfs me, I'm drowning in ignorance**
**How can I find my way home to you again**

Mère m'entends-tu ? Je t'implore en pleurant
Seul dans ce monde, à la recherche de quelque chose de vrai
Je suis engouffré dans mes illusions, je me noie dans l'ignorance
Comment retrouver à nouveau le chemin vers Toi ?

**How I long to dissolve in your beauty**
**The glory of your light is all that I would see**
**Throwing off the shackles of worldly misery**
**I'd find rest in your love eternally**

Comme je languis de me dissoudre dans ta splendeur
La gloire de Ta lumière est tout ce que je verrai
Me libérant des chaines de la misère de ce monde
Je trouverais le repos éternellement dans Ton amour

**Child, won't you rise up from your sleep?**
**Mother, don't you hear my desperate plea?**
**Child, aren't you tired of chasing dreams?**
**Mother, have you not forgotten me?**

-Mon enfant, finiras-tu par te réveiller de ton sommeil ?
-Mère, n'entends-tu pas ma supplique désespérée ?
-Mon enfant, n'es tu pas fatigué de poursuivre des songes ?
-Mère, ne m'as-tu pas oublié ?

**Can't you hear my voice resounding deep within your soul?**
**I'm one with you you're not alone.**
**I can hear your voice resounding deep within my soul,**
**You are one with me, I'm not alone**

-N'entends-tu pas ma voix qui résonne dans le fond de ton âme ?
Je suis Une avec toi, tu n'es pas seul.
-Je peux entendre ta voix résonner dans le fond de mon âme
Tu es Une avec moi, je ne suis pas seul.

**Awaken Children**
**I hear your voice calling me back home**
**Awaken Children**
**Rejoice in the power of Love**

Réveillez-vous mes enfants
J'entends ta voix qui m'invite à revenir à la maison
Réveillez-vous mes enfants...
Réjouissez-vous dans le pouvoir de l'Amour

**Awaken Children**
**I see your light guiding my way home**
**Rejoice in the power of Love**
**Awaken children**

Réveillez-vous mes enfants…
Je vois Ta lumière qui me guide vers chez moi
Réveillez-vous mes enfants...
Réjouissez-vous dans le pouvoir de l'Amour

**Awaken children**
**I feel your spirit lifting me home**
**Awaken children**
**Rejoice in the power of Love**

Réveillez-vous mes enfants…
Je ressens Ton esprit qui m'attire vers chez moi
Réveillez-vous mes enfants...
Réjouissez-vous dans le pouvoir de l'Amour

**Awaken children**
**Truth be told, I'm already home.**
**Awaken children**
**Rejoice in the power of Love**

Réveillez-vous mes enfants…
Une fois que la vérité est dite, je suis déjà chez moi.
Réveillez-vous mes enfants...
Réjouissez-vous dans le pouvoir de l'Amour

# AYARKULA KOZHUNTE (TAMOUL)

**āyarkula kozhunte, kaṇṇā**
**adiyum antamum unniḍatte**
**vedamum otuvate, kaṇṇā**
**venkuzhal ōsaiyai en agatte**

O Kanna, Espoir du clan des Yadavas,
en Toi le temps commence, en Toi il s'achève.
La musique de Ta flûte, essence des Védas, est en moi.

**un mukham kāṇavillai, kaṇṇā**
**uriyavan nī ennai seravillai**
**uṇṇavum viruppamillai, kaṇṇā,**
**urakkamum kaṇkaḷai tazhuvavillai**
**ennaiye piḍikkavillai, kaṇṇā**
**innilai nīḍittāl artthamillai**

Je ne puis voir Ton visage, Kanna. Je T'appartiens,
mais Tu ne m'as pas accordé l'union avec Toi.
Je n'ai aucun appétit, j'ai perdu le sommeil.
Si cela continue, si Tu me délaisses
Kanna, ma vie n'a pas de sens.

**munnamezh pirappinilum, kaṇṇā**
**unnaiye ninaindu urukiniṇḍren**
**ninnaiye saraṇaḍainten, kaṇṇā,**
**pinnaiye pirintoru vazhiyariyen**
**innamum tāmatamo, kaṇṇā**
**ennai izhantu karaintiḍuven**

Oh Kanna, lors de mes sept dernières vies,
Je n'ai pensé qu'à Toi. Je m'abandonne à Toi, Kanna.
Sans Toi, je suis perdu. Pourquoi tardes-Tu, Kanna ?
Quand donc me fondrai-je en Toi, libéré de l'ego à jamais ?

**oṭivā cinnakaṇṇā**
**oru muttam tantiḍu cellakaṇṇā**
**āṭivā cinnakaṇṇā**
**anta ānandam tantiḍu cellakaṇṇā**

Viens, accours petit Kanna, Kanna chéri,
Donne-moi un baiser, viens en dansant,
accorde-moi la béatitude de Ta vision, Kanna chéri.

# ĀYE HĀN TVADDE (PUNJABI)

**āye hān tvadde darbār vich sāre, śera valiye**
**dukhān nu pulkke, sukhān de kinare**

Oubliant tous nos chagrins, nous avons atteint le rivage du bonheur : nous sommes arrivés dans les bras de Mère,

**ditta hai janam ikk navān jo sānu, jota valiye**
**pyar te karuna di pāśa vi sikhade – o ma...**

Puisque Tu nous accordes cette nouvelle vie,
apprends-nous aussi le langage de l'amour et de la compassion.

**mata rani di (jai)**
**śeravali di (jai)**
**jotavali di (jai)**
**latavali di (jai)**
**pahadavali di (jai)**
**meharavali di (jai) bolo sāche darbār di (jai)**
**ki galat ki tīk na patā hai sānu, lātā valiye**
**har kadam te cirāg jyot jalade – jalade ma**

Nous ne savons pas distinguer entre le bien et le mal ;
daigne donc éclairer notre route à chaque pas.

# AYĒNGĒ MĒRĒ KANHĀ ĀJ (HINDI)

**āyēngē mērē kanhā āj**
**miṭ jāyēgī nayanōn kī pyās**
**murjh āyē is jīvan mē**
**āyēgī ab phir sē bahār**

Mon Krishna viendra aujourd'hui.
Mes yeux, qui ont soif de Le voir, pourront enfin se désaltérer.
Ma vie fanée va refleurir.

**ānchal sē vō lag jāyēgā**
**kahatē hue mān ō mān**
**pūchūn gī us sē rōtē - hastē**
**yād kaisē mērī āyī āyā - kānhā**

Il s'accrochera à mon sari et parlera dans mon cœur.
Riant et pleurant, je Lui demanderai :
« Et comment se fait-il que Tu aies pensé
à moi aujourd'hui ? »

**vādā usē karnā hōgā**
**cchōḍ na jāyēgā mā kō kabhī**
**hōkē judā nandalālā sē**
**rah na sakungī ika pal bhī - kānhā**

Il devra me promettre de ne plus jamais
quitter sa mère. Krishna, séparée de Toi,
je ne peux survivre un seul instant.

# AZHALINGU PUZHAYAI (MALAYALAM)

**azhalingu puzhayāy mizhinīru mazhayāy**
**aliyāttatentē ghanaśyāma mānasam**
**irulērumī rāvil-oru nāḷa-manayāte nī -**
**yaṇayunnatum kāttu-kāttirikkunnu kaṇṇa**

Mon cœur est couvert de nuages noirs.
Pourquoi ne devient-il pas une rivière de chagrin, un torrent de larmes ?
Dans les ténèbres matinales je garde une flamme allumée
et j'attends Ta venue, O Krishna…..

**karinīla vipinattil ēkānta-yāmattil**
**kuyilēttu pāṭunnu nin gānam-ippōl**
**ariyāte nī vannu pōyitō kaṇṇā**
**ninavārnnu mātrayō nilayattorōrmmayō**

Le ciel est bleu-sombre en cette heure solitaire,
Le coucou fait écho à Ton chant.
Es-Tu venu et parti sans que je m'en aperçoive ?
Etait-ce mon imagination ?
Etait-ce un souvenir ?

**virayārnnu pozhiyunnoril-apōlayen manam**
**nilayatta-tozhukunnithalayāzhi tēṭi**
**alayārkkum ā nīlavarṇṇamen kaṇṇā**
**ārālumariyāte nīyēkiyallayō**

Mon esprit tremble comme une feuille.
Il coule, aveugle, en quête de l'océan,
auquel Tu as secrètement donné Ton teint bleu.

**tirumāril vanamāla aṇiyikkumōrmmayil**
**malarcūṭi nilkunnu vāsanta śākhikaḷ**
**ārōrumariyāte malar cūṭuvānen kaṇṇā**
**nīyalōla vāyū pōlaṇayunnatillayō**

Ces arbres fleurissent en souvenir de Toi,
de la guirlande de fleurs que Tu portais sur Ton torse divin.
As-Tu pris la forme de la douce brise
pour accepter leur guirlande, Krishna ?

# AZHIYĀDA ĀNANDAM (TAMOUL)

**azhiyāda ānandam taruvāḷ**
**annaiyiṭam aṭaikkalam aṭaintiṭuvōm**
**nilayillā ulakil iruntālum**
**nilaiyāna tuṇaiyāy irintiṭuvāḷ**

Prenons refuge en Mère ; Elle nous accordera la béatitude éternelle.
Bien que nous vivions en ce monde de l'impermanence,
Elle nous guide et nous accompagne à chaque instant.

**vazhikāṭṭa nīyum maruttuviṭṭāl**
**vazhimāri pōyviṭuvōm tāyē**
**takuti illāmmal iruntālum**
**un tāḷkaḷ nāḍiyē vantēnē**

Mère, si Tu refuses de nous montrer la voie vers Dieu,
nous sommes perdus. Bien que nous ne méritions pas Ta grâce,
nous venons chercher refuge à Tes pieds.

**gati vēṇḍum ēnkiṭum un sēyai**
**vidhi vēṇḍum vazhi senṭru vīzhāmal**
**ati vēgam un aruḷāsiyināl**
matimayakkam nìkki unnaâi sèrppày

O Mère, cet enfant est venu prendre refuge auprès de Toi.
Ne me renvoie pas sur le chemin tracé par mon destin.
Daigne me bénir en m'accordant rapidement Ta grâce,
lève le voile de cette maya qui nous fait tourner la tête,
et accorde-moi refuge à Tes pieds.

# BĀBĀRŌ MANAVE BHAJISU NĪ HARIYA (KANNADA)

**bā bārō manave bhajisu nī hariya**
**bā bārō manave bhajisu nī hariya**
**bā bārō manave bhajisu nī hariya**

O mon esprit, vénère Hari (un des noms de Vishnu)

**alediruve ellī yārā huḍukutihe allilli**
**kaṇḍu kāṇisade nā aḍagiruve ninnalli**
**āgasavāgalu nīnu hṛdayapuṣpa varaḷuvudu**
**sugandhava nīnāga ariyuve – ō manavē**
**bā bārō manave bhajisu nī hariya**

Où erres-tu donc? Que cherches-tu ça et là?
Ne vois-tu pas que Je suis en toi?
Deviens vaste comme l'espace, et ton cœur s'épanouira comme une fleur dont tu sentiras le parfum. O mon esprit, vénère Hari !

**dāhavinnu tīradu nōḍu marubhūmi idayyā**
**śītala nīrilla bari kanasu mātravayyā**
**maraḷi hōgalu ninnoḷage kuḷitu nī dhyānadi**
**kāṇisuve nānāga beḷakāgi – ō manave**
**bā bārō manave bhajisu nī hariya**

Ici, c'est le désert ; jamais tu ne pourras y étancher ta soif.
En réalité, il n'y a pas d'eau, rien qu'un mirage.
Assieds-toi en méditation, retourne à ton vrai Soi.
Il t'apparaîtra sous la forme de lumière! O mon esprit, vénère Hari !

**marugadiru yārilla ninna jotegendu tiḷidu**
**hariyu iralu jotage śakutiyanu biḍadiru**
**narajanumava paḍedāga bērēnu bēku ninage**
**saṅkaṭa biḍu bā bēgā ōḍōḍi – ō manave**
**bā bārō manave bhajisu nī hariya**

Ne t'afflige pas, croyant que tu es seul. N'abandonne pas,
le Seigneur est à tes côtés ! Quoi d'autre est nécessaire en cette vie ?
Abandonne tes chagrins et accours ! O mon esprit, vénère Hari!

**malagiruve yāke tiḷidu ellava nī summane**
**eddēḷu karmavāgisikō nijamantra**
**prēmabhakutiya tumbi japisutali naḍe munde**
**yāra hangēke ninage tumbiralu nā manadi**
**bā bārō manave bhajisu nī hariya**

Sachant tout cela, pourquoi dors-tu encore ?Réveille-toi,
que l'action soit ton vrai mantra ; avec amour et dévotion,
va de l'avant. Pourquoi dépendre d'autrui quand Je suis dans ton cœur ?
O mon esprit, vénère Hari...

# BĀ BHṚNGAVĒ BĀ (KANNADA)

**bā bhṛngavē bā**
**mana bhṛngavē bā**
**ammana karēyitu kēḷisadē?**
**ētakē aḷutiruvē?**

Viens, O abeille de mon esprit ! N'entends-tu pas notre Amma
qui t'appelle ? Pourquoi pleures-tu ?

**hoḷeva dhavaḷa hṛdaya kamala**
**miḍididē prēma taranga**
**madhuva saviye savidu kuṇiye**
**makāra moḷaguta bā**

Le lotus blanc du cœur resplendit et vibre d'amour.
Viens, chante la syllabe divine « Ma »
afin de goûter le nectar et de te réjouir !

**bēganē bantu madhuva uṇḍu**
**mēlakēruva bā**
**allidē ānanda allidē āmōda**
**amṛtapāna allidē bā**

Viens vite boire le nectar, et puis élevons-nous.
Viens ! Là est la vraie béatitude, là est la vraie joie.
Là est la véritable ambroisie de l'immortalité.

**hē manabhṛnga! hē manabhṛnga!**
**hē manabhṛnga! hē manabhṛnga!**

O abeille de mon esprit !

## BAḌĪ DUVIDHA MĒ (HINDI)

**Baḍī duvidha mē hū bhagavan**
**tumi kai sē ārādhū mē**
**kōyī mādhyama nahī aisā**
**jisē pūjā mē lā ōm mē**

Me voilà bien malheureux, O Seigneur. Comment puis-je T'adorer ?
Je ne connais aucune manière convenable de T'adorer.

**Tumhārī jyōti sē jagamaga hē**
**ravi raj nīśaur tārē**
**mahā andhēra hōgā ra tumhē**
**dīp dikhā ōm mē**

C'est Ta lumière qui illumine l'univers ; c'est Toi qui brilles à travers le Soleil, la Lune et les étoiles ; je ferais preuve d'une terrible ignorance si j'allumais une lampe devant Toi.

**Tumhī hō phūl aur phala mē tumhī**
**basatē hō khuśabū mē**

**bhalā bhagavān kō bhagavān par**
**kaisē chaḍhā ōm mē**

C'est Toi qui donnes la vie aux fruits et aux fleurs en ce monde,
c'est Toi encore qui rends suave leur parfum.
Comment pourrais-je donc T'offrir ce qui est Toi ?

**Tumhī hō vyāpta jal thal mē**
**tumhī maujūd kaṇ kaṇ mē**
**anādar hē bulānē kō agar**
**dhamṭi bajā ōm mē**

Tu es dans chaque goutte des immenses étendues d'eau.
Ne serait-ce pas Te manquer de respect
que de T'appeler en sonnant la cloche ?

**Na bā hē na chātī hē**
**na grīvā hē na hē māthā**
**baṇī uljhan mē hū bhagavan**
**kahā chandana lagā ōm mē**

Tes membres, Ta poitrine, Ton front et Ton buste
sont au-delà de tout ce que je peux percevoir.
Quelle n'est pas ma souffrance !
J'ignore où appliquer la pâte de santal !

# BANDAḶŌ BANDAḶŌ (KANNADA)

**bandaḷō bandāḷō amma**
**bandaḷō bandāḷō**
**bandaḷō bandāḷō hṛdayēśvarī**
**kāruṇyarūpadī bandāḷō**

Voici venir la Mère, la Déesse de mon cœur,
la compassion personnifiée !

**paṭṭusīre dharisi bandāḷō**
**honnageya bīrutali**
**kaiyeraḍu bīsutali**
**ōṭi banni makkaḷe yentu karedāḷō**
**kāruṇyarūpadi bandālō**

Vêtue de soie dorée, rayonnant d'un sourire lumineux,
Balançant doucement les deux mains, Elle appelle :
« Venez vite, Mes enfants chéris ! »
Elle vient, la compassion personnifiée !

**ellarannu tabbikkoḷḷalu**
**tabbikkoṇḍu muttanīḍalu**
**ellarannu anugrahisalu**
**anugrahisi varanīḍalu bandāḷō**
**kāruṇyarūpadī bandāḷō**

Elle vient étreindre chacun d'entre nous,
donner un baiser à chacun, Elle vient nous bénir et exaucer nos désirs.
Elle vient, la compassion personnifiée !

**kaṣṭakaḷa pariharisalu**
**nijānanda tōrisalu**
**ajñānikaḷāda namannu**
**ānandadi muḷugisalu bandāḷō**
**kāruṇyarūpadī bandāḷō**

Elle vient résoudre nos problèmes
et nous montrer où est la vraie béatitude.
Elle vient noyer de béatitude les ignorants que nous sommes.

# BANDAMUṆṬU SONTAMUṆṬU (TAMOUL)

**Bandamuṇṭu sontamuṇṭu kaṇṭu koṇṭē nān ammā**
**enṭra zhaiku bōtu varum bandam nilaitān**

J'éprouve pour Toi les sentiments que l'on a
pour un être cher ; « Tu es mienne », voilà ce que je ressens.
J'appelle « Amma » et aussitôt, le lien est fermement établi.

**Maṇam vīsum malar nukarntu**
**unnai ninaintēn manatil**
**ar chanaikal seytu nānum ennai marantēn**
**tēnum pālum abhiṣēkam seytu makizhtēn**
**anta kā chi kaṇṭa entan ullam pūrītti runtēn**

Quand je vois des fleurs odorantes, je pense à Toi
et quand je chante Tes noms, j'oublie tout !

**Tāyāki tantayumāy guruvum āna dēvi inke**
**nirguṇamāy tōnṭruvatai kaṇṭu viyantēn**
**vazhiyariyā pētayāy kaṇṇīrōṭu ninṭēn**
**anta śankari azhaika piravi payanai aṭaintēn**

La Mère divine est ma mère, mon père
et mon guru ; elle est aussi sans attributs.
Etonnante est Sa nature mystérieuse !
Pauvre de moi ! Ignorant la voie,
je reste là, les yeux pleins de larmes.
Quand j'appelle « Shankari »
je comprends le sens de mon existence !

**Ariyāmai irul sūr uzhanṭu nānum iruntēn**
**annai untan arulāl karuṇaikaṭalil matintēn**
**amgam amgam āka ennai arppaṇam seytēn**
**tāyē nī āla vēṇṭum dayavai kāttiruntēn**

Ta grâce m'a sorti des ténèbres de l'ignorance
pour me plonger dans l'océan de Ta compassion.
Je T'offre mon être tout entier.
J'attends le moment où Tu seras fermement établie
comme la Souveraine de mon cœur.

## BANDU BIḌABĀRADĒ (KANNADA)

**bandu biḍabāradē bāgilanu tērēdu ni**
**hṛdaya bāgilanu tērēdu ni**
**ariyalārenu nānu bāgilanu tērēyalu**
**hṛdaya bāgilanu tērēyalu**

Pourquoi ne viens-Tu pas ouvrir la porte, la porte de mon cœur ?
J'ignore comment ouvrir cette porte.

**mareyutihēnu nāni manada māyeyalī ninna**
**endendu mareyada hāge**
**bandu ni nelesabāradē**

Pris dans l'illusion (maya) du mental, je T'oublie.
Pourquoi ne viens-Tu pas demeurer dans mon cœur,
afin que jamais, jamais je ne T'oublie ?

**ammā ammā endu kareyutiruvēnu ninna**
**kāyutiruvēnu tāyē**
**ninna baruvikege nānu**

Je T'appelle, Mère, j'attends Ta venue.

# BĀRA GOPĀLA BĀLA GOPABĀLĀ (KANNADA)

**bāra gōpāla bālā gōpālabālā**
**he bāla gōpālabālā**

Viens, enfant Gopala !

**Bēḷagāgi nāveddu yāryyāra neneyōṇā**
**Bālana pādava nenayōṇā**
**Bālakṛṣṇanā bangāra pādake**
**Śirabāgi kaiyyā mugiyōṇā**

A qui allons-nous penser en nous levant le matin ?
Nous penserons aux pieds du petit (Kanna).
Les mains jointes, nous nous inclinerons
devant les pieds sacrés du petit Krishna.

**Nandana nandana gōpikā chandana**
**Vēṇuvilōlana neneyōṇā**
**Beṇṇekaḷḷā śri yaśōda nandana**
**Bhaktiyindā nāvu bhajisōṇā**

Rappelons-nous le Fils de Nanda,
Clair de lune des gopis, le petit joueur de flûte.
Chantons avec dévotion la gloire
du petit voleur de beurre, Fils de Yashoda.

**Dēvaki putranā paṇḍava guruvana**
**Rādhākṛṣṇana neneyoṇā**
**Gītā nāthā śri kṛṣṇana neneyutta**
**Koraletti hāḍi naliyōṇā**

Rappelons-nous le Fils de Dévaki,
le guru des Pandavas, Radhakrishna. Chantons joyeusement en pensant à Sri Krishna, au Seigneur de la Gita.

**navilina gariyanu śiradali muḍidiha**
**nīlaśarīrī gōpī kṛṣṇā**
**chittachōrā mana yamunāṭaṭadali**
**rāsalīle gende kādiddānē**
**bāra gōpāla bāla**

Gopikrishna a le teint bleu-sombre, il porte sur la tête une plume de paon. Celui qui a dérobé mon cœur attend sur la rive de la Yamuna de mon esprit. Il attend que je vienne danser avec Lui la *rasalila*.

# BHAKTARU BANDIHARU (KANNADA)

**bhaktaru bandiharu dēgulake**
**darśana nīḍu dēva śivane**

Nous sommes venus jusqu'à Ton temple, nous Tes dévots.
O Seigneur Shiva, accorde-nous Ton darshan.

**nāgahāra darisiruve dēva**
**gangēya hottiruve śiva**
**candrana śiradali muḍidiruve dēva**
**bhasmava pūśiruve śiva**

O Seigneur, Ton cou est entouré d'une guirlande de serpent.
O Shiva, Tu portes le Gange dans Ta chevelure.
Tu es paré du croissant de Lune, Ton corps est enduit de cendres sacrées.

**ōm namaḥ śivāya ōm namaḥ śivāya**
**kāḷakūṭa kuṭidavane dēva**
**kailāsa nāthane śiva**
**vighnēśa murugēśa tantayē dēva**
**pārvati priyakarane śiva**

O Seigneur, Tu as bu le poison *kalakuta*,
O Shiva, Seigneur du Mont Kailash ;
Père de Ganesh et de Muruga, O Shiva, Bien-aimé de Parvati.

**kēḷannu morayannu dēva**
**kāruṇya mūrttiye śiva**
**gagana samudra hudugiruve dēva**
**ninagāgi kādiruve śiva**

O Seigneur, Incarnation de la compassion, écoute ma supplique.
En quête de Toi, j'ai traversé le ciel et la mer ;
O Shiva, c'est Toi seul que j'ai attendu.

**ānanda rūpane dēva**
**viśvaika nāthane śiva**
**paśupati nāthane praḷayāntakarane**
**praṇava svarūpane dēva amṛta lingave śiva**

O Seigneur, Incarnation de la béatitude,
Toi le Seigneur unique de l'univers ;
O Shiva, Seigneur des animaux, cause de la dissolution, Incarnation du son primordial Om, Tu as pour forme le *lingam* immortel.

# BHAVĀNI BHUJANGAM (SANSCRIT)

**ṣaḍādhāra paṅkeruhāntar virājat**
**suṣumnāntarāḷēti tējōllasantīm**
**vibantīm sudhāmaṇḍalam drāvayantīm**
**sudhā mūrtim īḍhē mahānanta rūpām 1**

Je me prosterne devant la personnification du nectar, devant la béatitude immortelle, l'éclat qui brille dans la *sushumna*, le canal d'énergie qui traverse les six chakras du corps ; je me prosterne devant Celle qui fait fondre la lune et boit sa lumière.

**jvalat kōṭi bālārka bhāsāruṇāngīm**
**sulāvaṇyaśṛṅgāra śōbhābhirāmām**
**mahāpadma kiñjalkamadhyē virājat**
**trikōṇōllasantīm bhajē śrī bhavānīm 2**

Je chante la gloire de Bhavani qui réside dans le triangle (au centre du Sri chakra, le diagramme (yantra) mystique), Celle qui brille dans les étamines du grand lotus, Celle qui a l'éclat de milliers de soleils levants, dont la beauté est immense et dont le charme fascine l'univers entier.

**kvaṇat kiṅkiṇī nūpurō bhāsirantaprabhālīḍha**
**lākṣārdra pādāravindam**
**ajēśācyutādyais-surais-sēvyamānam**
**mahādēvi ! manmūrdhni tē bhāvayāmi 3**

O grande Déesse, Tes pieds sont vénérés par Vishnu, Brahma et les autres dieux. Daigne les poser sur ma tête et ainsi me bénir. Tes chevilles sont ornées de petites clochettes tintinnabulantes faites de pierres précieuses qui se reflètent sur Tes ongles vernis.

**suśōṇāmbarā badhnī virājan**
**mahāratnakāñcīkalāpam nitambam**
**sphurad dakṣiṇāvartanābhiścatisrōvalīramba**
**! tē rōmarājīm bhajēham 4**

Je vénère la ligne de poils qui traverse ton ventre, Ton nombril en forme de spirale tournant vers la gauche, Tes hanches vêtues de rouge et Ta taille ornée d'une ceinture en or, avec de petites clochettes où sont sertis les plus beaux joyaux.

**lasat vṛtta muttuṅga māṇikya kumbhōpama**
**śrī stanadvantvam ambāmbujākṣi**
**bhajē dugdha pūrṇābhirāmam tvadīyam**
**mahā hāra dīptam sadā vismitāsyam 5**

Je vénère tes seins jumeaux, dressés, débordants de lait, à la rondeur parfaite, comme un pot où sont enchâssées des pierres précieuses. Tes seins brillent toujours, pleins de lait. Oh, Mère aux yeux de lotus.

**śirīṣa prasūnōllasad bāhu daṇḍairjvalatbāṇakōdaṇḍa**
**pāśānkuśāśca**
**calatkankaṇōddāma kēyūra bhūṣōllasac-**
**chrīkarām bhōjamābāhumīḍē 6**

Je vénère Bhavani, dont les bras délicats comme la fleur du *sirisha* étincellent et qui tient les flèches, l'arc, la corde et l'aiguillon. Elle brille, parée de bracelets et de brassards.

**sunāsāpuṭam patma patrā yatākṣam**
**mukham dēvi bhaktēṣṭada śrī kaṭākṣam**
**lalāṭ ōjjvalat gandha kastūribhūṣōjvalat**
**pūrṇa candra prabham tē bhajēham 7**

Je vénère Bhavani, si charmante, qui brille comme la pleine lune d'automne ; la paix orne Son visage de lotus ; les pierres précieuses de Son collier et de Ses boucles d'oreilles étincellent.

**calat kuntaḷānubhramat bhṛmgavṛndair**
**ghanasnigdha dhammilla bhūṣōjjvalantīm**
**sphuran mauli māṇikya baddhēndurēkhāvilāsōllasad**
**divya mūrdhānamīḍē 8**

Je chante la gloire de Ta tête qui rayonne, joueuse, ornée du croissant de lune ; une chaîne de pierres précieuses brille sur la raie de Tes cheveux ; dans Ton épaisse chevelure, parée de guirlandes de jasmin, les essaims d'abeilles entrent, virvoltent et jouent.

**iti śrī bhavānī svarūpam tavaivam**
**prapañcāt parañ-cāti sūkṣmam prasannam**
**sphuratvamba! ḍimbhasya mē hṛt sarōjē**
**sadā vāṅmayam sarvatējōmayatvam 9**

O Bhavani, Toi qui es bien au-delà de l'univers (le macrocosme), puisse Ta forme dans sa dimension microscopique illuminer le lotus de mon cœur. Puisse Ta forme lumineuse me bénir, afin que je règne sur le trésor de la parole.

**gaṇēśāṇi mādyākhilaiś śakti vṛndaiḥ**
**sphuracchrī mahā cakra rājē lasantīm**
**parām rājarājēśvarī traipurīm tvām**
**śivāṅkōparistham śivām tvām bhajēham 10**

Je médite sur Toi, l'Epouse de Shiva, assise sur Ses genoux, entourée des shaktis conduites par le dieu Ganesh ; Tu es assise, lumineuse, sur le *chakra raja* ; Tu es Tripura et Rajeshwari.

**tvam arkas tvam agnis tvam āpas tvam industvam**
**ākāśa bhūr vāyu sarvam tvamēva**
**tvadanyam na kiñcid prakāśōsti sarvam**
**sadānanda samvitsvarūpam bhajēham 11**

Je chante Ta gloire en tant que Connaissance et béatitude, à qui nul n'est supérieur. Tu es le soleil, le feu, l'eau et la lune, Tu es l'éther, la terre et le vent, en vérité, Tu es tout, Tu es la grande Essence.

**śivastvam gurus tvañca śaktis tvamēva**
**tvamēvāsi mātā pitā ca tvamēva**
**tvamēvāsi vidyā tvamēvāsi bandhurgatirmmē**
**matirdēvi sarvam tvamēva 12**

Tu es le dieu Shiva, Tu es mon Maître, Tu es la déesse *Shakti*. Tu es ma mère, mon père, Tu es la connaissance, Tu es ma famille et mon seul refuge, ma seule pensée. Je ne peux penser à rien d'autre qu'à Toi.

**śrutī nāmagamyam purāṇairagamyam**
**mahimnānu jānanti pāram tavātra**
**stutim kartumicchāmi tē tvam bhavāni**
**kṣamasvaivam amba pramugddhaḥ kilāham 13**

Bien que je ne sache rien de Ta grandeur, je souhaite chanter Tes louanges, O Bhavani. Tu connais les Védas et les Agamas mais on ne peut T'atteindre par la simple étude des Ecritures. Daigne donc me pardonner.

**śaraṇyai varēṇyai sukāruṇya pūrṇair**
**hiraṇyōdarādyai ragaṇyais supūrṇaiḥ**
**bhavāraṇya bhītaśca mām pāhi bhadrē !**
**namastē namastē punastē namōstu ! 14**

Salutations, salutations et salutations, O Bhavani. Tu es mon refuge, la faveur que je demande et l'Incarnation de la miséricorde. Parmi tous les dieux, Ta grandeur l'emporte. O Déesse sacrée, protège-moi de ce sortilège, protège-moi de la forêt enchantée de la vie.

**bhavānī bhavānī bhavānīti vāṇī**
**mudārāmudāram mudā yē bhajanti**
**na śōkō na pāpō na rōgō na mṛtyuḥ**
**kadācit kadācit kadācinnarāṇām 15**

Répète trois fois le nom sacré de Bhavani, avec dévotion, répète-le éternellement, et sois libéré du chagrin, des passions, des péchés et de la peur à jamais.

**idam śudhacittō bhavānī bhujangam**
**paṭhan buddhimān bhaktiyuktaśca tasmai**
**svakīyam padam śāśvatam vēdasāram**
**śriyañcēṣṭasidhiñca dēvīdadāti 16**

Quiconque lit avec dévotion ce grand hymne glorifiant Bhavani de la tête aux pieds obtiendra le salut éternel, l'essence des Védas, ainsi qu'une grande prospérité et les huit pouvoirs occultes.

# BIRŌHER (BENGALI)

**birōher āgūne jōlichē hṛdōy**
**bōlitē nārī tōre bidāy**
**mā hōye mōre bhulē gēlī**
**kālī tuḷa hōli mṛṇmōyi**

Comment pourrais-je Te dire «au revoir»?
Mon cœur se consume de douleur d'être séparé de Toi.
Comment as-Tu pu m'oublier, Toi, ma Mère ?
O Kali, Tu es la Terre.

**bhēbē dēkh mātuyi nije**
**jōgōt bhūle ēnu tōrkāchē**
**tōr nōyōne subi nijere bhūlē**
**tāu ki nibinā kōlē tulē ?**

O Mère, vois ! Pour Toi, j'ai abandonné le monde.
Ton regard m'a fait oublier jusqu'à mon individualité.
Me prendras-Tu sur Tes genoux ?

**hāriye kōtō diḍēr mājeja**
**phāgōḷ hōlāmam tōke khuje**
**ār kōrō na dērī ō mā**
**lōkhi hōyē nāumā kōlē**

Je me suis égaré à force de courir partout
à Ta recherche. Cette quête m'a rendu fou.
Ne tarde plus, O Mère, prends-moi sur Tes genoux !

# BĪTA CALĀ (HINDI)

**bīt calā mama ik aur janm**

J'ai gâché une vie de plus

**man kē bandhan aur badhāyē**
**bhavan bharm kē hi nirmāyē**
**nācā jaysē nāc nacāyē**
**abhilāṣā mē māya sargam**

Les liens qui m'enchaînaient ont été renforcés.
Je suis esclave de mes désirs, mon mental chancèle.

**sat nahī jānā tat nahī jānā**
**param pitā kō nahī pehcānā**
**man kō nit ras naval pilāyē**
**pyāsā phir bhi rah gayā ātam**

J'ai oublié la Vérité. Incapable de percevoir
ma relation avec l'Être suprême,
je nourris mon mental d'impressions nouvelles,
enchanteresses, recueillies par les sens.
Mais mon cœur a toujours soif.

**sab rūpōm mē tūhī samāyā**
**man andhiyārā dēkh na pāyā**
**jo khōjā mai antar tam mē**
**duśman pāyā apnā hī man**

Bien que Tu sois présent dans toutes les formes,
mon mental, ignorant, ne Te voit pas.
Quand je T'ai cherché à l'intérieur de moi,
il est devenu un ennemi.

**prabhū man kā andhiyārā miṭāō**
**dil mē nēhā kī jōt jalāvō**
**ab āyā hūṅ tērē dvārē**
**sah nahī pāvūṅ virhā kā gam**

O Seigneur, daigne dissiper les ténèbres
qui enveloppent mon mental.
Allume en mon cœur la lampe de la dévotion.
Ignorant, je suis arrivé à Ta porte.
Je ne supporte plus ce sentiment de séparation.
Prends pitié de moi !

## CANDRACŪḌA (TELUGU)

**candracūḍa pādamulaku praṇāmam**
**śrīśailavāsunaku praṇāmam**
**hara praṇāmam praṇāmam**
**śrīnīlakaṇṭhunaku pranāmam**

Salutations aux pieds de Shiva, qui porte sur la tête le croissant de lune.
Nous saluons Celui qui demeure à Srisailam.
Nous saluons Hara au cou bleuté !

**veṇṭi koṇḍalalō ānanda-nṛtyamāḍu**
**naṭarāja pādamulaku praṇāmam**
**rāmuni hṛdayamulō nityanivāsi**
**rāmēśvara pādamulaku praṇāmam – ā**
**bhakta-jana-sulabhunaku praṇāmam**

Salutations aux pieds de Nataraja, qui danse en extase.
Nous saluons Celui qui demeure dans le cœur de Rama pour l'éternité.
Nous saluons Celui que les dévots atteignent aisément.

**hara praṇāmam praṇāmam praṇāmam**
**praṇava-svarūpunaku praṇāmam**

Nous saluons Hara, Incarnation du Om !

**sarvāntar-ātmunaku kaivalya-dhāmunaku**
**ādyanta-rahitunaku praṇāmam**
**praḷayānta-kālamulō bhīkara-tāṇḍavamāḍu**
**kālarudra-pādamulaku praṇāmam – ā**
**ādipraṇava-rūpunaku praṇāmam**

Nous saluons Hara, qui demeure en tout être,
Celui dont la demeure est la libération.
Nous saluons Celui qui est sans commencement ni fin.
Salutations aux pieds de Celui qui danse, impitoyable, à l'heure de la dissolution. Nous saluons le dieu primordial !

**hara praṇāmam praṇāmam praṇāmam**
**praṇava-svarūpunaku praṇāmam**

Nous saluons Hara, Incarnation du Om !

# CĒNMILĒ (HINDI)

**cēnmilē ārām milē**
**śānti ōr viśrām milē**
**vō hē mā kigōd vimal**
**jahā bhaktōn kō prēm milē**

Doux sont les bras de notre tendre Mère.
Les dévots y puisent tranquillité, paix et amour inconditionnel.

**snigdhasnēh apār mile**
**karuṇā aparampārmilē**
**vō hē mā kā hṛdayakamal**
**jahā hari ōmkār milē**

Le cœur de notre tendre Mère est pareil à une fleur de lotus. Là, Ses dévots connaissent l'union avec le Divin et la compassion infinie. Ce cœur est la demeure du Seigneur Hari (Vishnu),
il vibre du son divin « Om ».

**duḥkh dard santāp miṭē**
**ādhivyādhi abhiśāp miṭē**
**vō hē mā kā hṛdaycaman**
**jahām kāntō kā uttāp miṭē**

Le cœur de notre Mère est un magnifique jardin.
Sa présence efface les malédictions, la douleur et la souffrance.
Dans Ses bras, les cœurs brisés de chagrin trouvent la paix.

**lōbh mōh sē trāṇ milē**
**kāmkrōdh kō virām milē**
**vō hē mā kā hṛdaygagan**
**jahā gangā kī dhār milē**

Dans le cœur de notre Mère divine coule la rivière sacrée du Gange. Dans Son giron, les dévots sont délivrés de l'avidité et des attachements aux biens de ce monde ; la présence de Mère purifie les cœurs de Ses enfants chéris en mettant un terme à la luxure et à la colère.

# CĒSĒNU TALLI ABHIṢĒKAM (TELUGU)

**cēsēnu talli abhiṣēkam**
**cērchave nannu āvali tīram**

Mère, je Te vénère, emmène-moi vers l'autre rive !

**nī pādamudratō niṇḍina**
**suddhamaina manasuniyyamani**

**kōrutū cēsēnu abhiṣēkam**
**nī pādamulaku kṣirābhiṣēkam**

Je T'implore de m'accorder un cœur pur, rempli de la vision de Tes pieds ; accomplissant la puja avec du lait, j'adore Tes pieds.

**nirantaram nī nāmajapamutō**
**manasu niścalamavvālani**
**kōrutū cēsēnu abhiṣēkam**
**nī pādamulaku dadhyābhiṣēkam**

Cherchant à atteindre la tranquillité du mental par la répétition constante de Ton nom sacré, j'adore Tes pieds avec du yaourt.

**nā cintanalu ēkāgramai**
**nī diśalō pravahiñcālani**
**kōrutū cēsēnu abhiṣēkam**
**nī pādamulaku neyyabhiṣēkam**

Désirant obtenir la concentration, désirant que le flot de mes pensées aille vers Toi, j'adore Tes pieds avec du beurre clarifié (*ghee*).

**nī madhurasmṛtulalō munigi**
**lōkamulō cēdu tākkoddani**
**kōrutū cēsēnu abhiṣēkam**
**nī pādamulaku tēnābhiṣēkam**

Afin de me remémorer les doux moments passés auprès de Toi,
sans être affecté par les impuretés du monde,
j'adore Tes pieds avec du miel.

**nī prēmasvarūpamū**
**nā madilō sadā nilavālani**
**kōrutū cēsēnu abhiṣēkam**
**nī pādamulaku pannīrābhiṣēkam**

Désirant garder Ta forme si tendre toujours présente
dans mes pensées, j'adore Tes pieds avec de l'eau parfumée.

# CHOLLU SAKHĪ, NAMMAL (MALAYĀLAM)

**chollu sakhī, nammal oru mātrayenkilum**
**ariyāte mizhiyaṭacchirunnu pōyō?**
**atunēram maṇivarṇṇan kaṭannu pōyō, namu–**
**kkorū nōkkū kāṇān iṭatarāte?**

Dis-moi, mon amie, aurions-nous sans y prendre
garde fermé les yeux un instant, un seul?
Et notre petit Krishna adoré serait-Il venu à ce moment-là,
sans nous accorder la chance de L'apercevoir ?

**matiyō – mizhīyō – parayū sakhī, namme**
**chatipiṇayicchatu hatavidhiyō?**
**nizhalanakkangalum, ilayilakkangalum**
**ariyāte mizhiyaṭacchirunnu pōyō?**

Dis-moi, chère amie, qu'est-ce qui nous a trahies ? No pensées ? Nos yeux ? Notre destin malheureux ? Sommes-nous restées assises ici, sans percevoir ni le mouvement des ombres ni le bruissement des feuilles ?

**nalamoṭi malarikal ariyasugandham**
**vitari vitarnnaṇiyaṇiyaṇiyāy**
**varavētta tāreyannārāyukil – sakhī**
**'vanamāli' yenōtum vanarājikal!**

Si nous demandons aux forêts: « Qui donc les jolies fleurs ont-elles accueilli ainsi, formant une haie d'honneur et répandant un parfum si doux ? » les forêts répondront : « Vanamali » i.e. Krishna)

**orutundu mayilpīlī kaḷanñukitti – kāttil**
**parannu vannariyāten matiyil vīṇu!**
**ezhunnelkkamal sakhī ! kaṇṇan varunnatin**
**sandeśamāṇu – nām dhanyaratre!**

J'ai trouvé un morceau de plume de paon ! C'est le vent qui l'a apporté et déposé sur mes genoux ! Levons-nous, amie ! C'est un message : Krishna va venir ! Que nous sommes bénies !

# CITTACŌRANA (KANNADA)

**cittacōrana kṛṣṇā mukundanā**
**bhajisuvā mōdadī ānanda kandanā**

Délectons-nous en vénérant Krishna, Mukunda,
L'Enfant débordant de béatitude qui a dérobé nos cœurs.

**navajala dharasama nīlanā**
**murahara madhumaya rūpanā**
**agha hara karuṇā lōlanā**
**kaivalya dāyaka kṛṣṇanā**

Délectons-nous en vénérant Krishna ! Le bel Enfant au teint bleu-sombre
détruit les péchés ; Il a tué le démon Mura. Il a le cœur compatissant,
Il nous accordera la libération ultime.

**agaṇita guṇamaya dēvanā**
**cyutiyē illada acyutanā**
**ghana karuṇāḷu kēśavanā**
**muraḷīdhara mucukundanā**

Délectons-nous en vénérant Muchukunda,
le Seigneur aux attributs infinis, pur et sans tache,
Késhava, qui tient une flûte et dont le cœur est compatissant.

# CŌLTĒ CŌLTĒ (BENGALI)

**cōltē cōltē dinēr śēśē**
**pōth hāriyē ekōn mōṭē**
**dāḍiyē āchi ōndhōkārē**
**ki hōbhē ōtīt bēbhē**

Cheminant seul à la fin du jour, te voilà
au carrefour, égaré dans les ténèbres.
A quoi sert maintenant de songer au passé ?

**kī pābi tui ētō khūnjē**
**nēykē kichū pābhār mōtōn**
**jā āchē tāō hariyē jābē**
**thākbhē nākō kichu hātē**

Que trouveras-tu après avoir assouvi tes désirs ?
Rien ne vaut d'être acquis ; tout ce que tu as, tu le perdras.
A la fin, il ne restera rien.

**jānbi kōbē dēkhiś bhēbē**
**dēhēr prōti māyā kēnō**
**bhujtē hōlē egōtē hōbhē**
**jētē hōbē mōn pēriyē**

Songes-y. Quand comprendras-tu enfin ?
Pourquoi s'attacher aussi fortement au corps ?
Pour réaliser la Vérité, il faut aller de l'avant
et transcender le mental.

**lāgē bhōy jōdi mōnē**
**dēkhē niś tuyi pīchōn pānē**
**śāthē āchē kālō mēyē**
**egiyē jā tār nām niyē**

Si tu as peur, retourne-toi ! Regarde ! La Déesse au teint sombre
est avec toi. Continue à chanter Son nom !

# COME RUNNING MY DARLING CHILDREN (ANGLAIS)

**Come running my darling children.**
**Know that Om is your own true nature.**
**Leaving all sorrow awaken divinity,**
**Merge in the Self deep within you.**

Accourrez mes chers enfants.
Rappelez-vous que Om est votre vraie nature.
Abandonnant tous vos chagrins, réveillez le divin en vous,
Plongez dans le Soi, au cœur de vous-même.

**You are the "I" that is in me,**
**Children, I am the "you" that is in you.**
**Due to the ignorance**
**you may feel separate**
**In truth there is only oneness.**

Vous ce Soi qui est en Moi,
Mes enfants, Je suis ce « Vous » qui est en vous.
En raison de l'ignorance
Il se peut que vous vous sentiez séparés
Mais en vérité seule existe l'unicité.

**Bathe in the lake of the Atma**
**Find the Self that is dwelling within you!**
**Try to attain and be one with the infinite,**
**Then you will find bliss eternal.**

Immergez-vous dans le lac de l'Atma
Retrouvez le Soi qui repose en votre sein !
Essayez de le réaliser et de vous unir à l'infini,
Alors vous trouverez la béatitude éternelle.

**Just as blue of the vast sky,**
**And the distant mirage in the desert,**
**That which is seen is unreal and impermanent.**
**Be not deceived by illusion.**

De même que le bleu du vaste ciel,
Ou que dans le désert le mirage au loin,
Ce que vous voyez est irréel et impermanent.
Ne vous laissez pas trompé par l'illusion.

**Mother is walking beside you,**
**As you stumble and fall on your journey,**
**Love and devotion, illumine the path ahead,**
**Holding your hand She will guide you.**

Mère, marche à vos côtés,
Tandis que vous trébuchez et chutez durant votre séjour,
L'amour et la dévotion, illumine votre chemin au devant de vous
Vous tenant par la main, elle vous guidera.

# DAM ḌAM ḌUM ḌUM ḌAMARŪ BŌLE (GUJARATI)

**ḍam ḍam ḍum ḍum ḍamarū bōle**
**har har har har mahādevā**
**śiv śiv śiv śiv śivagaṇa bōle**
**namaḥ śivāya ōm namaḥ śivāya**

Le damaru chante « har har mahadeva » Les ganas de Shiva répondent en chantant « namah shivaya Om namah shivaya »

**nīla nīla ākāś bōle**
**har har har har mahādevā**
**garjjanā kartā mēgh bōle**
**namaḥ śivāya ōm namaḥ śivāya**

Le ciel bleu chante « har har mahadeva »
Les nuages bleu sombre répondent en grondant
« namah shivaya Om namah shivaya »

**sāgar nadī sarītā bōle**
**har har har har mahādevā**
**ghāṭ ghāṭ ne kinārā bōle**
**namaḥ śivāya ōm namaḥ śivāya**

Les océans, les rivières et les fleuves chantent « har har mahadeva »
Les côtes, les rives, répondent en chantant « namah shivaya Om namah shivaya »

**dhartti van parvat bōle**
**har har har har mahādevā**
**vṛkṣa latā ne śikharo bōle**
**namaḥ śivāya ōm namaḥ śivāya**

La terre, les forêts et les montagnes chantent « har har mahadeva »
Les arbres, les lianes et les cimes des montagnes répondent en chantant « namah shivaya Om namah shivaya »

**ḍāḷ ḍāḷ par pankhī bōle**
**har har har har mahādevā**
**nṛttya karantā mōr bōle**
**namaḥ śivāya ōm namaḥ śivāya**

Sur chaque branche, les oiseaux chantent « har har mahadeva »
Les paons dansent et répondent en chantant « namah shivaya Om namah shivaya »

**vāṇi vidyā vādya bōle**
**har har har har mahādevā**
**sūr sangīt ne sār bōle**
**namaḥ śivāya ōm namaḥ śivāya**

La parole, la connaissance et les instruments de musique chantent « har har mahadeva »
La musique, toutes les mélodies et les essences répondent en chantant « namah shivaya Om namah shivaya »

**sādhu sant bairāgi bōle**
**har har har har mahādevā**
**tum ham sab milkar bōle**
**namaḥ śivāya ōm namaḥ śivāya**

Les sages, les saints et les sannyasis chantent « har har mahadeva »
Répondons en chantant « namah shivaya Om namah shivaya »

# DĀO DĀO DĀO MŌRE (BENGALI)

**dāo dāo dāo mōre bhokti dāo mā**
**bhokti dāo prema dāo biśśāś dāo**
**bhokti dāo prema dāo biśśāś dāo**
**antahin srișṭi mā jhe māyyārī kelā**
**tōmārī kela ṣettō tōmārī līlā**

Amma, je T'en prie, accorde-moi la dévotion. Accorde-moi la dévotion,
l'amour divin et la foi. Cette création infinie est le jeu de *maya* (l'illusion),
elle n'est rien d'autre que Ton jeu divin.

**jīboner potte jāttō badhā āśukk mā**
**pāy nābhōy pāy nābhōy pāy nābhōy**
**tumī ācch sāth mā tōbe kāre bhōy**
**hobe jōy hobe jōy hobe jōy**

Sur le chemin de la vie, aucun obstacle ne me gênera.
Amma, puisque Tu es à mes côtés, qui donc pourrais-je craindre ?
Je suis certain de remporter la victoire !

**kōyilāśō bhāśinī tumī singhobāhini**
**śaśono bhāśinī tumī muṇḍamālinī**
**bindubhāśinī tumī tripurēśśorī**
**jagōdīśśorī tumī śarbēśorī**

Tu résides sur le Mont Kailash, avec un lion comme monture ;
Tu habites les lieux de crémation et portes une guirlande de crânes humains *(symbole des egos tués par Kali).*
Le point central *(du Sri Chakra, symbole de la Déesse)* est Ta demeure, O Déesse des trois cités, Déesse de l'univers, Déesse de tout ce qui existe.

# DĀŚARATHĒ RAGHURĀMANA (KANNADA)

**dāśarathē raghurāmana nenedare ī**
**bhavasāgara dāṭṭuvudū**
**dōṣarahita śrīrāmana nenedare**
**cira sukha sampada dorakuvudū**

Le souvenir du Fils de Dasaratha, Raghurama, nous fera traverser l'océan de la transmigration. En pensant aux vertus de Sri Rama, notre cœur déborde de joie.

**daśaratha nandana dānava bhaṇjana**
**daśaśira hāraṇa śrīrāma**
**paśupati mitrana pāpavimōcana**
**atiśaya dindali nene manavē**

O mon cœur, chéris Sri Rama, le Fils de Dasaratha,
Celui qui a tué les démons et Ravana aux dix têtes,
l'Ami de Shiva, Rama qui détruit les péchés.

**kauśika yāgava kāyita śrīrāmana**
**haruṣadindali nī nenemanavē**
**paramapāvana sītārāmana**
**nenedare durita duhkha tolaguvudū**

O mon cœur ! Avec joie, pense à Sri Rama !
Tous tes ennuis et tes chagrins s'évanouiront
devant le souvenir de Sitarama, le Dieu propice.

**jṇānabhakti vairāgyava nittu**
**prēmadi poreyō śrīrāma**
**jōḍisi karagaḷa bēṭidare anudina**
**kāyvanu bhaktara śrīrāma**

O Sri Rama, protège-nous tendrement en nous accordant la Connaissance,la dévotion et le détachement. Si nous prions chaque jour Sri Rama, Il nous protègera car Il protège tous Ses dévots.

# DAYAGALA MA AMMA (TELUGU)

**dayagala mā ammā**
**nanu maruvakammā**
**nannuviḍici peṭṭaka**
**tīsukupō nīvenṭa**
**ānandalōkāllē cūpincagā**

O ma Mère bienveillante ! Je T'en prie, ne m'oublie pas, ne m'abandonne pas ! Emmène-moi avec Toi dans le monde de la béatitude divine !

**ī mūla āmalupu**
**dāranatā telusu**
**āpadalanu tappistu**
**tīsukupō nīvenṭa**
**ānandalōkāllē cūpincagā**

Montre-moi le chemin, guide-moi dans les méandres de la vie,
afin que j'évite les fossés et autres dangers.
Emmène-moi avec Toi dans le monde de la béatitude divine!

**āṭṭabommala mōjulō**
**nī cēyī vadilēnēcō**
**nīvē nā cēyī paṭṭuku**
**tīsukupō nīvenṭa**
**ānandalōkāllē cūpincagā**

Distrait par les objets du monde, je risque de Te lâcher main.
Tiens-donc fermement la mienne, et emmène-moi avec Toi dans le monde de la béatitude divine!

**lōtū pātulakū bediri**
**nē nilici na**
**pasidānni bharinci**
**tīsukupō nīvenṭa**
**ānandalōkāllē cūpincagā**

Si je m'arrête en route, redoutant les hauts et les bas de la vie,
sois patiente avec moi, qui ne suis qu'un petit enfant.
Emmène-moi avec Toi dans le monde de la Béatitude divine!

# DAYAKARŌ TUM (HINDI)

**dayakarō tum gaṇēśa hamkō**
**nihārō karunā sē**
**subuddhi de dō vipatti harlō**
**tumī sahārā hō**

O Seigneur Ganesh, prends pitié de nous.
Regarde-nous avec compassion. O Seigneur,
Accorde-nous la sagesse suprême et balaye nos souffrances.

**jay jay jay gaṇēśa jay gaṇēśa jay jay**
**jay gaṇēśa jay gaṇēśa jay jay**
**jay gaṇēśa jay gaṇēśa jay jay jay**

Gloire au Seigneur Ganesh !

**gaṇēśa vardō gajāsya vardō**
**vardō vighnaharā**
**tumārī karunā hamārē ūpar**
**sadā banī rahē**

O Ganesh, Tu anéantis tous les obstacles.
Daigne nous bénir et exaucer nos désirs.
Que Ta grâce et Ta compassion soient toujours avec nous !

**girindranandini suputrahō tum**
**bhaktōm kē vardātā**
**mahēśanandana tumē hamārā**
**praṇām hē dēvā**

Fils de la fille du Roi des montagnes (Parvati), Tu accordes des faveurs à tous les dévots. Nous Te saluons, O Fils du dieu Shiva.

# DAYAYĀLĒ URUKOṆḌU (TAMOUL)

**dayayālē urukoṇḍu**
**tān tōtri tāyē**
**ātmāvin aṭayāḷam nī**
**jīvarāsikaḷ yāvum**
**paṇiyum karupporuḷ**
**pārāṭṭa vākkētammā**

O Mère, c'est de Ton plein gré, par pure compassion, que Tu T'incarnes sous une forme humaine. Tu es l'icône qui nous montre l'*atman* présent dans toute la création. O Mère ! Essence du Soi devant lequel tous les êtres s'inclinent respectueusement, Ta grandeur est indescriptible.

**nī eṇṇi tān pinnē**
**tān eṇṇum jīvan**
**tirumūlakāraṇiyē**
**maraipporuḷē yugayugam**
**avatāram seytāy**
**viḷaiyāṭal arputamē**

O Mère, Source de tout ce qui est, toutes les pensées d'un *jiva* (âme individuelle) germent d'abord en Toi.
Tu es le substrat subtil et suprême de toute la création.
Tu T'incarnes au cours de tous les âges (*yugam*) ;
en vérité, Ton jeu divin est étonnant.

**ariyātu pōnālum**
**prapañcattil yārum**
**tānāga tuṇai seyyum nī**
**atarkāka aruḷayē**
**uruvāka ēnti**
**bhuvanattai idamākkum nī**

Dans cet univers, nul ne parvient à Te connaître et pourtant,
Tu viens offrir Ton aide à tous les êtres.
Afin de leur apporter ton soutien, Tu T'incarnes dans un corps,
manifestation de Ta Grâce ; Tu les réconfortes et les consoles.

# DĒHACHYĀ MŪRALĪTA GĪTĒCHĀ VĀRĀ (MARATHI)

**dēhachyā mūralīta gītēchā vārā**
**karmachyā vīnēlā bhaktīchā tārā**

Le souffle de la Gita traverse la flûte du corps.
Sur la *vina* du karma vibre la corde de la dévotion.

**karū prabhuchē kāma rē mājhā mūkhī harī chē nāma**
**sadā mī bakti karū niṣkām**

Tandis que j'accomplis l'œuvre du Seigneur,
Le nom de Hari ne quitte pas mes lèvres.
Ma dévotion est pure et désinteressée.

**hṛdayāta dēva jasā pūṣpāta gandh**
**nātsat mī asā hōun dhūndh**
**āpaṇ tyāchē karūyā pūjan**
**śradhēnē nit nēmē vandan**

Le Seigneur embaume mon cœur tel le parfum des fleurs.
En nous prosternant devant Lui avec concentration,
prions. Sans faillir, offrons-Lui notre adoration quotidienne
avec une foi et une dévotion parfaites.

**surēla gātē tyāchī muralī**
**gōp gōpinchī sudha būddha haralī**
**jagatāchī tō ādim śaktī**
**śōdhita phirtō viśuddha bhaktī**

La mélodie de la flûte du Seigneur est si ravissante,
que gopas et gopis ont perdu conscience de leur individualité.
Il est le Seigneur de l'univers, toujours en quête de la pure dévotion.

# DĒVĀDIDĒVĀ (TELUGU)

**dēvādidēvā ō mahādēvā**
**nīvē śaraṇayyā darijērcavayyā**

O Seigneur des dieux, O grand Dieu, nous prenons refuge en Toi.
Emmène-nous jusqu'au But.

**jangamadēvarā janimṛtināśakā**
**mangaḷadāyakā amangaḷahārakā**
**kāḷahastīśvarā kalimalanāśakā**
**nīvē śaraṇayyā darijērcavayyā**

O Seigneur des ascètes aux cheveux emmêlés,
qui enduisent leur corps de cendres,
Tu mets fin à la naissance et à la mort,
Tu accordes ce qui est propice et Tu mets fin à ce qui est néfaste !
Seigneur de Kalahasti, Tu détruis les maux du kali yuga,
nous prenons refuge en Toi, emmène-nous jusqu'au But !

**rakṣimpavayyā darijērcavayyā nīvē śaraṇayyā**

Protège-nous, mène-nous au But, nous prenons refuge en Toi.

**bhūtagaṇanāthuḍā śavabhūmivāsuḍā**
**praṇavākāruḍā nīpraḷayakāruḍā**
**śrīśailavāsuḍā bhramarāmbanāthuḍā**
**nīvē śaraṇayyā darijērcavayyā**

O Seigneur des ghouls (compagnons de Shiva)
Tu demeures dans les lieux de crémation,
Tu es la forme du son primordial Om,
Cause de la dissolution, Seigneur de Srisaila,
Seigneur de la Déesse Bhramarambha,
Nous prenons refuge en Toi, mène-nous au But.

**duḥkhamayasāgaram dāṭimpavayyā**
**nī nāmamepuḍu pāḍedamayyā**
**ōm namaḥ śivāya śiva ōm namaḥ śivāya**
**ōm namaḥ śivāya hara ōm namaḥ śivāya**

Fais-nous traverser cet océan de souffrance,
Nous chantons sans cesse Ton nom.
Nous nous prosternons devant le Seigneur Shiva !

# DĒVI DĒVI DĒVI (KANNADA)

**trimūrttigaḷa īśvarī nīnu**
**trilōkagaḷa tāyi nīnu**
**trikālajñē dēvī nīnu**
**ī lōkadi ēkāsarē nīnu**
**dēvi dēvi ī manatumbi bā**

O Déesse éternelle, Souveraine de la Trinité (Brahma, Vishnu et Shiva), Mère des trois mondes, Tu connais les trois phases du temps (présent, passé et avenir). En ce monde, Tu es le seul refuge, O Déesse, viens Te réjouir en mon cœur.

**dēvi dēvi dēvi ī manatumbi bā**
**ninna mahime hāḍi hāḍi nā nalidāḍuvē**

O Déesse, viens Te réjouir en mon cœur.
Célébrant Ta gloire, je chanterai et danserai.

**sadākāla ninḍe dhyāna jīvakkilla samādhāna**
**nīnē nanagē gati amma nīnē nanna mahādēvī**

Bien que je médite sans cesse sur Toi, mon esprit est agité.
Tu es mon seul refuge, ma grande Déesse.

**antaranga bahiranga bhūta bhāvi vartamāna**
**paramasatya nīnē amma nīnē allavē mahākāḷī**

Grande Kali, Vérité suprême, Tu es partout,
à l'intérieur comme à l'extérieur. Dans le passé, le présent et l'avenir, toujours Tu es présente.

**trilōka pālini nīnu triguṇakāriṇi nīnu**
**viśvaśakti dēvī nīnu nīnē tāṇē mahāmayē**

Tu protèges les trois mondes,
Tu es l'origine Des trois *gunas*.
Tu es la Puissance de l'univers et la grande Illusion.

**mahādēvī mahākāḷī mahāmāyē nana tāyē**
**mahādēvī mahākāḷī mahāmāyē nana tāyē**

Mère, Tu es Kali, la grande Déesse et la grande Illusion.

# DĒVĪ MAHĒŚVARĪ KĀḶĪ KARUṆĀKARĪ (KANNADA)

**dēvī mahēśvarī kāḷī karuṇākarī**
**bandēmmā salahu banaśankarī**
**bandēmmā salahu banaśankarī**
**bandēmmā salahī bandhanavā biḍisi**
**kāyammā anavarata karuṇākarī**

Devi, Maheshvari, Kali, Banashankari, Toi qui es pleine de compassion, Viens, protège-nous ! Délivre-nous des liens qui nous enchaînent et protège-nous toujours, O Mère qui déborde de compassion !

**ninnaya bhakuti bhavadinda mukuti**
**iduvallave tāyi sariyāda yukuti**
**nīḍemage tāyē śuddhamatī**
**nityānityada yukuti nijabhakuti**

Mère, le chemin de la dévotion n'est-il pas la voie du salut (libération du *samsara*) ? Mère, accorde-nous la sagesse pure, le discernement correct entre l'éternel et l'éphémère et la pure dévotion.

**mātā amṛtēśvarī durgā paramēśvari**
**mangaḷakāriṇi nīnammā**
**mangaḷakāriṇi jagadōddhāriṇi**
**pādakkē śaraṇu śaraṇammā**

O Mère Amriteshvari, Durga, suprême Déesse,
Source de tout ce qui est propice, Tu élèves la conscience du monde, je m'abandonne à Tes pieds.

**ammā... ammā... ammā... ammā...**
**ammā ammā ennūtaliralī**
**smaraṇeyu usirige usirāgi irali**
**nāmasudhēyanu saviyalu tāyē**
**harasammā ninnī maguvannū**

Puissé-je chanter constamment « Amma, Amma »,
à chaque respiration, puissé-je penser à Toi. O Mère,
bénis cet enfant afin qu'il savoure sans cesse le nectar de Ton nom.

# DIN PĒ DIN GUZARTE JĀYĒ (HINDI)

**din pē din guzarte jāyē**
**na kōyī khabariyā śām kī āyē**
**din pē din pē din pē din**
**din pē din guzarte jāyē**

Les jours passent, pas de nouvelles de Shyam.
Les jours passent...

**nīr bahē nainō sē jaisē**
**vraja mē dūsrī yamunā**

A Braj, les yeux pleurent sans fin et forment une deuxième Yamuna.

**pucchun mai har jīvajāl sē**
**kab āyēngē kānhā**
**din pē din pē din pē din**
**din pē din guzarte jāyē**

J'interroge toutes les créatures :
« Quand Kanna viendra-t-Il ? »
Les jours passent.

**hastē hai sab kahkē mujhkō**
**pagalī śyām dīvānī**
**dēkh hāl mērā yē kānhā**
**kaisī yē manamānī**

On se rit de moi, on dit que je suis
folle d'amour pour Shyam.
Vois mon état pitoyable, Kanna,
Comment serait-il possible que je le fasse exprès ?

**din pē din pē din pē din**
**din pē din guzarte jāyē**

Les jours passent…

# DURGGĒ Ī DHARE GIḶIDU BĀRĒ (KANNADA)

**durggē ī dhare giḷidu bārē**
**dēvi nī avatarisu bārē**
**tāyē ī manakomme bārē**
**kāḷi nī karuṇeyanu tōre**

Durga, daigne descendre sur la terre ! Dévi, viens T'incarner ici-bas ! Mère, viens dans mon cœur. Kali, montre-Toi compatissante !

**simhavāhini sahisenu nāninnu**
**manadali iruvā vāsanayā**
**ī manasina vāsane ṛakkasara**
**dhare giḷidu bārē duṣṭa samhāre**
**kāḷi nī karuṇeyanu tōre**

Le fardeau des désirs est intolérable, O Simhavahini O Toi qui détruis le mal, daigne venir sur terre afin d'anéantir les désirs, ces démons qui hantent le mental. Kali, montre-Toi compatissante !

**triśśūladhāriṇi ambā bhavāni**
**bhaktara poreyuva bhavatāriṇi**
**bhaktiya nīṭu kāttyāyani**
**tāyē ī manakomme bārē**
**kāḷi nī karuṇeyanu tōre**

O Mère Bhavani, Toi qui portes le trident, Tu protèges les dévots et Tu nous sauves de l'océan de la transmigration.... O Katyayani , daigne m'accorder la dévotion. Mère, viens dans mon cœur ; Kali, montre-Toi compatissante !

**ahaṅkārava bhēdisu bēganē**
**bhavapārumāḍu bhavatāriṇi**
**bhaktara hṛdayada mandākini**
**tāyē ī manakomme bārē**
**kāḷi nī karuṇeyanu tore**

Mandakini du cœur des dévots, viens vite détruire mon ego et me faire traverser l'océan de la transmigration. Mère, viens dans mon cœur ; Kali, montre-Toi compatissante !
(*Note : la Mandakini est une rivière céleste)*

# DUVIDHĀ DŪR KARŌ (HINDI)

**duvidhā dūr karō jagadambē duvidhā dūr karō**

O Mère de l'univers, daigne dissiper la confusion qui règne en moi.

**viṣayōn mēin ham aisē uljhē**
**mukti ki kōyī rāh na sūjhē**
**rāh dikhāvō hamkō mātā**
**jay jagadambē mā jay jagadambē mā**

Prisonniers des sens, nous sommes incapables d'accéder à la liberté. O Mère, daigne nous montrer la voie et dissiper notre confusion.

**jīvan kā sach samajh na pāyē**
**māyā mēm aisē bharmāyē**
**hamē bacālō hē jagadambē**
**jay jagadambē mā jay jagadambē mā**

Plongés dans l'illusion, nous voilà désormais incapables de comprendre le but réel de la vie. O Mère, délivre-nous de l'ignorance !

**jñān dhyān harī nām na pāyā**
**mānav hōkar janam gavāyā**
**cētan hōkar cēt na pāvūm**
**jay jagadambē mā jay jagadambē mā**

Nous n'avons pas obtenu la connaissance ni appris à méditer. Nous avons gâché cette vie humaine. Bien que nous soyons éveillés, nous ne sommes pas conscients de la Présence divine. O Mère, dissipe notre confusion !

**apnē kō jānā bas kāyā mēin –**
**mērā kā jāl baḍhāyā**
**bhavsāgar sē kēsē niklūn**
**jay jagadambē mā jay jagadambē mā**

Nous sommes centrés sur notre petit moi, au point que nous en avons oublié notre vraie nature. O Mère, Toi seule peux nous aider à traverser l'océan de l'égoïsme.

**nij ātmā sē huvā durāv**
**jahān dēkhūn tahān dūjā bhāv**
**dūjē sē kaisē ik jānū**
**jay jagadambē mā jay jagadambē mā**

Lorsque nous nous éloignons de notre vrai Soi, nous avons le sentiment d'être séparés de Toi. Daigne ôter le voile de la dualité et nous aider à voir l'Un, l'Unité de toute la création.

**is prapañc mēin kūch nahi apnā**
**lagtā phir bhi sac hē sapnā**
**bhūl bhulaiyā mē hūn bhaṭkā**
**jay jagadambē mā jay jagadambē mā**

Bien que le monde soit illusoire, il nous semble réel.
Nous sommes perdus dans son labyrinthe. Viens nous sauver !

## EK MĀGAṆE (MARATHI)

**ek māgaṇe tujha jagadambe**
**ekkach deyī maj vardān**
**manī jāgavī aysī prītt**
**akhaṇḍa gave tū jhēch gīt**

O Mère de l'univers, j'implore une seule faveur :
que la flamme de l'amour pour Toi brûle constamment dans mon cœur.
A chaque instant, puissé-je chanter Tes louanges.

**nayanī rāhe tujhīchu mūrtti**
**śravaṇī paḍo tujhīchu kīrtti**
**jihvā gāvo tujhichu bhakti**
**hṛdayī rāho tujvar prīti**

Fais que j'aie toujours Ta forme divine devant les yeux.
Où que je sois, que je n'entende rien d'autre que Tes louanges
et que j'aie toujours sur les lèvres des chants pleins de dévotion.
Que mon cœur déborde toujours d'amour pour Toi.

**kāyā vācā mane ghaḍāvī**
**akhaṇḍa sevā tujhīchu maulī**

**ek māgaṇe tujlā āyī**
**ek rūp hovo tav ṭhāyi**

O Mère pleine de compassion, que mon corps, mon intellect,
Mon cœur et mes paroles soient toujours à Ton service.
O Mère, je ne demande qu'une faveur : unis-moi à Toi !

## EÑCHI MAHIMENĀ (TULU)

**Eñchi mahimenā eñchi mahimenā**
**ammanā sthutiye namaka bhadaka kammenā**
**jagan nāthe pudaraga itte parvakālanā**
**appe bhaktiṭa kēṭa baramda panbi satyanā**

Quelle gloire ! Quelle gloire ! L'adoration de Mère
remplit notre vie d'un parfum divin.
En ces temps glorieux pour l'univers,
l'adoration de Mère chassera tous les maux.

**Ōlu kuṇṭa ōṭe pōṇṭa irena rūpane**
**irena rūpa nenada bhakti bhāv jinchiṇṭa**
**dēveroñchi dēveroñchi māta paṇ pera**
**sāra rūpa paṭeyinā appe dēvera**

Où que j'aille, quoi que je regarde, je ne vois que la forme de Mère.
La vision de cette forme a rempli mon cœur de dévotion.
Il n'existe qu'un seul Dieu ; toutes les formes divines
se sont fondues en cette forme de la Déesse.

**Vīṇāpāṇi brahmanāṇi śāradānambenē**
**Jīva ṭitti usuluṭuṇṭa appe gēnanē**
**sarvaśakti mahāmāyē jagadīśvarī**
**bhaktare gādēbatti divya śaktiye**

Déesse qui tiens la vina, épouse de Brahma, Mère Sarada,
je T'offre ma vie. Déesse, grande Illusion (*maya*),
Tu es la Déesse de l'univers. La dévotion pour Toi
apporte de grands bienfaits à Tes disciples.

## EṆCI PORUḶUDA (TULU)

**eṇci poruḷuda telikkē appē**
**dairō diṇcinda baṇciḍu**

Que Ton sourire est beau, Mère !
A sa seule vue, mon cœur se remplit de courage.

**pēru daṇcina abhaya dārē**
**manassu urkkuṇḍu bhaktiḍu**

Ta protection est constamment sur nous.
Mon cœur déborde de dévotion.

**kaṣṭa naṣṭoru dūra pōppā**
**ninna nāmāda mahimeḍu**

Ton nom est si puissant que devant lui,
toutes les difficultés et les épreuves s'évanouissent.

**dūṣṭa durittalu māyyā kāppā**
**amṛtattvōda nōṭṭōṭū**

En me permettant de contempler Ta forme, cette vision ambrosiaque, Tu me sauves du mal, du malheur et de l'illusion.

**tyāga vairāgyō diṇci mūruti**
**saraḷa satguru īśvarī**

Incarnation du renoncement et du détachement,
Tu es mon *satguru* et ma Déesse.

**kēṇḍi nēyin kai dērttu kōrppunā**
**mōkē diṇcina sumadhurī**

Ce que nous demandons, Tu nous le donnes instantanément, avec générosité. Tu débordes d'amour et d'affection divine.

**prēma śāntiddā bōḷppu kōrlē**
**bhakti ḍēnkulu sugippuvō**

Accorde-nous la lumière de la paix et de l'amour.
Dans la plénitude de la dévotion, nous goûterons cette lumière.

**appē īrēna prīti mayyippullē**
**jōkku lēnkulu nalīppuvō**

O Mère, répands sur nous Ton amour ! Tes enfants danseront en extase !

# ENNAGA TARAMA (TELUGU)

**ennaga taramā nī līlā**
**mati dāṭaga vaśamā nī māyā**

Pouvons-nous comprendre Ton jeu divin ?
Le mental est-il capable de percer le voile de l'illusion ?

**jagamulanēlu trimūrttulakaina**
**tapamula dēlu munīsvarulainā**
**teliyagarānidi nī mahima**
**kanugona mēmenta vāramamma**

Brahma, Vishnu et Shiva, qui gouvernent les mondes,
les grands sages plongés en méditation, aucun d'eux
ne parvient à connaître Ta grandeur, O Mère !
Comment réussirons-nous à contempler Ta splendeur ?

**sṛṣṭisthitilaya kāriṇi nīvē**
**jīvana nāṭaka sūtradhāriṇivē**
**lōkapu rangasthalipai kadile**
**pātrala gamanāgamanamu nīvē**

Tu crées, préserves et détruis l'univers.
Tu mets en scène la pièce de théâtre de la vie,
et diriges les mouvements des acteurs.

**velugu nīḍala kadalikalō**
**mūḍurangula kalayikalō**
**cāvupuṭṭukala valayamulō**
**cikkina bommala brōvagarāvō**

Telles des marionnettes, nous sommes pris dans les jeux
de l'ombre et de la lumière, des trois gunas (*sattva, rajas* et *tamas*).
Nous sommes prisonniers du cycle des naissances et des morts.
Daigne venir nous sauver !

**ē pēruna ninu pilicina nēmi**
**ē rūpunayeda kolicina gānī**
**ādiśaktivō mūlavirāṭṭuvō**
**ārttula kācē karuṇāmūrttivō**

Quel que soit le nom par lequel nous T'appelons,
quelle que soit la forme sous laquelle nous T'adorons,
Energie primordiale (Shakti) ou Conscience éternelle (Shiva),
avec compassion Tu protèges les âmes qui aspirent à Toi.

# ĒNU MĀḌALI (KANNADA)

**ēnu māḍali enu māḍali ēnu māḍali ammā?**
**pūrṇṇavāgi kāṇalāre ninna bhavya rūpā**
**ēnu māḍali ammā?**

Que puis-je faire, O Mère ? Il m'est impossible de saisir
Ta forme divine dans sa plénitude. Que puis-je faire ?

**āliṅkana bayasi bandē ākatalla ayyō**
**vyōmavellā nīne āgihe entu hiḍiyalammā?**
**pūrṇṇavāgikāṇalāre ninna bhavya rūpā**
**ēnu māḍali ammā?**

Je suis venu T'étreindre, O Mère, mais je n'ai pas pu.
Tu es aussi vaste que l'univers, comment pourrais-je
Te serrer dans mes bras ? Que puis-je faire, O Mère ?

**nuṭiyalentu savimāṭu siddhavāgi bandē**
**ōmkāra sānidhyadi mūkaḷāki ninte**
**pūrṇṇavāgi kāṇalāre ninna bhavya rūpā**
**ēnu māḍali ammā?**

Je pensais avoir avec Toi de douces conversations, mais en Ta divine présence, je suis resté muet, sidéré. Que puis-je faire, O Mère ?

**ēnu māḍali enu māḍali ēnu māḍali ammā?**
**ninna layikyavākatallate anyamārgavillā**
**ēnu māḍali ammā?**

Que puis-je faire, Mère, que puis-je faire ?
Il n'y a pas d'autre voie que de se fondre en Toi.
Que puis-je faire, O Mère ?

**ninna layikya māṭikō...**

Je T'en prie, accorde-moi l'union avec Toi !

# ETAYŌ TĒṬI (TAMOUL)

**etayō tēṭi alaintu inṭru unai tēṭukirēn**
**kaṇmaṇiyē karuṇaimazhayē iruppiṭam tanai sol**

Durant toutes ces années, j'ai couru après des choses sans valeur.
Aujourd'hui, je cherche Celui qui est la compassion incarnée ;
Daigne me révéler où Tu demeures.

**maunattil lakṣam pāṭhankaḷ tantāy**
**purintatellām appōt**
**sūzhnilai vantāl ellām marantēn**
**iggati toṭarntāl narggatiyuṇḍō ?**

Par le silence, Tu enseignes des milliers de leçons que je saisis très bien.
Mais quand je suis confronté aux situations difficiles,
je les oublie toutes.
Comment puis-je progresser avec un tel mental ?

**pāpangaḷ janmangaḷāyi sumantēn**
**inṭr tān bhāram enṭruṇarntēn**
**dēhattil sañcarittiṭumbōtē**
**bhārattai irakkiṭa mārggam kāṭṭu**

Au cours de toutes mes vies passées, j'ai porté un fardeau de péchés.
Aujourd'hui seulement, je comprends qu'il s'agit d'un fardeau.
Montre-moi comment m'en libérer alors que je suis encore dans ce corps.

# EVERYONE IN THE WORLD (ANGLAIS)

**Everyone in the world should sleep without fear,**
**at least for one night, sleep without fear.**
**Everyone in the world should eat to their fill,**
**at least for one day, eat to their fill.**
**There should be one day when there is no violence**
**no one is injured, no one is harmed.**

Tous les êtres du monde devraient pouvoir dormir sans peur,
Ne serait-ce qu'une seule nuit, dormir sans peur.
Tous les êtres du monde devraient pouvoir manger à leur faim,

Ne serait- qu'une seule nuit, manger à leur faim.
Il devrait y avoir un jour sans violence,
Un jour durant lequel personne ne serait blessé, meurtri.

**All people young and old should serve the poor and needy**
**at least for one day serve selflessly.**

Tout le monde, jeunes ou vieux,
devraient être au service des pauvres et des nécessiteux
Ne serait-ce qu'un seul jour, être service de façon désintéressée.

**This is my dream...this is my prayer.**
**Love is the answer, love is the way.**

Voilà mon rêve… voilà ma prière.
L'Amour est la réponse, l'Amour est le chemin.

# GAṆAṄGAḶIN NĀTHĀ (TAMOUL)

**gaṇaṅgaḷin nāthā kaitozhutōm**
**kavalaikaḷ tīrkka kaitozhutōm**
**guṇaṅgaḷin adhīpā kaitozhutōm**
**kuṭṭrankaḷ poruttiṭa kaitozhutōm**

O Seigneur des êtres célestes, nous Te vénérons !
Nous Te vénérons, cherchant à mettre fin à nos soucis.
O Seigneur de tout ce qui est favorable, nous Te vénérons !
Nous Te vénérons afin que Tu nous pardonnes nos mauvaises actions !

**seyalkaḷai toṭankiṭa unai paṇivōm**
**jayankaḷai aruḷi kurai kaḷaivāy**
**uyyum vazhi tannai emakkuṇartta**
**uvappuṭan unnai kaitozhutōm**

Nous nous abandonnons à Toi
Afin que Tu nous donnes la force d'agir.
Accorde-nous le succès dans toutes nos entreprises
et corrige nos erreurs, montre-nous le chemin juste !
Nous Te vénérons de tout notre cœur.

**kavalaikaḷ ellām tīrttiṭuvāy**
**kaṭum pakai tannai azhittiṭuvāy**
**abalaikaḷ enkaḷai kāttiṭave**
**anbarin tuṇaivā vandiṭuvāy**

Mets fin à toutes nos inquiétudes
Dissipe la haine qui peut naître dans notre cœur.
O Sauveur des êtres bons, daigne venir nous protéger,
nous qui sommes perdus.

**ādimudalvanai ānaimukhattanai**
**aindkarattanai vaṇankiṭuvōm**
**vēdamudalvanai jñānakozhundinai**
**iruvinai nīnkiṭa vaṇankiṭuvōm - nām**

Tu es le premier guide, le dieu au visage d'éléphant.
Tu as cinq bras, Tu fus le premier à connaître les Védas.
O Quintessence de toute connaissance !
Nous Te vénérons afin que Tu effaces nos mauvais karmas.

# GAṆAPATI GUṆANIDHI (HINDI)

**gaṇapati guṇanidhi tērē**
**guṇgāyak ham pyārē**
**sab vidhi tū rakhvārē**
**har lē duḥkh hamārē**

O Seigneur Ganapati, Protecteur de Tes dévots,
Daigne mettre fin à nos chagrins.

**gaṇapati karuṇā karnā tū**
**guṇanidhi sab var dētā tū**
**gajamukh mangaḷ bharnā tū**
**gaṇanāyak bhay harnā tū**

O Seigneur Ganapati, Source de compassion,
Seigneur Gunanidhi, Tu exauces nos désirs,
accorde-nous tout ce qui est favorable
et dissipe toutes nos peurs.

**bahuvidha kaṣṭ mē paḍkē**
**din banē ham rōkē**
**ab tū rakṣak bankē**
**ājā gajmukh dōḍ kē**

Nous nous débattons, impuissants,
dans de profondes souffrances.
O Seigneur Ganapati, nous sommes en pleurs.
Daigne accourir à notre aide et nous libérer
de ce fardeau de douleur.

**sundar kajñara vadanā**
**jana par karuṇā karnā**
**muda mangal sab bharanā**
**tū karuṇā kā jharanā**

O Seigneur aux paroles magnifiques,
Tu es une rivière de compassion.
Daigne répandre sur nous les eaux
de cette compassion car ainsi,
par Ta grâce, notre vie s'avèrera fructueuse.

**girijā nandan var dē**
**pada vandana ham kartē**
**tērā yaś jō gate**
**unke bandhan miṭ tē**

O Seigneur Ganapati, Fils de la déesse Parvati,
Nous vénérons Tes pieds de lotus.
Nous chantons Ta gloire, daigne nous bénir,
Daigne nous libérer des chaînes de l'attachement.

# GANGE GINTA (KANNADA)

**Gange ginta pavitralu nīnū ammā**
**hāliginta śubhravū ninna vadanā**
**yāva jaladi toleyali ninna pāda**
**oppisiko kaṇṇīra pāda majjanā**

O Mère, Tu es plus sainte que le Gange, plus blanche que le lait pur.
Quelle eau serait digne de laver Tes pieds sacrés ? Accepte mes larmes, c'est avec elles que je Te laverai les pieds.

**Sūrya ginta tējavu ninna nayanā**
**tāreginta kāntiyu ninna mūguti**
**yāv dīpadārati ettalammā**
**oppisiko kaṇgala nōṭṭadārati**

Tes yeux sont plus brillants que le soleil et Ton anneau de nez scintille avec plus d'éclat que les étoiles.
Quelle lampe serait digne d'accomplir devant Toi l'arati ?
Accepte mes yeux, intensément fixés sur Ta forme.
C'est avec eux que j'effectuerai l'arati.

**Kamalakinta kōmala ninna karagalu**
**kusumakinta mōhaka ninna hūnagē**
**yāvahūva dindali ninna archana**
**oppisiko kaigala sēva puṣpava**

Tes mains sont plus douces que le lotus, Ton sourire plus charmant qu'aucune fleur. Avec quelle fleur pourrais-je T'adorer ?

Accepte le travail de mes mains. Voilà les fleurs que je T'offre en adoration.

**Beṭṭakinta bhavyavu ninna svarūp**
**kaṭaliginta viśāla ninna maṭīlu**
**yāva rūpadī nā ninna kāṇali**
**oppisiko hṛdayava ninna pādake**

Ta forme est plus glorieuse que les montagnes;
Ton giron est plus vaste que la mer.
Sous quelle forme puis-je Te visualiser ?
O Mère, accepte mon cœur que je dépose à Tes pieds.

# GIRIDHAR HĒ (HINDI)

**giridhar hē yadunāth gōpālak**
**vrajapati mādhav śyam kalēbar**
**muraḷi bajākar ākar mōhan**
**madhumay rās racāvō radhēśyāṁ**

O Seigneur, Toi qui as soulevé la montagne,
Chef du clan des Yadavas, divin petit pâtre, Madhava ! Viens danser avec nous et jouer sur Ta flûte des mélodies enchanteresses.

**naṭvarlāl bihari manōhar**
**mōr mukuṭ dhar sundara manmatha –**
**kōṭi lajāvan muraḷi bajākar**
**āvō rās racānē śyām**
**rādhē śyām... āvō rās racānē śyām**

O bel Enfant ! Tu portes une couronne ornée
D'une plume de paon, viens danser avec nous !
Radha Shyam, viens danser avec nous !

**kāliyamardhan gōkulapālak –**
**gōpavadhūpriy hē madhusūdan**
**rādhāvallabh rāsēśvar hari**
**āvō rās racānē śyām**
**rādhē śyām... āvō rās racānē śyām**

Tu as tué le démon Kalya et protégé les vachers
Bien-aimé de Radha et des gopis, Seigneur
de la danse *rasa*, viens danser avec nous !
Radha Shyam, viens danser avec nous !

**māyāmanuṣ līlāvigrah**
**vēṇu vilōl viśālvilōcan**
**dēvakinandan dīnadayāmay**
**āvō rās racānē śyām**
**rādhē śyām... āvō rās racānē śyām**

Tu incarnes le jeu divin, Tu joues de la flûte,
Fils de Dévaki, Tu es compatissant
envers les malheureux. Viens danser avec nous !
Radha Shyam, viens danser avec nous !

# GŌPIYARKAḶ (TAMOUL)

**gōpiyarkaḷ uḷḷankaḷai koḷḷai koṇḍavā**
**gōkulattil ōṭiyāṭi gōkkaḷ mēykkavā**
**gōvindā gōpālā gōkulēśvarā**
**kōṭiyinbam tandiṭuvāy kōdai nāyakā**

O petit voleur qui a captivé le cœur des *gopis* !
O Krishna, Tu T'amuses en gambadant dans Vrindavan
pendant que les vaches sont aux pâturages !
Hé Govinda, Gopala, Gokuleshvara !
Viendras-Tu en courant nous accorder la joie éternelle ?

**āṭippāṭi kaḷittiṭavē nīyum vārāyō**
**āyarppāṭi āṇḍavanē ānandakkaṇṇā**
**uttamanē pittanānēn un ninaivālē**
**uṇṇavillai urankavillai un pirivālē**

O Toi qui demeures à Gokul, viens danser et jouer avec nous.
O Être suprême, à force de penser à Toi, nous avons perdu la raison.
Séparés de Toi, nous oublions de manger et de dormir.

**edarkku inda poykkōpam enkaḷin nāthā**
**ēn inda pārāmukham vēnkaṭanāthā**
**azhaippadanai nīyum inṭru kēṭakka kūṭādō**
**anbil tōynda idayam tanai ērkkakūṭādō**

O Krishna, pourquoi fais-Tu semblant d'être en colère contre nous ?
Pourquoi nous ignores-Tu ?
O Venkateshvara, n'entends-Tu pas nos appels ?
Notre cœur déborde d'amour pour Toi, daigne l'accepter en offrande.

**nin nāmam ennāḷum enkaḷin vēdam**
**nin ninaivē ennāḷum enkaḷin dhyānam**
**nīyinṭri vāṭiṭutē enkaḷin uḷḷam**
**nittiyanai vandiṭuvāy nirmmalakaṇṇā**

O Krishna, pour nous Ton nom contient toutes les Ecritures.
Notre méditation, c'est de penser à Toi.
Sans Toi, notre cœur souffre et se languit.
O Toi qui est pur et éternel, O Krishna, accours vers nous !

# HAIL TO YOUR GLORY (ANGLAIS)

**Hail to your glory my Lord and my king**
**Your life is a story for all hearts to sing,**
**Your name will protect me I'll come to no harm**
**singing Ram Jay Jay Ram Jay Jay Ram Sita Ram**

Salutation à ta gloire mon Seigneur et roi
Ta vie est une histoire digne d'être chantée par tous les cœurs,
Ton nom me protègera, je viendrai sans peine
Chantant Ram Jay Jay Ram Jay Jay Ram Sita Ram

**As I look for shelter, it's never too far**
**Your name is my refuge Your name gives me calm**
**thinking Ram Jay Jay Ram Jay Jay Ram Sita Ram**

Pour moi qui suis à la recherche un abri, il n'est jamais trop loin.
Ton nom est mon refuge, Ton nom m'apaise
Pensant Ram Jay Jay Ram Jay Jay Ram Sita Ram

**As I meet the sorrows and joys of this life,**
**Your name is my greeting Your name my goodbye**
**saying Ram Jay Jay Ram Jay Jay Ram Sita Ram**

A travers les chagrins et les joies de ma vie
Ton nom est ma bonjour, ton nom est mon au revoir
Tandis que je chante Ram Jay Jay Ram Jay Jay Ram Sita Ram

**As I chose my way at the crossroads at night**
**Your name gives direction Your name is my light**
**hearing Ram Jay Jay Ram Jay Jay Ram Sita Ram**

Lorsque je choisis ma voie dans les carrefours de la nuit
Ton nom qui me donne la direction, ton nom est ma lumière
Tandis que j'entends Ram Jay Jay Ram Jay Jay Ram Sita Ram

# HARA ŌM ŚIVA (KANNADA)

**hara ōm śiva ōm hara ōm namaśivāya**

Salutations au Seigneur Shiva !

**hariyuva nadiyā kalaravadalli**
**kēḷutaliruvudu śivanāma**
**raghava rāmana hṛdayada miḍita**
**āgihudallavē haranāma**

Les eaux de la rivière psalmodient
le nom du Seigneur Shiva ;
En battant, le cœur de Raghava Rama
émet la répétition de ce nom.

**kaṇa kaṇadallū ā śivanē**
**ramisihanaiyyā jagadoḷagē**
**śiva śiva bhajisalu ō manavē**
**kāṇuvē śivananu yalleḍegē**

Le seigneur Shiva est présent dans chaque atome.
Chante ce mantra suprême, O Homme
et Tu verras partout Rama.

**nānu nannadu enaiyyā**
**śivatānellavu tiḷiyaiyyā**
**śivanē guruvu nōḍaiyyā**
**guruvē śivanu ariyaiyyā**

Qu'est-ce qui est «moi» ? Qu'est-ce qui est «mien» ?
Tout appartient au Seigneur Shiva. Lui seul est le guru.

# HARE PĀṆḌURANGA (MARATHI)

**hare pāṇḍuranga paṇḍarināthā**
**hare vāsudeva rakumāyināthā**
**vaikuṇtha vāsā purandara viṭṭhala**
**meghaśyāma puṇdalīka varadā**

Gloire au Seigneur Panduranga, gardien de Pandaripura.
Gloire au Fils de Vasudeva, au Seigneur de Rukmini,
Celui qui demeure dans les Cieux
et dont le teint sombre a la couleur des nuages de pluie.

**japū yā karū yā kṛṣṇa nāma ghevū yā**
**bhajan karū yā japan karū yā**
**hariche nām ghevū yā kṛṣṇa nām ghevū yā**
**kṛṣṇa nām ghevū yā... (hare pāṇḍuranga x 8)**

Je répète, je pense, je chante les noms du Seigneur Krishna.
Chantons le nom de Hari, chantons le nom de Krishna,
gloire au Seigneur Panduranga !

**pāṇḍuranga... rakumāyi nāthā**
**pāṇḍuranga... trilokanāthā**
**pāṇḍuranga... vaikuṇtha vāsā**
**pāṇḍuranga... muktidātā**
**pāṇḍuranga... purandara viṭṭhalā**
**pāṇḍuranga... paṇḍarināthā**

Seigneur Panduranga...Seigneur de Rukmini ;
Seigneur Panduranga...Seigneur des trois mondes ;
Seigneur Panduranga...qui réside à Vaikuntha ;
Seigneur Panduranga...qui accorde la libération ;
Seigneur Panduranga...Vitthala, debout sur une brique ;
Seigneur Panduranga...Seigneur de Pandaripura

# HARE TŪ HAMĀRĒ (HINDI)

**harē tū hamārē**
**hṛdaya kō curākē**
**virah kī agan mē**
**hame kyō jalātā**

O Seigneur Hari, Tu as dérobé nos cœurs.
Pourquoi nous laisses-Tu brûler dans le feu de la séparation ?

**hare kṛṣṇa śaurē**
**vibhō viśvamūrttē**
**mukundā murārē**
**yaśōdā kē pyārē**

O Seigneur Krishna, Seigneur de l'univers,
Tu as tué le démon Mura, Enfant chéri de Yashoda.

**kabhī bānsurī mē**
**madhura tān chēṭakē**
**lubhātā tū hamkō**
**dars tō na dētā**

Tu nous enchantes par la douce musique de Ta flûte
Mais Tu ne nous montres pas Ta forme divine.

**niṭhūr hōkē dilsē**
**madhur muskurātā**
**nacātā hē apanē**
**īśārē par sabkō**

Tu es devenu si indifférent et pourtant,
Tu nous souris et Tu nous fais danser à Ton gré.

**nichāvar hē mādhav**
**pagōm par ham cākar**
**hamē tū na chōḍnā**
**abhī āke milnā**

O Madhava, ce serviteur est une offrande à Tes pieds.
De grâce, ne nous abandonne pas,
accorde-nous la vision de Ta forme divine.

# HARI BŌL HARI BŌL (HINDI)

**Hari bōl hari bōl hari bōl hari bōl**
**hari bōl hari hari bōl (2x)**

Chantez le nom de Hari

**Śyāma varṇṇā sundarāmgā**
**rādhikā samētā**
**vāsudēvā vēṇu lōlā**
**rāsa kēli lōla (2x)**

Ton corps charmant est de couleur bleu sombre
O Fils de Vasudeva, petit joueur de flûte,
Radha à Tes côtés, Tu savoures la danse *rasa*

**Yādavēndrā nandalālā**
**kāmakōṭi ramyā**
**mañju hāsā mānasēśā**
**mādhavā murārē (2x)**

O Seigneur des Yadavas, Fils de Nanda, établi dans la béatitude,
Toi que le désir de ne peut atteindre. Enfant au sourire radieux,
Seigneur et Maître des pensées, Tu as vaincu le démon Mura.

**Patmanābhā pītachēlā**
**pāhimām ramēśā**
**gōkulēśā gōpabālā**
**gōpa vṛnda nāthā (2x)**

Seigneur Vishnu, vêtu de jaune, Seigneur de Lakshmi, donne-nous refuge. Seigneur de Gokul, petit pâtre, Tu es le Seigneur et le protecteur de tous les petits vachers.

**Viśva rūpā vēda vēdyā**
**tvat padābjam vandē**
**dēva dēva dīn nāthā**
**dēhi mamgalam mē (2x)**

Ta forme réelle englobe l'univers et Ton savoir contient tous les Védas. Je me prosterne à Tes pieds de lotus. Tu es Celui qui accorde refuge aux malheureux. Accorde-moi tout ce qui est propice.

# HARI NĀRĀYAṆA (HINDI)

**hari nārāyaṇa jaya nārāyaṇa**
**hari nārāyaṇa gōvinda**

Gloire au Seigneur Narayana, Gloire au Seigneur Govinda !

**brahmā viṣṇu śiv man bhāvan**
**jaya nārāyaṇ hari nārāyaṇ**

Brahma, Vishnu et Shiva le chérissent. Gloire au Seigneur Narayana !

**gangā yamuna caraṇ pakhāraṇ**
**bhav sāgar kē pār utāraṇ**

Le Gange et la Yamuna, ces rivières sacrées, adorent Ses pieds. Il aide Ses dévots à franchir l'océan de la transmigration.

**khud bichṭāvan khud mil āvan**
**khud taṭpāvan khud darśāvan**

Il s'approche des dévots, puis s'en éloigne.
Il inflige la souffrance de la séparation, puis Il l'apaise.

**dīn duḥkhī kē dukh apnāvan**
**bhīr pare tō dhīr baṇdhāvan**

Il soutient les malheureux, ceux qui souffrent.
Il console les affligés. Ses dévots L'aiment et chantent Sa gloire.

**jap tap kē bhi pakaṭ na āvan**
**pyār pukārē dōṭē āvan**

En chantant Ses louanges avec amour, nous atteindrons peut-être le bonheur éternel. Le japa (mantra) et les austérités ne suffisent pas à faire venir Narayana.

**tan man gāvan jan jan gāvan**
**gāvan gāvan sab sukh pāvan**

Mais il suffit de L'appeler avec amour et dévotion pour qu'Il accoure.

**hari nārāyaṇa.. jaya nārāyaṇa..**
**hari nārāyaṇa.. jaya nārāyaṇa..**

# HĒ GAṆANĀYAKA SIDDIVINĀYAKA (MARATHI)

**hē gaṇanāyaka siddivināyaka**
**mangala mūrti svāmi**
**gaṇādhīśā tū guṇadhīśa tū**
**varada vināyaka namō namaḥ**

O Seigneur des Ganas, Seigneur Siddhivinayaka,
Toi qui accordes la réussite ! Incarnation de ce qui est propice.

Chef des armées, Incarnation de toutes les vertus,
Nous nous prosternons devant Toi,
Seigneur qui accorde des faveurs (*varada*),
Seigneur Vinayaka.

**hē girijātmaja buddhipradāyaka**
**vighnaśvara jay sankaṭ nāśaka**
**sūkhakaratā tū dukhaharatā tū**
**viśva vināyaka namō namaḥ**

O Fils de la déesse Girija, Tu accordes l'intelligence
Gloire à Toi Seigneur Vighneswara (Celui qui ôte les obstacles)
Tu détruis la souffrance et apportes le bonheur.
Toi qui effaces le chagrin, nous nous prosternons devant Toi,
Visva Vinayaka, Seigneur de l'univers.

**hē chintāmaṇi śubha phala dāyaka**
**ballāḷēśvara jay viśvēśvara**
**lambōdara tū sarvēśvara tū**
**sanmatī dāyaka namō namaḥ**

Tu exauces tous les désirs et nous accordes des bienfaits,
Gloire à Toi, Seigneur Ballalesvara, (Celui qui a sauvé Ballala),
Seigneur de l'univers au ventre rond,
Seigneur de tous les êtres, nous nous prosternons devant Toi,
qui donnes un intellect clair et aiguisé.

**ganēśvara jay vighnavināśaka**
**mayūrēśvara tū paramēśvara tū**
**aṣṭavināyaka namō namaḥ**

O Seigneur Mahaganapathi, Tu détruis le péché,
Gloire à Toi, Seigneur Ganeswara, Seigneur Vighnavinayaka,
Tu détruis les obstacles ; Ta monture est un paon.
Seigneur suprême Ashtavinayaka,
nous nous prosternons devant Toi.

# HĒ NANDALĀLĀ TUHJĒ (HINDI)

**hē nandalālā tuhjē**
**ḍhūnḍhē braj bālā**
**śyām gōpālā – kānhā (x2)**
**śyām gōpālā**

Je Te cherche, Fils de Nanda, petit garçon de Braj.

**mākhan chōr tūnē dil mērā churāyā**
**prīt na jānī mērē śyām gōpālā**
**śyām gōpālā... .mērē śyām (x2)**

Petit voleur de beurre, Tu as dérobé mon cœur.
O petit pâtre au teint sombre, Tu as dérobé mon cœur.

**kahē brij bālā mē nē kāhē dil lagāyā**
**kahā chipē hō mērē nandā kē lālā**

O pourquoi ai-je perdu mon cœur?
Où Te caches-Tu, mon Krishna ?

**muralī kī dhun sun kahē braj bālā**
**darśan dēdō mērē kṛṣṇa gōpālā**
**śyām śyām bōlē mērā kaṇ kaṇ rē**
**mērā man rē.... mērā man rē**
**tū hī mērē jīvan kā ādhār rē**

Percevant le son de la flûte, cet enfant du Braj T'implore :
« Accorde-moi Ton darshan ! » Chaque atome de mon corps,
tout mon être appelle Shyam, Shyam. Tu es mon seul soutien.

**śyām rūp prēm rūp jay līlā dhām kī**
**gōp sang prēm rang jay bōlō śyam kī**

Gloire à l'Enfant au teint sombre, à l'Incarnation de l'amour,
Gloire à l'Auteur du drame cosmique,
Celui qui danse avec les gopis la danse de l'amour divin.

# HŌLŌ NA ŚOMĀ Y (BENGALI)

**hōlō na śōmāy ēkhōnō tōr?**
**śōmāy kēṭē jāy jībōnē mor**
**hōy janō mā āśā pūrṇō**
**mōn jyanō kādē tōrī jonnō**

N'as-Tu toujours pas de temps pour moi ? Alors j'ai vécu en vain.
Je pleure en T'appelant, daigne exaucer mon désir.

**hṛdōy janō ṣōpitē pārī**
**māyār khēlāy janō na hārī**
**śiṅhōbāhinī bōlē tōrē ṣōbē**
**pārī janō tōr śiṅhō hōtē**

Fais que je puisse T'offrir mon cœur, sans tomber
dans les filets de *maya* (l'illusion). Toi que l'on appelle Simhavahini
(Celle qui chevauche un lion), je voudrais être ce lion, Ta monture !

**tōrī kṛpā cāy mā amī**
**doyā kōriṣ mā doyāmoyī**
**bōlō kī lābh dērī kōrē?**
**tōrī kāchē jētē hōbē mōrē**

Je ne demande que Ta grâce. Montre-Toi miséricordieuse, Toi qui es pleine de compassion.
Que gagnes-Tu à attendre ? A la fin, il faudra bien que j'arrive à Toi.

**āchiṣ kōthāy dē mā bōlē**
**kōtō ār khūñjī ēyi bhūtōlē**
**lāgē bhōy tōr ōy bhōyonkar rūp**
**rōktim khāḍā dēkhē kēpē ōṭhē būk**

Dis-moi où Tu es ! Je T'ai cherchée si longtemps, sur la terre entière ! Ta forme terrible m'effraie, Ton épée maculée de sang aussi !

**bēd purāṇ mā ṣōbī tōr kōlē**
**cōl mā nīyē alōr dēśē**
**śvēt bośōnē elī mā kāḷī**
**hṛdi kōmōlē bōṣō omṛtēṣorī**

En Toi vivent les Védas et les Puranas. Emmène-moi
vers la Lumière. O Mère, cette fois, Tu es vêtue de blanc !
Déesse éternelle, daigne venir habiter le lotus de mon cœur.

# HṚDAYA PUṢPAME (TAMOUL)

**idaya malarē solvāy un**
**vizhiyai nanaitta nīr eduvō**
**tuyirin nīrō ānanda kaṇṇīrō**
**tōnō... anbin mazhaiyō**

**anubhavankaḷ tan iniya ninaivāl**
**akamatil tōnṭrum amudō**
**solvāy vizhikaḷ niraindiṭa vanda**
**uṇarvō idaya malarē**

Dis-moi, o fleur de mon cœur, quelle est cette eau
qui humecte Tes yeux ? S'agit-il de larmes de douleur
ou de larmes de joie ? Est-ce du miel
ou s'agit-il du pur suc de l'amour ?

Est-ce l'ambroisie qui suinte du doux souvenir
des expériences divines les plus belles ?
Dis-moi, o fleur de mon cœur,
quelle émotion Te fait verser des larmes ?

Si les désirs ne sont pas exaucés, il en résulte de la tristesse
et des pleurs. Mais la quête du Soi nous permet de déraciner
l'égoïsme ;
on peut alors pleurer de Béatitude, la pure Béatitude du Soi.

# HṚDAY MĀ (GUJARATI)

**hṛday mā lāvō rām nē tame**
**jīvan banāvō ayōddhyā dhām**
**rām nām nō jāp karī lō**
**chōḍō tārā mārānō bhāv**

Invite Rama dans ton cœur, transforme ta vie en Ayodhya (un lieu sans conflit). Abandonne la notion du «tien» et du «mien», chante sans cesse le nom de Rama !

**sagā sambandhī nāthē nahī āvē**
**nahī āvē chōkrā chaiyā rē**
**sāthē tārī nām rāmnu**
**bhajīlē man tū rāmnu nāṁ**
**śrī rām jay rām jay jay rām jay**
érì ràm jay ràm jay jay ràm

Parents, amis ou enfants, personne ne restera à tes côtés. Seul le nom du Seigneur Rama t'accompagnera ! O mon mental, chante le nom de Rama, gloire au Seigneur Rama !

**rāṁ nāmthi patthar tarē**
**āppaḷē tarīyē bhavpār rē**
**rām nāmnō mahimā apār**
**bhajīlē man tū rāmnu nām**
**śrī rām jay rām jay jay rām jay**
**śrī rām jay rām jay jay rām**

Le nom de Rama peut faire flotter une pierre sur l'eau. En récitant son nom, nous traverserons l'océan du *samsara* (le cycle de la naissance et de la mort). La gloire du nom de Rama est infinie, sans égale. O mon mental, chante le nom de Rama, gloire au Seigneur Rama !

**vānar man nē rām mā vāḷō**
**layī jāśē lankā pār rē**
**rām nāmthī banyā hanumān**
**rām bhakt hanumān rē**
**śrī rām jay rām jay jay rām jay**
**śrī rām jay rām jay jay rām**

Concentre le singe du mental sur Rama. Il te fera traverser Lanka, le pays de *maya* (l'Illusion). C'est en chantant ce nom qu'Hanuman est devenu le dévot si cher à Rama.

# HUṅ TŌ MĀ MAIN TĒRĀ HĪ (HINDI)

**huṅ tō mā main tērā hī**
**mujhe kabhi na karnā tyāg**
**arth he kyā is jīvankā**
**yadi tērā nā hō sāth**

O Mère, je T'appartiens. Ne m'abandonne jamais.
Quel sens a la vie si Tu n'es pas à mes côtés ?

**chañchal asthir man hē mērā**
**tērā rūp main dēkh na pāvuṅ**
**ahaṁkār sē andhā huṅ**
**tērē prēṁ kō samajh nā pāvuṅ**

Mon mental instable vagabonde sans cesse.
Je ne parviens pas à voir Ta forme.
Aveuglé par l'ego, je n'arrive même pas à comprendre Ton amour.

**mēri puṇya kī jhōli khāli hai**
**pāp kā bhāṇd bahu bhāri hai**
**jap tap dyān me adhūrā huṅ**
**māyā mōh me ḍūbā huṅ**

Vide est le sac censé recueillir mes mérites ;
le sac de mes péchés, en revanche, pèse lourd.
J'ignore la méditation, le *japa* et les austérités.
Je me noie dans les attachements illusoires.

**nanhā huṅ main akēla huṅ**
**chōḍā jag ne sāth mērā**
**ēk aise mōḍ pē āyāhuṅ**
**jahāṁ chārō ōr he andhērā**
**taḍpā huṅ mēṁ tarasā huṅ**
**tērē amṛt prēm kā pyāsā**
**mayyā tēri kṛpā dṛṣṭi sē**
**kar dēnā ujiyārā**

Je suis encore jeune, solitaire, tout le monde m'a déserté. Je suis arrivé à un stade où je ne vois plus que ténèbres autour de moi. Assoiffé, je languis de Ton amour éternel ; O Mère, remplis ma vie de Ton amour et de Ta lumière éternelle. Viens étancher ma soif !

**kar dēnā ujiyārā maiyyā**

O Mère, viens illuminer ma vie !

# INIYEṆU KĀNUM (MALAYALAM)

**iniyeṇu kāṇum kamanīya rūpam**
**tirayumen mānasattil... nīri**
**piḍayumen mānasattil...**
**mayaṅgunna pakalinde maḍittaṭṭil talacāycu**
**mayaṅgumen mānasattil!**

Mon cœur brûle et se tord de douleur :
Quand reverrai-je Ta forme magnifique?
Mon mental dort dans le giron du jour,
qui lui-même somnole.

**svapnamanōmaya naśvarabhūmiyil**
**niḥsvanāy ñānalaññu**
**nityanirāmayī , svapnaṅgaḷokkeyum**
**mithyayāy ñānariññu!**

Moi qui nourrissais tant de rêves, j'ai erré, sans rien posséder
en ce monde éphémère. O Mère éternelle, libre de toute souffrance,
j'ai pu constater que tous les rêves étaient irréels.

**cañcalamānasa nombaravīṇatan**
**tantriyilīṇamākū...**
**cintayil nin mahāmantravumāyi ñān**
**venteriyuṇu dūre!**

Mère, viendras-Tu telle une mélodie sur la vina
de mon cœur affligé et tremblant ?
Je répète Ton mantra, je me consume de douleur.

**satvaramen manaḥ nirjjalabhūmiyil**
**sargaparjjanyamākū...**
**cinmayī, nin kazhal nityapūjaykkende**
**cittatārōṇṇu mātram!**

Viens vite, je T'en prie, comme une ondée bienfaisante
sur le sol desséché de mon mental. O Mère, Conscience suprême,
dans l'adoration quotidienne de Tes pieds
je n'ai rien à T'offrir, sinon la fleur de mon cœur.

# ĪŚVARĪ JAGADĪŚVARĪ (KANNADA)

**īśvarī jagadīśvarī paripālakī karuṇākarī**
**śāśvatānandadāyinī nī duḥkha vellava nīgissu**

O Déesse, Déesse de l'univers, Toi qui protèges,
Toi qui donnes la grâce et l'éternelle libération,
délivre-moi de la douleur.

**klēśabharita vādī lōka jīvita sukhava ollenu**
**śalabhadantē benkiyalli bīḷadantē rakṣissu**

J'ai vu les plaisirs de ce monde causer
tant de douleur. Ne me fais pas souffrir
comme le papillon de nuit qui tombe dans le feu.

**āśapāśadi mundakē, kālapāśādi hindakē**
**jaggī jaggāḍu talī nī āṭṭavāṭuvē ambikē**

Le nœud coulant du désir m'a lié par devant et celui
de la mort m'a lié par derrière. Quel dommage,
O Mère, que de jouer à les nouer ensemble !

**mōkṣamārgava tōrisu karuṇe tōru dēviyē**
**klēśanāśini śōkabhārava nīgisamma dayāmayī**

Ce que l'on voit aujourd'hui, demain
ne sera plus. O Conscience pure, tel est Ton jeu.
La Réalité ne connaît pas la destruction.
Tout ce qui est destructible est éphémère.

**indu iruvudu nālēgiradu cinmayi nina līle**
**svanta vādakē nāśavilla nāśaviruvudu naśvara**

Ne m'indique pas un mauvais chemin, O Toi
l'Eternelle, répands Ta Grâce sur moi.
O Mère, Toi qui détruis le malheur, soulage-moi du poids de la douleur.

**manuja janmada phalava nīḍu mahā dēvī bēḍuvē**
**lōkamātē sarvarūpini poḍamaṭūve ninna pādake**

O Mère du monde, pour obtenir le fruit
de la vie humaine, je Te prie les mains jointes.
O Déesse du monde, Essence de toute chose,
je me prosterne à Tes pieds.

# IŚVAR PARAMEŚVARĀ (HINDI)

**iśvar parameśvarā umā maheśvarā**
**jagadīśvarā jagadiśvarā harahara śankarā**

Louanges à Shiva, le dieu suprême, le Seigneur d'Uma
le Seigneur de l'univers !

**śiva śiva harahara śiva śiva hara hara**
**śiva śiva harahara śiva śiva hara hara**
**śiva śiva śiva śiva śiva śiva śiva śiva śankarā**
**dekhiye... dekhiye... humko**

O Seigneur, jette sur nous les yeux !

**praṇām hāmare svīkār kījiye**
**dekhiye... dekhiye humko**
**vardān humko dījiye**

Daigne nous regarder ! Accepte nos prosternations
et d'un regard, accorde-nous Ta bénédiction !

**śankarā abhayankarā śankarā abhayankarā**
**śankarā abhayankarā śankarā abhayankarā**
**śivaśambho mahādevā śankarā**

Gloire à Shiva, Shambo, Shankara, gloire au grand dieu,
Celui qui anéantit la peur !

# ISVAR TUMHI (MARATHI)

**hē īśvar thē dayā karō**
**thārē biṇ mārō kūṇ hē**

O Seigneur, sois miséricordieux.
Qui d'autre que Toi prendra soin de nous ?

**jag nē racchāvaṇ vāḷō thū**
**jag nē miṭṭāvaṇ vāḷō thū**
**bigiḍ baṇāvaṇ vāḷō thū**
**thārē bīṇ mārō kūṇ hē**

Tu crées et Tu détruis le monde. Le malheur lui-même est Ta création. Qui d'autre que Toi prendra soin de nous ?

**mātā thēhi thēhi pitā**
**bandhu thēhi thēhi sakhā**
**bas ēk thārō āssarō**
**thārē biṇ mārō kūṇ hē**

Tu es notre Mère, notre Père, notre Bienfaiteur et notre Ami.
Tu es notre seul refuge. Qui d'autre que Toi prendra soin de nous ?

**tharī lagan nē cchōḍ kar**
**jāvā tō jāvā mē kaṭhē**
**thārē biṇ mārō kūṇ hē**

Nous ne savons rien. Sans Ton amour pour nous,
que deviendrions-nous ? Qui d'autre que Toi prendra soin de nous ?

# IYARKAI AMMĀ (TAMOUL)

**iyarkaiyammā iyarkaiyammā enkaḷiṭam irakkam koḷvāy**
**uyirkaḷellām vāṭudammā un kōpam taṇindiṭuvāy**
**erimalaiyāy kodikkinṭrāy veḷḷamāga azhikkinṭrāy**
**puyalāga aṭikkinṭrāy bhūkambamāy veṭikkinṭrāy**

O Mère Nature, nous Te prions, aie pitié de nous.
les volcans se réveillent, les raz-de-marée nous submergent,
les cyclones font rage, les tremblements de terre nous secouent.
Les créatures terrestres souffrent. O Mère, puisse Ta colère s'apaiser.

**eṭuppadpōl koṭuppadu tān ivvulakin niyatiyanṭrō**
**eṭuttukkoṇṭē irunduviṭṭōm koṭuppadarkku marandviṭṭōm**
**unnarumai marandviṭṭu tannalamāy irundatināl**
**unporumai maraindviṭa maṇṇulakam tavikkudammā**

Bien que la loi de la Nature soit de donner autant que l'on prend,
oubliant Tes lois sublimes, nous avons pris sans rien donner.
Voyant cela, Tu as perdu patience et nous tremblons de peur.

**pālūṭṭi aṇaittavaḷē kainīṭṭi aṭippaduvō**
**sōrūṭṭi vaḷarttavaḷē tīmūṭṭi erippaduvō**
**uḷḷattil valiyirundāl unniṭattil uraittiṭuvōm**
**unnālē valiyenṭrāl yāriṭattil muraiyiṭuvōm**

Une mère qui a allaité son enfant va-t-elle ensuite le punir ?
Une mère qui a nourri son enfant va-t-elle ensuite
lui préparer un bûcher funéraire ?
Devant les difficultés, nous cherchons refuge en Toi.
Mais si c'est Toi qui nous punis, où donc trouverons-nous un abri ?

**un sēvai seydiṭuvōm unaivaṇanki vāzhndiṭuvōm**
**munnōrkaḷ sonnavazhi ennāḷum naṭandiṭuvōm**
**tattaḷikkum kuzhandaikaḷai dayaikoṇḍu kāttiṭammā**
**tavarizhaikkum makkaḷuṇḍu dayayillā tāyumuṇḍō**

A partir de maintenant, nous allons suivre la sagesse de nos ancêtres.
Nous allons T'adorer et Te servir.
Ne daigneras-Tu pas sauver Tes enfants en proie à la souffrance ?
Il arrive que des enfants agissent mal.
Mais une mère peut-elle être dépourvue de compassion ?

**jagajananī kaitozhutōm jaganmātē kāttiṭammā...**

O Mère de l'univers, nous nous prosternons devant Toi !
Mère de tout ce qui est, daigne nous protéger !

# JAI GAṆĒŚA JAI ĒKADANTA (HINDI)

**jai gaṇēśa jai ēkadanta**
**jai lambōdara viṣṇō**
**jai mahēś sut pārvati nandana**
**jai vighnēś vibhō**

Gloire à Ganesh, le Dieu qui possède une seule défense, un gros ventre et
au charmant visage, le Fils de Shiva et de Parvati,
le Seigneur qui détruit les obstacles.

**vighna rāj tum bhīmakāy tum**
**dē dō vijay hamē**
**praṇav rūp tum vakratuṇd tum**
**ham kō tum vara dō (jai gaṇēśa....)**

Seigneur, Toi qui triomphes des obstacles,
Dieu au corps immense et dont la trompe en zigzag
forme le Om sacré, accorde-moi la victoire.

**svarṇa varṇ tum dēva pūjy tum**
**mūṣikavāhan tum**
**dharma buddhi dō divya dhriṣṭi dō**
**sarva vighna har tum (jai gaṇēśa jai)**

Dieu au teint doré, Toi que les dieux vénèrent,
la souris (*symbole des désirs*) est Ton véhicule.
Accorde-moi des pensées justes et bonnes ainsi que
la vision du Divin ; ôte de mon chemin tous les obstacles.

# JAI JAI JANANĪ JAI HŌ TERĪ (HINDI)

**jai jai jananī jai hō terī**
**jai bhavataraṇī bhagyavidhātrī**
**jai śivaramanī mātabhavānī**
**jai bhayaharanī dēvi mahēśī**
**jai jai mā...**

Gloire à Toi, Mère, Gloire à Toi qui nous fais traverser
l'océan de la transmigration, Toi qui détermines notre destin !
Bien-aimée de Shiva, Tu anéantis la peur !
Gloire à Mère, Gloire à Mère !

**tum hī mērā sab kuch mayyā**
**muj par karuṇā tum ab karnā**
**tum sabkī hō pyārī jananī**
**dūr karō sab sankaṭ jaldī**
**jai jai mā...**

Mère, Tu es tout pour moi.
montre-Toi aujourd'hui miséricordieuse
Mère, Bien-aimée de tous les êtres, dans Ta bonté,
efface sans tarder toutes nos peines !
Gloire à Mère, Gloire à Mère !

**divya mahātbhut mayyā tērī**
**sṛṣṭi-sthiti-lay rūpī līlā**
**dēv munīśvar dās tumhāre**
**daitya tumhārē bal sē hārē**
**jai jai mā...**

Merveilleux est Ton jeu divin, qui comprend la création,
la préservation et la dissolution de l'univers ! Les êtres célestes
et les sages sont Tes serviteurs. Par Ta puissance,

tous les êtres démoniaques ont été anéantis.
Gloire à Mère, gloire à Mère !

**vānchit var sab dētī hō tum**
**ham sab tērā nām pukārē**
**dūr karō sab duhkh hamārē**
**jai jai mā...**

Comme la liane légendaire qui exauce tous les désirs,
Tu satisfais les souhaits de Tes dévots.
Nous invoquons Ton nom ! Daigne mettre fin
à toutes nos souffrances. Gloire à Mère, gloire à Mère !

# JAY JANANI (HINDI)

**jay jananī... jagajananī māte**
**terā stavan karun me**
**jay girirājakumāri maheśi**
**jay jagadamba bhavāni**

Gloire à la Mère, gloire à la Mère de l'univers !
Je chante Tes louanges, gloire à la Fille de Giriraja !
Gloire à la grande déesse, gloire à la Mère de l'univers !

**jay mahiṣāsuramardini jay jay**
**jay girivāsini jay jay**
**jay ripubhīti vibhanjini jay jay**
**jay karuṇāmayi jay jay**

Gloire à Celle qui a vaincu le démon Mahishasura
Gloire à Celle qui réside dans les montagnes !
Notre peur des ennemis s'évanouit devant Toi.
Gloire à Toi, Incarnation de la compassion !

**durgatihāriṇi durgama rupiṇi**
**durge devi namaste**
**duṣṭāntaki he duḥkhanivāriṇi**
**dīnon par kar karuṇā**
**kar karunaa ham pe**

Je Te salue, Toi qui effaces tous les malheurs
et prends la forme de Mère Durga.
Salutations à Toi, qui balaye la douleur.
Tu détruis le mal, montre-Toi compatissante envers nous !

**aṣṭabhujā tū navadurgā tū**
**aṣṭaiśvarya vidhātrī**
**āṭhom yām tujhī me maiyā**
**līn rahe man merā**

Tu as huit bras, Tu assumes neuf formes
(les neuf formes de Durga). Tu nous accordes
les huit sortes de prospérité. En Toi, les huit parties
du jour sont contenues. Puisse mon mental se dissoudre en Toi !

**līlālole bandhan – mokṣh**
**sabhī he līlā terī**
**māyā brahm sabhī tū hī he**
**tū he sab se nyārī**

O Déesse au jeu divin ! Tu nous prends dans les mailles
du filet de *maya* (l'illusion) et Tu nous en libères :
tout cela n'est que Ton jeu !
Tu es à la fois *maya* et le suprême Brahman.
O Mère, Tu es extraordinaire !

# JÑĀNAKKAṬALTANNAI (TAMOUL)

**jñānakkaṭaltannai mīn aḷakkalāmā**
**aḷakkintra potu sirikkintrāy tāyē**
**mīn sintum kaṇṇīrkkaṭal sērumō**
**sirumīnin kaṇṇīrkku vazhi sollumō?**

Un poisson ignorant peut-il mesurer la profondeur
de l'océan de la connaissance ? S'il essaie,
O Dévi, Tu ris de ses efforts.
Les larmes de ce poisson parviendront-elles à l'océan ?
Dévi, la Connaissance personnifiée, offrira-t-elle une solution ?

**unnai tēṭi aṭaya uḷ nōkkumbōtu**
**alaimōtum eṇṇankaḷ taṭam māttrakkūṭum**
**īrkkintra śaktivaṭivāna ammā**
**varavēṇḍum varavēṇḍum nizhalāka dēvī**

Tandis que j'erre en quête de Toi, des pensées indésirables
risquent de surgir et de me distraire,
m'aiguillant dans une autre direction.
O Toi vers qui les foules affluent, viens !
Demeure près de moi comme une ombre protectrice.

**uyirōṭu uyirāka kalantiruppāyē**
**kaikūppi siram tāzhtta kaṇ pārppāyē**
**sodanaikaḷ tantu āzham pārkkintrāy**
**padam pārttu nal bhakti nalkukintrāy**

Tandis que je me prosterne avec respect, uni au Soi (atman)
Tu me regardes avec amour et compassion.
Pour vérifier l'intensité de mon désir du Soi,
Tu me mets à l'épreuve de différentes manières.
Puis Tu m'accordes la dévotion (bhakti) pure.

# JÑĀNAYŌGA ARIVUMILLAI (TAMOUL)

**jñānayōga arivumillai**
**karmayōga tuṇivumillai**
**bhaktiyōga anbumillai**
**pādantanai pattri nindṛēn**

Je n'ai pas la connaissance nécessaire pour le *jnana yoga* (le yoga du discernement)
Ni le courage qu'il faut pour le *karma yoga* (le yoga du service)
Je n'ai pas l'amour qu'exige le *bhakti yoga* (le yoga de la dévotion)
Tout ce que je peux faire, c'est m'accrocher à Tes pieds !

**pakuttariya niranumillai**
**paṭṭarivu siritumillai**
**kaṭṭrarivum koñcamammā**
**kāliraṇḍum tañcamammā**

Ma mémoire est défaillante, je n'ai aucun talent pour la musique
Je n'ai pas fait d'études : Tes deux pieds sont mon seul refuge.

**tāyaḍikkum kāraṇankaḷ**
**tānariyā kuzhantaiyammā**
**tāy mukhattai pārttu vimmum**
**tanayan tuyar tīrttiḍammā**

Je suis un enfant qui ne comprend pas les épreuves que Tu lui imposes.
Mère ! Viens consoler cet enfant qui verse des larmes en Te regardant.

**śaraṇam śaraṇam śaraṇam ammā**
**un tiruppādam śaraṇam ammā**

Mère ! Accorde-moi refuge à Tes pieds !

# KAB ĀYE GĀ (HINDI)

**kab āye gā vō din prabhujī**
**chabi tērī dēkh pāvū me**
**param prēm kē gangā jal me**
**har pal nahāvūm me**

O Seigneur, quand donc viendra le jour où je Te verrai ?
Quand baignerai-je à chaque instant
dans le Gange sacré de l'amour éternel ?

**tērē vacanō kō suntē prabhujī**
**bhāv vibhōr hō jāvūn me**
**man mandir kē vṛndāvan me**
**divya rās racāvūn me**

O Seigneur, quand serai-je submergé d'amour
en écoutant Tes paroles ?
Quand exécuterai-je la danse divine (rasa)
dans le Vrindavan de mon cœur ?

**ahankār kī ghōr pakad se**
**mukt hō jāvūn mē**
**tērē hāthō me basūm prabhujī**
**tērī bānsuri ban jāvūm me**

Quand serai-je libéré des griffes de l'ego ?
Je deviendrai la flûte entre Tes mains.

**prēm kā ras pān karke**
**prēm hī ban jāvūn me**
**sāgar me jese saritā mile**
**tujh me ghulmil jāvūn me**

Buvant le nectar de l'amour, quand deviendrai-je l'amour même ?
Quand serai-je uni à Toi comme la rivière se fond dans l'océan ?

# KAḌALŌRAM (TAMOUL)

**kaḍalōram tavam seyyum kāḷiyammā**
**kanivōḍu emai kākkum śaktiyammā**
**maḍal virikkum malarkal ena bhakti veḷḷam**
**maṉ padaiyil pāycukintra śaktiyammā**
**kāḷiyammā... enkaḷ dēviyammā...**

O Mère Kali ! Toi qui médites sur la plage, Shakti Amma,
Tu me protèges avec compassion ! Comme une fleur
ouvre ses pétales, Shakti Amma lave les impuretés
avec les eaux de la dévotion. O Mère Kali !
O Mère divine ! Notre Mère divine !

**piravi enum kaṭal kaṭakka tōṇi āvāy**
**pirppaṭṭōr nalam peravē ēṇi āvāy**
**marati enum mayakkattai pōkkiṭuvāy**
**manatil irai chintanaiyai vaḷattiṭuvāy**
**kāḷiyammā... enkaḷ dēviyammā...**

Sois le navire qui nous fait traverser l'océan
de la transmigration. Sois l'échelle que
les malheureux gravissent pour échapper à la souffrance.
Puisses-Tu dissiper l'oubli qui règne en nous.
Fais en sorte que je pense à Toi !

**uravu solli tiruvaḍiyai pattri nirppōr**
**uyarvaḍaiya varam taruvāy enḍrum ammā**
**turaviyarum pōttrukinḍra tūyavaḷē**
**teviṭṭāta pērinbam tarupavaḷē**
**kāḷiyammā... enkaḷ dēviyammā...**

Tu accordes des faveurs à ceux qui prennent
refuge en Toi et pour qui Tu es Tout ;
Tu les aides ainsi à progresser. O Mère Kali,
moines et *sadhus* chantent Tes louanges,

ils célèbrent Ta pureté. O Mère Kali, Tu donnes
la béatitude, Toi notre Mère divine !

# KĀLATTIN PUSTAKAM (MALAYALAM)

**kālattin pustakattāḷin ñān - ennē**
**kurichiṭṭatāṇende svapnam**
**nēriyōrōrmmatan vātsalyamāṇende**
**nērākum ammayām svapnam**

Dans le livre du Temps, j'ai inscrit mes doux rêves :
le pâle souvenir de Ton affection maternelle, si pure.

**kaṇṇīr tūki nin pādattilettavē**
**kāruṇyavarṣattilenne**
**pērttum kuḷippichu mārōṭaṇachu nī**
**puṇcirippaimbālumēki**

Lorsque je suis arrivé à Tes pieds, versant des larmes,
Tu m'as pris dans Tes bras maintes fois,
en m'inondant de compassion. Tu m'as serré contre Ton cœur,
Avec un sourire aussi pur que le lait frais.

**vīṇḍum tiriññonnu nōkkavē nin mizhi**
**ennilunḍennu ñān kanḍu**
**viṅi vitumbi ñān ammē virahattin**
**vēdanayuṇḍennil innum**

En partant, je me suis retourné et j'ai vu
Ton regard posé sur moi. Aujourd'hui encore,
la souffrance d'être séparé de Mère me fait sangloter.

**nitya vasantamāy nirmala prēmamāy**
**nityavum ennil vasikkū**
**ā prēmapīyuṣa sāgaram nukarnnu ñān**
**ā divyadhāmamēriṭaṭṭe**

Viens demeurer en moi à jamais, éternel printemps,
Amour divin immaculé. Alors je goûterai
l'océan d'ambroisie, Ton amour pur.
Permets-moi d'accéder à ce divin royaume.

## KĀḶI MAHEŚVARIYE (MALAYALAM)

**kāḷi maheśvariye – jaganmāte**
**kaitozhām endeyamme!**
**nintiru cinta cintum – viśva bhramam**
**entoru jālamamme!**

O Kali ! Déesse de l'univers ! Je Te salue
les mains jointes ! Le monde n'est qu'une de Tes pensées.
O Mère, ce monde est un enchantement !

**vālum talayumilla – prapaṇcattin**
**veru nīyennukelppū**
**entoru bhrāntu tāye – satyāsatyam**
**kīzhmel marichiṭunnu**

On dit que Tu es la racine de cet univers sans queue ni tête.
O Mère, quelle folie ! La vérité et le mensonge,
Tu les mets sens dessus dessous !

**brahmānandam kuṭichu – madichīṭum**
**nin viśvakeḷikaḷil**
**yuktikanḍettiṭamo – chāyāmayī**
**nin līlayentu bhrāntu!**

Tu T'enivres de la béatitude éternelle ! Qui pourrait trouver la moindre logique à Ton jeu divin et universel ?

**Ādyantahīnamākum - māyāvastram**
**neytukūṭṭunnatāye**
**svantamaraykku cuttum - śatru hastam**
**ñāttunnatentu citram!**

Quelle allure Tu as ! Tu portes les mains de Tes ennemis
comme une ceinture autour de la taille ;
Tu couds le voile de l'illusion, qui n'a ni début ni fin.

**tārakaratnajālam - koruttiṭum**
**viśvavidhāyikaykku**
**naramuṇḍamāla mātran - mahāmāye**
**citram vicitramamme!**

Tu tisses le destin de l'univers ; Tu as enchâssé dans le ciel les étoiles, ces joyaux. O Déesse d'illusion ! Tu portes au cou une guirlande de crânes, que Ta vision est merveilleuse !

**paṇcabhūtagṛhangaḷ - paṭuttiṭum**
**bhairavī viśva śiḷppi**
**kālu kuttān kulame - labhikkāte**
**nī vasippū śmaśāne**

O Bhairavi ! Architecte de l'univers !
Les demeures composées des cinq éléments,
c'est Toi qui les construis ! N'ayant pas trouvé
où poser les pieds, Tu résides dans les cimetières !

**āṇpeṇ napumsakavum - allennālum**
**peṇkolam keṭṭiyāṭum**
**peṇkolam keṭṭiyiṭṭum - śumbhādikaḷ**
**kālanāy naṇṇi ninne**

Ni masculine, ni féminine, ni dépourvue de genre, c'est pourtant
sous la forme d'une Déesse que Tu joues Ton rôle dans la pièce.
Bien que Tu apparaisses sous cette forme, les démons
tels que Shumba Te considèrent comme le «Dieu de la mort».

**malinam kṣaṇikamāmī – śarīrattil**
**bhramamārnna mānavaril**
**'ñān' kemanenne bhāvam – vechukaṭṭi**
**tuḷḷikkum kaḷḷi nīye!**

Les êtres humains sont fascinés par le corps,
pourtant impur et éphémère. O Voleuse !
Tu fais danser les êtres humains comme des marionnettes
en semant en eux l'idée : «Je suis un grand personnage».

**oro nimeṣameṇṇi – incincāyi**
**cattu tulayuvoril,**
**'hanta! ñānum tulayum' enna cinta**
**nalkāttoramme tozhām**

A chaque instant, les gens meurent à petit feu.
Je Te salue, Toi qui occultes en nous
l'idée : «Moi aussi, je vais périr !»

**pokumboḷ koṇḍu pokām – oru cilli**
**polumillenkilum hā!**
**koṭikaḷ kūṭṭiṭunna pariṣaye**
**viḍḍikeṭṭippatum nī!**

Au moment de la mort, nul n'emporte avec lui le moindre sou.
Et pourtant, Tu fais en sorte que les humains, dans leur sottise,
s'efforcent d'accumuler des fortunes.

**pettunovūttamettam – pakṣe sadā**
**pettukkūṭṭunnu pattam**
**cettattam yogyatapol tonnippikkum**
**nin līla tanne līla!**

Bien que les douleurs de l'enfantement soient terribles, les gens continuent à faire des enfants. A voir Ta façon de jouer, il semble que la dureté soit dans Ta nature.

**nāṇameśātta kāḷī - ninakkāru**
**cekkane tanniṭunnū**
**nityavum kanyakayāy naṭannoḷū**
**dvandvamillātta kemī!**

O Kali ! N'as-Tu donc aucune pudeur ?
Qui Te donnerait un homme ?
O grande Déesse dont la nature est non-duelle,
Vierge éternelle, continue ainsi !

**nīyallātārulakil - parāpare**
**nīyillātāranangum**
**brahmavum mūrttikaḷum calikkunna**
**śakti nin śakti tannē!**

Hormis Toi, qui d'autre existe en cet univers ?
O suprême déesse, qui peut se mouvoir sans Toi ?
C'est Ta puissance qui anime Brahma et les dieux.

**omkāram aimkāravum - hrīmkāravum**
**klīmkāram śrīmkāravum**
**sarva bijangaḷum nī gāyatriyum**
**vedamavedavum nī**

Tu es le son primordial Om, les sons *hrim*, *klim* et *srim*. Tu es la graine d'où tout a jailli, le Gayatri mantra, les Védas et les Écritures.

**kāḷī karāḷi rudre - jhilam jhilam**
**tuḷḷutullende kāḷī**
**triguṇangaḷkkappuram nin kalāśangaḷ**
**āru kāṇunnu tāye**

O Kali, Karali, épouse de Rudra, danse !
Danse au son de «*Jhilam* ! *Jhilam* !»
O Mère, qui perçoit Ton jeu divin
Au-delà des trois gunas (attributs) ?

**tripuṭiyum poṭiyāyiṭum – cidākāśam**
**śatakoṭi jyotirgganạm**
**sahasrārattilāṇḍu – madampoṭṭi**
**ninnuraññārkkumamme**

Lorsque Tu danses, centrée dans le *sahasrara*
(le septième chakra, situé au sommet du crâne)
les *triputis* (la connaissance, le connaissant et l'objet connu)
sont réduits en poudre et Tu barattes l'univers infini
en milliers de voies lactées.

**inningu nāḷeyangu – ninneteṭi**
**sādhakar paññiṭunnu**
**nī kiṭannoṭiṭunnu – turīyavum**
**ārettum ninde kūṭe**

Les chercheurs spirituels courent partout en quête de Toi,
mais Tu gambades au-delà de l'état de *turiya* !

**jyotirmayam anantam – śāntidhāmam**
**ānanda sāgarāntam**
**sachidānandasāndram – jñānaghanam**
**ninde lokam maheśī!**

O Déesse de l'univers ! La lumière éternelle et la paix,
l'océan de béatitude, voilà où Tu demeures !
Tu es *sat-chit-ananda* et Connaissance.

**addivyadyovilettum – ninnoṭoppam**
**ottu nṛttam caviṭṭum**
**om kāḷi bhadrakāḷi japichuñān**
**ninpiḷḷatuḷḷum amme!**

J'accèderai à Ton monde divin et je danserai avec Toi.
Je suis Ton enfant, et je danserai avec Toi en chantant «Om Kali» !

**māyāmayam anityam – duḥkhapradam**
**īlokam veṇḍatāye**
**ā lokam ninde lokam – ettum vare**
**nin nāmam ñān japikkum**

Je ne veux pas de ce monde illusoire et éphémère, rempli de douleur. Tant que je n'aurai pas atteint Ton monde, je chanterai Ton nom divin.

**ā nāmam divyanāmam – japichu ñān**
**bhaktiyil mungum amme**
**śuddha bhaktikku mātram anugraham**
**nalkuken ponnutāye !**

A force de répéter Ton nom divin, je ne serai plus que dévotion !
O ma Mère bien-aimée, accorde-moi cette faveur : la pure dévotion!

**kāli maheśwariye- maha māye**
**śri bhadrakali rudre**
**candi cāmundi durge- kartyāyani**
**kaitozhām ende amme**

O Kali, grande Déesse de ce monde d'illusion, Déesse propice,
épouse de Rudra ! Je Te salue, Toi qui as triomphé
des démons Chanda et Munda, O Mère Durga, Katyayani !
éàmbhavi loka màte éivankari

**śankari śakti rupe**
**kālarātri karāli- kapālini**
**kaitozham ende amme**

Salutations à l'épouse de Shambu (Shiva), la Mère de l'univers,
Celle qui accorde ce qui est bénéfique, la Puissance suprême.
Kalaratri, Toi qui portes une guirlande de crânes, je Te salue !

# KĀLKAḶ NAḌUṄKA (TAMOUL)

**kālkaḷ naḍuṅka dēhaṁ ōyntu oḍuṅkuṁ**
**– nēraṁ ninaivirukkumō**
**jīvan tannai marakkumō**
**atanāl inṭrē nān solli vaittēn**
**namō nārāyaṇā namō nārāyaṇā**
**namō nārāyaṇā**

Aurai-je la force de penser à Toi quand mon corps sera fatigué et que mes jambes flageoleront ? T'oublierai-je alors ?
C'est pourquoi je me hâte de chanter Ton nom aujourd'hui.
Narayana namo narayana...

**manaṁ ōṭuṁ ōṭṭaṁ ninṭru**
**ezhuṁ iṭattil aṭaṅkumō**
**karmmavinai kaṭanpaṭṭu**
**nīnḍa payaṇaṁ toḍarumō**
**kālaṁ muzhutuṁ kūvi azhaikka**
**rōmaṁ kūḍa nāmaṁ solluṁ nārāyaṇā**
**namō nārāyaṇā namō nārāyaṇā**
**namō nārāyaṇā...**

Le mental agité fera-t-il une pause, permettant au Soi de se révéler ?
Le long voyage de l'âme, ployant sous le fardeau des actes passés, continuera-t-il ainsi ?
Si l'on chante toute sa vie le nom du Seigneur, les poils du corps chanteront « Narayana ».

**pērpukazhil mayaṇkiviṭṭāl**
**vasaimozhiyāl taḷarvatuṁ**
**samanilaiyil manaṁ nirutta**
**akattūymai tēvayē**
**āḍippāḍi azhud uruka**
**verumai nīṅkuṁ vāzhvilē nārāyaṇā**

**namō nārāyaṇā namō nārāyaṇā**
**namō nārāyaṇā...**

La gloire t'aveugle, les louanges t'affaiblissent,
tu as besoin de détachement pour garder un mental équanime.
Les yeux pleins de larmes, chante et danse, et les désirs disparaîtront.
Narayana namo narayana...

**seyvatellāṁ tānenḍru**
**jīvan garvvaṁ koḷḷavē**
**kīzhē vizhuṁ pōtutānē**
**dēvan pādaṁ tēḍumē**
**karaṁ pattri karai sēra**
**nāḷuṁ ēṅki solluvōṁ nārāyaṇā**
**namō nārāyaṇā namō nārāyaṇā**
**namō nārāyaṇā...**

L'ego avec fierté proclame que c'est lui qui agit ;
Il lui faudra tomber de haut avant de se mettre en quête
des pieds du Seigneur. Pour traverser l'océan de la transmigration
crions bien fort Son nom : Narayana namo narayana.

# KĀNĀTA MĀJHĒ (MARATHI)

**kānāta mājhē gūjata āhē**
**jay jay viṭhala nāma tujhē**
**manāta mājhyā virājita āhē**
**panḍharī nāthā rūp tujhē**

Ton nom divin, O Vithala, résonne à mes oreilles ;
Ta forme divine brille dans mon cœur.

**Bhaktichyā laharīt vāhūna gēlī**
**jagāchī rūchī mājhyā manī**
**pāuna tujhyā nāmāchē dhana mī**
**jhālō yā jagāta sārvāñ dhanī**

Une vague de dévotion a balayé
en moi tout intérêt pour ce monde.
Ayant obtenu le trésor de Ton nom,
me voilà propriétaire du monde entier.

**Kōṇāśī krōdh karū mī dēvā**
**tuch disē malā sarvāta rē**
**nirmala prēmala kasā mī jhālō**
**tujhyā kṛpē chā chamatkāra rē**

O Seigneur, c'est Toi que je perçois en chacun.
Comment pourrais-je donc me mettre en colère contre qui que ce soit ?
Comment ai-je été purifié, comment la compassion
s'est-elle éveillée en moi ? C'est le miracle de Ta grâce.

# KANDARPPAKŌṬI SUNDARĀ (TELUGU)

**kandarppakōṭi sundarā**
**mandaragiri śūradharā**
**vanamāli nagadharā**
**jagadīśvarā bhavabhayahara kēśavā**

O Dieu à la puissance et à la beauté infinies,
Toi qui as soulevé la montagne Mandhara,
Tu portes une guirlande de fleurs sauvages.
Seigneur du monde, Tu anéantis la peur.

**kēśavā jay mādhavā gōpikā**
**vallabhā madhusūdanā muraharā**

Gloire à Madhava, le Bien-aimé des gopis,
le vainqueur du démon Mura.

**kamalākṣa laṣmīpati**
**vāsudēva nārāyaṇa**
**śrīdharā bhudharā**
**puruṣōttamā karuṇākarā kēśvā**

Dieu aux yeux de lotus, époux de la déesse Lakshmi, Fils de Vasudéva, Seigneur du monde, Tu es le support de Lakshmi et celui de la Terre. O Être suprême, Késhava,
Ton cœur déborde de compassion.

**nanduni varasuta**
**sumanōhara suguṇākarā**
**dvārakā purapālakā**
**puruṣōttamā karuṇākarā kēśavā**

Enfant béni de Nanda, Ta beauté nous fascine,
Incarnation de toutes les vertus, Souverain de Dwaraka,
O Être suprême, Késhava,
Ton cœur déborde de compassion.

**bhadrārchita śrīcaraṇā**
**śaraṇamu sarvēśvarā**
**śamkhacakra maṇidharā**
**puruṣōttamā karuṇākarā kēśvā**

O Seigneur de tout, je m'abandonne à Tes pieds ;
Source de tout ce qui est favorable,
ils protègent ceux qui les vénèrent.
Tu portes le joyau, la conque et le disque.
O Être suprême, Késhava
Ton cœur déborde de compassion !

# KANIVOṬUKĀTTARUḶĪṬAṆAMĒ (MALAYALAM)

**kanivoṭukāttaruḷīṭaṇamē, mama**
**mati kaluṣatakaḷ akattaṇamē**
**aṭimalar tozhutiṭum aṭiyane viravoṭu**
**kaṭa mizhiyāl onnuzhiyaṇamē**

Montre-Toi bienveillante, protège-moi et bénis-moi.
Chasse les impuretés qui souillent mon cœur.
Je me prosterne à Tes pieds, jette sur moi un regard de bonté.

**kadanakkaṭalala nīntivarunnōr -**
**kkabhayam tavatirukazhalaṭikaḷ**
**karuṇayilorutari taraṇē, mama mati**
**timirindhataviṭṭu ṇarviyalān!**

Tes pieds sont le seul refuge de ceux qui se noyent
dans l'océan de la souffrance. Accorde-moi un peu de compassion,
afin que j'échappe aux ténèbres et trouve la lumière.

**itaḷitaḷāyennakamalar viriyum**
**śubhadinam āgatamākaṇamē**
**karaḷalivārnna jaganmayi, tavatiru**
**karalāḷanagati yēkaṇamē!**

Que ce jour soit le jour propice où la fleur de mon cœur s'épanouira !
O Mère du monde, éclaire le chemin qui mène à la béatitude !

# KAṆṆANDE MĀRILE (MALAYALAM)

**kaṇṇande mārile vanamālayākuvān**
**kaṇṇande kālil poncilambukaḷākuvān**
**kaṇṇande kaiyile muraḷikayākuvān**
**kaṇṇande puñciri pālnukarnnīṭuvān**
**entu ñān ceyyeṇṭū?**
**entu ñān ceyyeṇṭū?**

Comment faire ? Comment faire ? Comment devenir
la guirlande de fleurs sauvages qui orne la poitrine de Krishna ?
Comment devenir les bracelets de cheville qui tintinnabulent
aux pieds de Krishna ? Comment devenir la flûte que tient Krishna ?
Comment savourer le nectar du sourire de Krishna ?

**kaṇṇande pāṭṭukaḷ pāṭi naṭakkuvān**
**kaṇṇande pāṭṭinu tāḷamiṭṭāṭuvān**
**entu ñān ceyyēṇṭū?**
**entu ñān ceyyēṇṭū?**

Comment faire ? Comment faire ? Comment m'oublier
en chantant la gloire de Krishna ? Comment danser
au rythme de la musique de Krishna ?

**ennumennum ende kaṇṇanāyīṭuvān**
**ennile ninne ñān ennum ariyuvān**
**entu ñān ceyyēṇṭū**
**entu ñān ceyyēṇṭū**

Comment faire ? Comment faire ? Comment me fondre en Krishna pour l'éternité, Le réaliser, Le voir constamment avec l'œil intérieur ?

**kaṇṇane ennennum kaṇḍurasikkuvān**
**kaṇṇande cintakaḷ mātramāyīṭuvān**
**entu ñān ceyyēṇṭū...**
**entu ñān ceyyēṇṭū...**

Comment faire ? Comment faire ? Comment visualiser sans cesse Sa forme magnifique et demeurer plongé dans Sa béatitude, mes pensées dirigées vers Lui et vibrant comme des mantras sacrés ?

# KAṆṆE IMAI KĀPPATUPŌL (TAMOUL)

**kaṇṇe imai kāppatupōl**
**maṇṇe maram kāppatupōl**
**nammeyellām kāttiṭuvāy - māriyamma**
**nam kavalaiyellām pōkkiḍuvāḷ māriyamma**

Comme les paupières protègent les yeux
et la terre l'arbre, protège-nous, Mariamma !
Balaye tous nos chagrins !

**kaṇṇukkūḷḷē kaṇṇāga**
**neṇcukkuḷḷē neṇcāga**
**uḷḷukkuḷḷē uraintiḍuvāḷ māriyamma - itai**
**uṇarumbōtu veḷippaḍuvāḷ - māriyamma**

Mariamma demeure en moi, Elle est l'Œil de l'œil,
le Cœur du cœur ! Quand je saisirai cette vérité,
Mariamma se révèlera à moi !

**tan nalattai marantuviṭṭu**
**dharaṇikkāga vāzhukindra**
**ponmanattai virūmbiḍuvāḷ māriyammā - atai**
**pūvaipōla cūṭiḍuvāḷ - māriyamma**

Elle aime le cœur de ceux qui s'oublient
et vivent pour les autres ; ce sont les fleurs
dont Elle aime se parer.

**tannaippola aḍuttavarai**
**kāṇamuyalum manitarūkku**
**tattuvamāy viḷankiḍuvāḷ māriyamma - parama**
**sattiyattai uṇarttiṭuvāḷ – māriyamma**

A ceux qui s'efforcent de considérer les autres comme eux-mêmes,
Elle apparaît comme l'Essence de la Vérité et les éveille à Cela.

## KAṆṆILENKILUM (TELUGU)

**kaṇṇulu lēkanē hṛdaya kaṇṇula**
**kṛṣṇuni nē nēdu chūsē**
**ā rādhāramaṇunē chūsē**
**ā rādhāramaṇunē chūsē**

Aujourd'hui, j'ai vu mon Krishna adoré,
le Bien-aimé de Radha ; ce n'était pas avec mes yeux
de chair mais avec l'œil intérieur !

**saṅkalpachōruni**
**saundaryarūpini**
**sangītakāruni chūsē**
**nā sāyujya nāthanē chūsē**

J'ai vu Celui qui dérobe les cœurs, la Beauté incarnée,
le divin Musicien. J'ai vu le Seigneur de l'état d'Unité.

**nīlakkaṭal varṇṇam unnadō vānikki**
**talapai piñchamē unnadō**
**muraligāna nādamu nanduna**
**mōhanarupuni chūsē**

Avait-Il la couleur bleue de l'océan ? Ses cheveux bouclés étaient-ils ornés d'une plume de paon ? Je ne saurais le dire, mais grâce au son de sa flûte, j'ai perçu sa forme gracieuse.

# KAṆṆIMAYKĀTE (MALAYALAM)

**Kaṇṇimaykāte annum**
**kālocha yōrttu rādha**
**kaṇṇane kānanattil**
**kāttirunnu**

Radha guettait la venue de Krishna dans la forêt.
Pas une seconde elle ne fermait les yeux,
Pas une seconde elle ne se laissait distraire :
Elle était à l'affût des moindres pas de Krishna.

**Ētō viṣāda maunam**
**kallichurañña pōle**
**tāraka kaṇmalarum**
**vāṭininnu (2x)**

Las, les yeux de Radha, pareils à deux étoiles,
comme des fleurs fanées ont perdu leur éclat.
Le silence s'est installé, triste et pesant comme une pierre.

**Kaṇṇan varāññatōrtta**
**tiṇṇam piṭaññu rādha**
**tīkanalāzhiyil kāl**
**āzhnnapōle (2x)**

Imaginant que Krishna ne viendrait peut-être pas,
Radha souffrit le martyre, comme si ses pieds
avaient plongé dans une mer de feu.

**Ārōvarunna pōle**
**dūre nizhalanakam**
**rādha piṭaññeṇīttu**
**pāravaśyam (2x)**

Au loin, une ombre bougea.
Quelqu'un approchait-il? Radha
se leva d'un bond, le cœur brûlant.

**Pēlavāmgam tarichu**
**pīlinētram mizhichu**
**śvāsatālam nilachu**
**nōkininnu (2x)**

Comme elle regardait au loin,
son souffle se fit plus rapide et ses yeux,
ces deux plumes de paon, s'écarquillèrent.
Son corps si tendre se raidit.

**Kālchilambocha kēlke**
**kāttētta pūvupōle**
**ātma harṣōn mādattā**
**lāṭi rādha (2x)**

Entendant le doux son de bracelets de cheville,
submergée de béatitude, elle dansa,
telle une fleur balancée par la brise.

**Rādhē varū vari ken –**
**ētō svarānu bhūti**
**pūntēnurava pōle**
**vārnnozhuki (2x)**

Elle entendit un appel :
« O Radha, approche! ».
Il semblait émaner d'une rivière de nectar.

# KAṆṆIRĀL KAṆṆĀ (MALAYALAM)

**kaṇṇirāl kaṇṇā ! kalarnnuninnīṭunno-**
**rōrmmakaḷ ninne valamvechozhuki**
**allum pakalum paravaśamākkume-**
**nnuḷḷam nirāśayilāzhān viṭolle**

Mêlé à mes larmes, O Kanna, Ton souvenir coule
constamment dans mon cœur et m'étourdit jour et nuit.
Ne permets pas que je me noie dans le désespoir !

**nī marannīṭilum ñān marannīṭumō**
**ī muḷantaṇḍindeyīṇam**
**kāvalāyeppōzhum ñānirunnīṭumboḷ**
**dūrasthanallennu tōnnum – kaṇṇan**
**bāhyasthanallennu tonnum**

Même si Tu oubliais, oublierai-je jamais
le son de cette flûte ? Kanna !
Il semble que Tu n'es pas loin.
Tu ne parais pas étranger.

**entō marannuvechennapolannu nī**
**cintichu mandam kaṭannupoyi**
**prāṇanō? pāzhmuḷantaṇḍō ? maravicha**
**cintayil cāri ñān ninnupōyi**

Lentement, Tu T'es éloigné,
comme si Tu oubliais quelque chose.
Etait-ce le souffle de ma vie ?
Etait-ce la flûte de bambou ?
Je suis resté là, pétrifié.

**annutoṭṭinnōḷam kaṇṇan kaḷavēṇu**
**ūtiyiṭṭillennu kēṭṭu**
**enkilum kēḷkkāmenikkā manōjñāmam**
**sangītadhārayonninnum**

On dit que depuis ce jour, Kanna n'a pas joué de Sa flûte
et pourtant, sa musique résonne toujours en moi.

# KARAYALLĒ PAITALE (MALAYALAM)

**karayallē paitalē karayallē paitalē**
**tārāṭṭu pāṭuvān ammayillē**
**sandigdham mākumen antarāḷattilum**
**sangītamēkuvān ammayillē ammayillē**

Ne pleure pas, mon petit, ne pleure pas.
Mère est là pour te chanter une berceuse, n'est-ce pas ?
Dans mon esprit plein de confusion,
Mère n'est-Elle pas venue mettre l'harmonie de la musique ?

**nanayallē mizhikaḷe nanayallē mizhikaḷe**
**kaṇṇīr tuṭaykkuvān ammayillē**
**śōkamī jīvita pātayilennennum**
**āśvāsamēkuvān ammayillē ammayillē**

Ne pleurez pas, mes yeux,
Mère n'est-Elle pas là pour sécher vos larmes ?
Sur le chemin douloureux de la vie,
n'est-Elle pas toujours là pour vous consoler ?

**taḷaralē paitalē taḷaralē paitalē**
**kūṭe naṭakkuvān ammayillē**
**iṭarunna jīvitapātayilennennum**
**vazhikāṭṭiyākuvān ammayillē ammayillē**

Ne te fatigue pas, petit, ne te lasse pas.
Mère ne marche-t-Elle pas à tes côtés ?
Sur le chemin fluctuant de la vie,
Mère n'est-Elle pas là pour te montrer la voie ?

# KARAYĀTTA KAṆṆANIN (MALAYALAM)

**kaṇṇā... kaṇṇā... kaṇṇā...**
**karayātta kaṇṇaninnentē – en**
**karayunna kaṇṇinōṭiṣṭam**
**kadanaṅaḷillātta kaṇṇā – enne**
**karayikkum virahamakattū kaṇṇā...**

O Krishna, Toi qui jamais ne pleures, pourquoi aimes-Tu tant me voir verser des larmes ? O Krishna,
Toi que la souffrance n'affecte pas, daigne mettre fin à la séparation qui me fait pleurer.

**puzhayōḷam mizhinīrozhukkī - ñān**
**tuzhayunnu virahattin tōṇi**
**azhal kāttil en nauka kaṇṇā**
**cuzhiyil peṭṭāzhnnu pōkunnu**
**kaṇṇā...**

Ce flot de larmes coule comme une rivière où je rame
dans le bateau de la séparation. O Krishna !
En proie aux vents du chagrin, ma barque est prise dans un tourbillon, elle est sur le point de couler.

**kozhiyunnen prēmaprasūnam**
**azhiyunnu tazhukalillāte**
**puzhuvinnirayākum munnē – nī**
**tazhukiyaṇarttīṭū kaṇṇā...**

Si Tu ne me prends pas dans Tes bras, mon amour risque de s'éteindre et de disparaître. Avant que je ne devienne la proie des vers, viens m'étreindre et me sauver, O Krishna !

## KARM KI NADIYĀ (HINDI)

**karm ki nadiyā bahati jāyē**
**karm ki nadiyā bahati jāyē**

La rivière de la destinée coule, sans interruption.

**kōyi iski gati nahi jānē**
**kōyi na iskā sat pahcānē**
**kōn himālaya janmē iskō**
**kis sāgar mē khul mil jāyē**

Nul ne connaît son état ni sa vérité.
Dans quel Himalaya prend-elle sa source ?
Dans quel océan se jette-t-elle ?
Nul ne le sait.

**ujlē mēlē sab jal ismē**
**tṛpti ismē sab chal ismē**
**kōyi pīvē ghātak viṣ hi**
**kōyi amrit ras hi pāvē**

Propres ou sales, les eaux se fondent en elle.
On y trouve à la fois le contentement et l'insatisfaction.
Certains y boivent du poison, d'autres du nectar.

**karmaṇ bhōgi sab kā man hi**
**naṣṭh na hōtā kōyi kaṇ bhi**
**kāl anantā kī ghaṭhiyō mē**
**ik tan āyē ik tan jāyē**

L'esprit humain savoure les plaisirs des sens.
Il se préoccupe constamment de satisfaire ses désirs égoïstes.
En conséquence, le cycle des naissances et des morts se poursuit.
L'âme quitte un corps pour en prendre un autre,
sans jamais trouver le salut.

**tam mē ḍūbē yugal kinārē**
**sīmit jin mē sukh dukh sārē**
**kōyi mar kar lauṭ na pāyā**
**jō kōyi ākar bēdh batāyē**

Les êtres humains sont plongés dans les ténèbres.
Plaisirs et douleurs, ils ne connaissent rien d'autre.
Une fois qu'ils ont quitté ce monde,
ils ne reviennent pas partager la souffrance d'autrui.

# KARUMAIYILĒ (TAMOUL)

**karumaiyilē putumai kaṇṭēn kāḷī - untan**
**kaṇkaḷilē kanivu kaṇṭēn dēvī**
**perumaiyinai pāṭiṭavē kāḷī - sollin**
**varumaiyilē vāṭi ninṭrēn dēvī**
**kāḷiyamma... durgā dēviyamma...**

O Kali ! Dans la noirceur de Ton teint, j'ai vu ce qui est neuf.
Dans Tes yeux, j'ai vu la compassion.
O Dévi, je n'ai pas de mots pour décrire Ta grandeur.
O Mère Kali, divine Mère Durga….

**karuvaraiyil unaturuvam kaṇṭēn - daiva**
**tiruvazhakil manamuruki ninṭrēn**
**varuvatōṭ cenṭrarellām nīnki - nikazhum**
**oru gaṇattil vāzhum pēr koṇṭēn**
**kāḷiyamma... durgā dēviyamma...**

Je suis venu dans le sanctuaire
Et Ta beauté a fait fondre mon cœur.
Délaissant le passé et le futur,
j'ai le bonheur de vivre dans le présent.
O Mère Kali, divine Mère Durga....

**irumaiyilē kāṇumpōt nānum - untan**
**aṭimai enṭrē perumaiyōṭ vāzhvēn**
**orumaiyilē onṭrum pōt nāmum - āzha**
**kaṭalum atan alaiyum pōla vanṭrō**
**kāḷiyamma... durgā deviyamma...**

Considérant le monde sous l'aspect de la dualité
je deviendrai Ton esclave.
Regardant le monde sous l'aspect de l'Absolu non-duel,
comme la vague et l'océan ne font qu'un, serai-je uni à Toi ?
O Mère Kali, divine Mère Durga....

# KARUṆĀSĀGARĀ (TAMOUL)

**karuṇāsāgarā śrīrāmā**
**pāvananāma param dhāma**
**śrīrāmā enkaḷ rājā rāmā**
**mohana rāmā raghurāmā**

Océan de compassion, Sri Rama, nom pur, demeure suprême...
Sri Rama, Rama notre roi, magnifique Rama, membre du clan des Raghus !

**uḷḷam uruki uṇarvin uṇarvai**
**uḷḷattil uṇara vaippāyo**
**veḷḷam pōndra unatanpil**
**vēṇḍi uraiya vaippāyo**

Feras-Tu fondre mon cœur ? Tu es plus près de moi
que mon souffle.Me permettras-Tu d'en prendre conscience ?
Ton amour est pure douceur. Fais-moi connaître cette douceur.

**kāṇum kāṭci kānal nīr ena**
**karuttinil uṇara vaippāyo**
**niraimatiyāy en uḷḷam atil**
**oḷiyin uruvāy oḷirvāyo**

Tout ce que je vois n'est qu'un mirage…
M'ouvriras-Tu les yeux ? Viendras-Tu briller
dans mon cœur avec l'éclat de la pleine lune ?

**rāmā śrīrāmā rāmā param dhāmā**
**rāmā raghurāmā rāmā jayarāmā**

O Seigneur Rama, Demeure suprême ! Gloire à Toi, O Rama !

# KĀRUṆYAMŪRTTĒ (TULU)

**kāruṇyamūrttē śyāmaḷavarṇṇā**
**kaṇṇu bulālē kṛṣṇā...**
**dukhu nivāraṇe malpināratte**
**kaṣṭṭōlenu pōppāle... īrenna**

Incarnation de la compassion, Krishna au teint sombre,
daigne ouvrir les yeux. N'es-Tu pas Celui qui détruit
la douleur ? Alors délivre-moi de ma souffrance !

**lōkōgu āsare īre**
**kentāvare kṛṣṇa maṇivarṇṇā**
**nityōda pūjegu puṣpōle enna**
**kaṇṇunīrāṇḍu kṛṣṇa...**

En ce monde, Tu es le refuge, Toi dont les yeux sont pareils aux pétales du lotus rouge, Krishna si lumineux. Je T'adorerai éternellement avec les fleurs de mes larmes, O Krishna.

**iruḷoḍu baḷaḷontu/ḷḷeyān**
**mānasamōhana gōpāla**
**īrēḷu lōkada ōṭaya śrīdharā**
**kaṇṇu bulālē kṛṣṇa...**
**tāpanivārisale**

O Gopala, j'erre dans les ténèbres. Toi qui enchantes
les cœurs et emplis les quatorze mondes, O Sridhara,
ouvre les yeux, délivre-moi de ma douleur.

## KAZHALIṆA (MALAYALAM)

**kazhaliṇayil ittiriyiṭam taraṇam ammē**
**kaṭa-mizhikaḷālonnu tazhukēṇam enne**
**kazhivillayivan-ennu nīyariyumallō?**
**azhal-akhilamuṭanē akattīṭukillē?**

Daigne m'accorder une petite place à Tes pieds.
Caresse-moi d'un regard.
Tu sais que je n'ai aucun talent.
Viendras-Tu mettre fin à mes chagrins ?

**amṛt-ozhukumamara-nadi pōle nī pāril**
**kaluṣatakaḷ nīkkiyazhak-eṇgum nirakke**
**'aha' miti-vicāramalinam mama hṛdantam**
**oru pozhutu karuṇa-jala-dhārayāl kazhukū!**

Telle une rivière de nectar qui traverse le monde entier,
écartant toute souffrance, Tu donnes à tout l'éclat de la beauté.
L'ego rend mon mental boueux, daigne me purifier
en y versant l'eau de Ta compassion.

**suratarusamānam bhajippavarkkennum**
**abhilaṣitam-akhilavumaṇakkunna tāyē**
**arutarutu tāmasam mama hṛdi vasikkān**
**pada-kamala-mūnniyoru mṛdunaṭanamāṭān**

Pour ceux qui T'adressent leurs prières,
Tu es l'arbre céleste (*kalpataru*)
O Mère qui exauce tous les souhaits,
viens sans tarder habiter mon cœur
pour qu'y dansent Tes doux pieds de lotus.

**anunimiṣam amba! nin varavu-kāttakamē**
**niradīpamēnti ñān nilkkunnu nityam**
**etirēttu ninneyennakamēyiruttān**
**kotiyōṭe ñān kāttirappatariyillē?**

A chaque instant, ma lampe allumée,
je T'attends. Ignores-Tu que je languis
de T'accueillir dans mon cœur,
pour qu'il devienne Ta demeure ?

**anukambayārnnende abhilāṣamippōḷ**
**niravētti niravenikkēku! jagadambē**
**jani-mṛtiyil-uzhalamī jīvan-aviṭutte**
**smṛtiyilaliyaṭṭe, amṛtāmbudhiyatallō!**

Dans Ta compassion, daigne exaucer ce désir.
O Mère ! Cette vie d'errance dans le cycle des naissances et des morts,
fais qu'elle cesse et trouve le repos dans le souvenir de Toi.
N'est-ce pas l'océan d'ambroisie ?

# KĒVĀ BHĀVAMĀ (GUJARATI)

**Kēvā bhāvamā mā tū āvē**
**kyā rūpa mā tū āvē**
**jyārē jyārē tanē pōkārū**
**tū mārī sāthē nē sāthē**

O Mère, Tu m'apparais toute joyeuse.
Combien de formes différentes ma Mère peut-Elle revêtir ?
Chaque fois que je T'appelle, O Mère, je constate que Tu es près de moi.

**Hū jō visārū mā**
**tū manē nā visārē**
**sukh mā hū tānē bhūlū chattā**
**dukh mā tū mārī pāsē**

Même si je venais à T'oublier,
je sais que jamais Tu ne m'oublieras.
Si dans le bonheur je T'oublie,
Tu seras près de moi dans le malheur.

**Man mā rahē tārō vās**
**vinatī mārī sūnō āj**
**bhūl hū karū jyārē kōyī**
**ṭōkajē tū man tyārē**

Daigne exaucer ma requête et venir demeurer dans mon cœur.
Dès que je commets une erreur, O Mère, montre-le moi.

# KHŌL DARVĀSSĀ (PUNJABI)

**khōl darvāssā śērā vāliyēnī**
**mahā ṛānīyēnī - dē darśanjvālā**
**kardē pagat pukār japaṇ tērē nāṁ – dī mālā**
**khōl darvāsā śērāvāliyē ...**

O Dévi, Toi qui chevauches un lion, O grande Reine,
daigne ouvrir la porte de Ton temple ! Nous T'appelons,
nous Tes dévots, nous chantons sans cesse Ton nom.
O Mère, daigne ouvrir la porte !

**dvārē tērēnī maiyā sangatā he āyiyānī ambē**
**sangtā he āyiyā**
**tērē pahāḍādiyā caḍhkē caḍhāyiyānī ambē**
**caḍhkē caḍhāyiyā**
**pēṭhā lēyāyē tērē dvār mā**
**dēdī dār mā mē ōganhārī**
**dar tērē āḍiggīmē pāpanhārī**

O Mère, tous les dévots sont venus à Ta porte.
Nous avons gravi la montagne pour T'apporter nos offrandes.
O Mère, nous venons à Toi, implorant Ta grâce ;
daigne accepter nos offrandes !

**tērī gūphādī maiyā śān nirālīnī ambē**
**śān nirālī**
**sidd vicch vassēsūyē cōlēyā vālīnī ambē**
**cōlēyā vālī**
**hōkē simh savār mā –**
**dēdī dār mā – assī bacchḍē tērē**
**pāvēha pūt – kapūtā tē tērē**

O Mère, Tu demeures dans une grotte splendide, Tu accordes des faveurs à tous Tes dévots. O Mère, accorde-nous Ta vision, Toi dont la monture est un lion.
Nous sommes à Ta porte et attendons Ton darshan.
Nobles ou pécheurs, Tu acceptes tous ceux qui implorent Ta grâce, sans jamais renvoyer personne.

**dvāre tērē jēḍā āyā savālīnī ambē**
**āyā savālī**
**mangiyā murādā pāvē jāyē nā khālīnī ambē**
**jāyē nā khālī**
**sadāravā tērē nāl mā -**
**ehō ās mā - tērē gun gāvā mē**
**tērē sōnē darbārttē mē āvā**

Je suis arrivé à Ton temple doré. O Mère, mon seul désir est d'être avec Toi et de chanter Ta gloire à chaque instant.

**jay mātā dī jay mātā dī**

Puisse-je toujours chanter : « Gloire à la Mère divine ! »

# KISKĪ KHŌJ (HINDI)

**kiskī khōj mē tu bandē**
**dinrāt hai bētāb**
**chain jō ḍhunḍe jag mē tu**
**vō andar tērē vās**

O Homme, qui cherches-tu ainsi nuit et jour ?
La paix que tu cherches réside déjà dans ton cœur.

**mīn ramē jō sāgar mē**
**gar lāgē uskō pyās**
**tērī daśā bhī bhinn nahī**
**rang nahī tu hē rājā**

O Homme, tu n'es pas un mendiant, tu es un roi !
Tu es comme un poisson qui, entouré d'eau, meurt de soif.

**sant mahān jitnē āyē**
**ānand kā mārgg batāyē**
**mōh rāg kō kār dē tyāg**
**karnā prabhu sē anurāg**

Bien des êtres réalisés sont venus montrer le chemin
qui mène à la joie et au bonheur.
Abandonne désirs et attachements, lie-toi au Seigneur.

**jāgŚ jāg tu nidrā sē**
**lakśya kō kar sākār**
**mānava janma pānē kā avasar**
**āyē na bār bār**

O Homme, réveille-toi, réveille-toi de ton profond sommeil !
Vise le but de la vie et atteins-le.
Rare est la chance d'obtenir une incarnation humaine !

# KŌTHĀ TUMĪ JONANĪ (BENGALI)

**kōthā tumī jonanī**
**jonanī jonanī**
**etō ḍāki tobū dāo nā śāṭā**
**kōthā tumī jonanī...**

Mère, où es-Tu ? O Mère, O Mère !
J'ai beau T'appeler, Tu ne réponds pas !

**kāḷi mā kāḷi mā kāḷi mā**
**kāḷi mā kāḷi mā kāḷi mā kaḷi mā**

O Mère Kali, Mère Kali !

**phiriteci anāthe jībono pothē**
**jago jononīr cēle pather dhulātē**
**kimono mā ēr jigāśe śobē**
**bolō magōkī uttare dēbē**

J'erre comme un orphelin sur le chemin de la vie, enfant de la Mère universelle sur les routes poussiéreuses. Les gens s'interrogent : «Mais qui donc est sa mère ?» Dis-moi, Mère, que leur répondras-Tu ?

**harānō sṛti poṭe jē monē**
**chilāma tobkōlē kōno jonomē**

Je garde le souvenir d'avoir été dans Tes bras dans une autre vie.

**dayō karō tumī karuṇa pāthār**
**kōlē nāvo tūlē jonani āmār**
**snēha śuddha śikt karō tumi mōre**
**bēddhē rākhō mōrētobo bāhuḍōre**

Océan de compassion, montre-Toi miséricordieuse ! O ma Mère, prends-moi sur Tes genoux ! Entoure-moi de Ton amour maternel et garde-moi dans Tes bras !

# KṚṢṆA GŌVINDA GŌPĀLA RĀM HARĪ NĀM GĀVŌ (HINDI)

**kṛṣṇa gōvinda gōpāla rām harī nām gāvō**
**gōpāla nāchō nāchō hamrē sang**

Chantez les noms du Seigneur...Krishna, Govinda, Gopala, Ram, Hari ! O Krishna, s'il Te plaît, danse avec nous !

**ānā kānhā tū hamrē pās**
**nāch nachyyō tū hamrē sāth**
**tērī muralī kē gān sang nāch karē**
**nāch nāch kē sāth gān karē**
**kānhā ō ... kṛṣṇa gōvinda ...**

Viens et danse avec nous, Krishna ! Nous dansons sur la musique de Ta flûte. Nous dansons et chantons avec Toi ! Krishna, O Krishna !

**sundar sundar tū kitnā sundar**
**mana mōhan tū dil kē andar**
**tērī mahimā hē sabsē pār**
**tērī līlā hē sabsē dhār**

O que Tu es beau ! Tu nous fascines ! Ta gloire transcende tout ! Incomparables sont Tes jeux divins!

# KṚṢṆĀ NINNĀ BĀLA LĪLE (KANNADA)

**kṛṣṇa... nanna kṛṣṇā...!**
**bālakṛṣṇa bāla kṛṣṇā!**

O Krishna, mon Krishna, O petit Krishna !

**kṛṣṇā ninnā bāla līle**
**kaṇṇi geṣṭānanda**
**ninna jōḍi āṭuvudēnō**
**ānanda apāra**

O Krishna, que Tes jeux d'enfant sont plaisants à voir ! Jouer avec Toi me procure une joie immense.

**kṛṣṇā bālakṛṣṇā**
**nīla kṛṣṇā nanna kṛṣṇā**

O Krishna, O petit Krishna, O Krishna au teint bleu, O mon Krishna !

**nīli tāvare mogadali miñcide**
**beṇṇe kaḷḷana nōṭṭa**
**edeyali eddide prēma pūra**
**hebbale ārbhaṭā**

Les regards du petit voleur de beurre, comme des éclairs, illuminent
Son visage de lotus bleu. Un flot d'amour jaillit dans mon cœur en vagues immenses qui grondent.

**giridhara ninna kiruberaḷāṭa**
**muraḷī gānavō**
**munkurulāṭa gōpiraka hṛdayadī**
**prēma sañcārā**

O Toi qui a soulevé la montagne (sur Ton petit doigt),
Le jeu de Ton petit doigt fait surgir des mélodies sur la flûte.
Le mouvement de Tes boucles fait vibrer d'amour le cœur des gopis.

**kinkiṇi kilikili nūpura jaṇajaṇa**
**sṛṣṭi spandanā**
**muttina adhara sparśadi nīṭu**
**viśvadarśanā**

Les clochettes qui ornent Ta ceinture et Tes bracelets de cheville sont en vérité les vibrations de la création.
D'un baiser, par le contact de Tes lèvres,
accorde-moi la vision universelle.

# KṢAMĀ PRĀRTHANĀ (SANSCRIT)

Imploration pour le pardon

**aparādha sahasrāṇi kriyante harniśaṁ mayā**
**dāso-yamiti māṁ matvā kṣamasva parameśvari**

O Déesse suprême, je commets continuellement des milliers d'erreurs ; daigne comprendre que je m'efforce simplement de Te servir et pardonne toutes mes fautes.

**āvāhanaṁ na jānāmi na jānāmi visarjanam**
**pūjāṁ caiva na jānāmi kṣamyatāṁ parameśvari**

J'ignore comment T'accueillir, comment prendre congé de Toi. J'ignore comment T'adorer. O Déesse suprême, daigne me pardonner.

**mantrahīnaṁ kriyāhīnaṁ bhaktihīnaṁ sureśvari**
**yatpūjitaṁ mayā devi paripūrṇaṁ tadastu me**

O Sureshvari, j'ignore tout des mantras ou de la conduit juste ; je n'ai aucune dévotion. Mais, O ma Déesse, daigne accepter mon adoration et la rendre parfaite.

**aparādhaśataṁ kṛtvā jagadambeti coccaret**
**yāṁ gatiṁ samavāpnoti na tāṁ brahmādayaḥ surāḥ**

Un homme a beau commettre des centaines d'erreurs, s'il appelle la Mère de cet univers visible, ni Brahma (le Créateur) ni les autres dieux ne peuvent atteindre le niveau de conscience auquel il est élevé.

**sāparādho-smi śaraṇaṁ prāptastvāṁ jagadambike**
**idānīmanukampyo-haṁ yathecchasi tathā kuru**

O Mère de l'univers, j'ai commis bien des erreurs et je prends refuge en Toi. Je mérite Ta compassion. Agis donc à Ton gré.

**ajñānādvismṛter bhrāntyā yannyūnamadhikaṁ kṛtam**
**tat sarvaṁ kṣamyatāṁ devi prasīda parameśvari**

O Déesse, daigne pardonner tout ce qui a été accompli par ignorance, dans l'oubli ou dans la confusion. O surpême Déesse, montre-Toi miséricordieuse !

**kāmeśvari jaganmātaḥ saccidānandavigrahe**
**gṛhāṇārcāmimāṁ prītyā prasīda parameśvari**

O Kameshvari (Souveraine du désir) Mère de l'univers, Incarnation de sat-cit-ananda 'Être-Conscience-Béatitude), daigne accepter cette offrande faite avec amour et en être satisfaite.

**guhyātiguhyagoptrī tvaṁ gṛhāṇāsmatkṛtaṁ japam**
**siddhir bhavatu me devi tvat prasādāt sureśvari**

O Déesse, Gardienne des secrets mystiques les plus profonds, daigne accepter l'offrande de ces versets et m'accorder d'atteindre la perfection.

# KURIYANI KAṆṆĪRU (TELUGU)

**kuriyani kaṇṇīru pannīrugā tallī**
**nī pāda padmamula śaraṇupondi**

Puissent mes larmes couler comme une eau parfumée
Et trouver refuge à Tes pieds de lotus.

**viriyani ārtthine virimālagā māri**
**nī charaṇayugalipai paravasiñchi**

Puissent mes désirs insatisfaits s'épanouir
en guirlandes de fleurs à Tes pieds de lotus.

**palukani pilupune praṇava nādamu rīti**
**nī laḷita padamulanu yadanu nilipi**

Puissent les paroles que je n'ai pas prononcées résonner comme le Om et installer Tes pieds de lotus dans mon cœur.

**karugani ahamune karppūrahāratai**
**nī amṛta mūrttini hṛdini kolichi**

Puisse mon ego brûler comme du camphre
offert en adoration de Ta forme divine dans mon cœur.

**panḍanī nā bratuku gunḍelōtula nīvu**
**kōṭi sūryula prabhala koluvu tīri**

Puisse ma vie s'épanouir : que Ta forme brille
au fond de mon cœur avec l'éclat de milliers de soleils.

# KURUMBUKKĀRA (TAMOUL)

**kurumbukkāra kaṇṇan līlai kēṭka kēṭka inikkumē**
**karumbu pōla inikkum atai ninaikka uḷḷam makizhumē**
**arumai mukham kāṇachentrāl kaṭamaikkuppō embān**
**kaṭamayilē mūzhkiviṭṭāl marandanaiyō embān**
**kurumbukkārā.**

O espiègle petit Kanna, le récit de Ton jeu divin m'apporte de plus en plus de joie.
En méditant sur Ton jeu divin, aussi délicieux que la canne à sucre, mon cœur se réjouit.
Quand nous nous approchons pour contempler Son beau visage, Il nous renvoie à nos devoirs.
Quand nous sommes absorbés dans notre travail, Il déclare que nous L'avons oublié. O petit espiègle…

**toṭṭuppēsa oṭṭinintrāl taṭṭiviṭṭu selvān**
**eṭṭanirkkum gōpiyarai kiṭṭacenṭraṇaippān**
**maṭṭam taṭṭi piraretiril kēli seytu makizhvān**
**tiṭṭam pōṭṭu namataiyellām tiruṭichenṭru maraivān**
**tiruṭichenṭru maraivān**

Si nous restons à Ses côtés, Il nous repousse,
Il va trouver la gopi qui est loin de Lui et l'étreint.
Il adore nous taquiner ; ce qui nous appartient,
Il ruse pour nous le dérober, puis Il va se cacher.

**tanakketuvum teriyātena mandiram pōl solvān**
**vāyu tirandāl aṇḍāmellām namakkutteriya seyvān**
**tanakketuvum vēṇḍāmena eppozhutum solvān**
**uṭal poruḷōṭāviyellām sontamākki koḷvān**
**sontamākki koḷvān**

Il répète qu'Il ne sait rien, mais quand Il ouvre la bouche,
Il nous révèle l'univers entier. Il déclare qu'Il n'a besoin de rien,
mais Il nous charme et nous captive cœurs et âmes.
gòpiyarin mannavanai gòpàlabàla

**rādhaikkoru mādhavanē rādhāvilōlā**

O petit vacher, Seigneur des gopis ;
O Bien-aimé de Radha, sa joie et son ravissement.

# LĪLĀ ADDHUTA DIVYA CHARITA TAVA (MARATHI)

**līlā addhuta divya charita tava**
**pāhūnī hī vṛttī ramalī**
**ambikē śaraṇ mī padayūgalī (2)**

Merveilleux est Ton jeu divin. En contemplant
Ta vie divine, les modifications du mental cessent.
O Mère divine, nous prenons refuge à Tes pieds de lotus.

**bhav sāgar yā buḍatā būḍatā**
**sāvariḷē tū dharūnī hātā**
**kṛtañja tēchē āsū jharatī**
**hōtā tava bhēṭī hōtā tava bhēṭī**
**ōmātā hōtā tava bhēṭī**

Je me noyais dans l'océan du *samsara* (cycle des naissances et des morts)
quand Tu m'as sauvé, me prenant par la main ;
lorsque je T'ai rencontrée, j'ai versé des larmes de gratitude.

**ēka māgaṇē ambē ātā**
**antim kṣaṇi tū adharī vastā**
**kṛtārtha hōyil jīvana mājhē**
**asatā tū zhavaḷī asatā tū zhavaḷī**
**ōmātā asatā tū zhavaḷī**

O Mère, accorde-moi une faveur. Puisse Ton nom sacré
demeurer toujours sur mes lèvres, jusqu'à mon dernier souffle.
Si Tu m'accompagnes à cet instant, ma vie sera bénie.

# MĀ ILAVĒLUPU (TELUGU)

**mā ilavēlupu nīvē kadammā**
**karuṇatō mammū kāpāḍammā**

Tu es la divinité que vénère notre famille ; O Mère,
dans Ta compassion, protège-nous !

**nī ārādhana vidhamē telipi**
**mā pūjalanē saphalamu cēsi**
**nī sannidhinē niratamu nilipi**
**mā manasulanē bāguga cēsina**

Tu nous enseignes comment T'adorer ; exauce nos prières !
Rends Ta présence ici éternelle, rends nos cœurs purs.

**ammā varadāyinī bhakta paripālini**
**janma phaladāyinī jaya bhavatārini**

O Mère, Tu accordes des faveurs aux dévots, Tu les protèges !
Tu leur accordes le fruit de la vie et Tu leur fais traverser l'océan du *samsara* !

**nī kanusannala nīḍana bratukē**
**hāyigā ōlalē āḍutu sāgē**
**nī padamulanē cittamunantu**
**talacēnu kolicēnu ēnāṭiki**

A l'ombre de Ton regard aimant,
la vie passe dans le bonheur, comme un jeu.
Nous pensons à Toi et nous adorons à jamaisTes pieds sacrés.

# MĀ JAY JAY MĀ (HINDI)

**mā... jay mā... jay jay mā...**
**jay jay mā...**
**jay jay mā...**
**jay mā... jay mā...**

Gloire à Mère !

**mā darśan dē**
**tū he jagadīśvarī**
**mamatāmayi paramēśvarī**

Accorde-moi To darshan, O Mère de l'univers,
Déesse suprême et compatissante !

**hṛdayēśvarī tū he bhayahāriṇī**
**varadāyinī bhavatāriṇī**

Tu demeures dans mon cœur, O Mère.
Tu apaises toutes les peurs.
Tu accordes des faveurs et nous fais traverser
l'océan de la vie (naissance et mort).

**tū dil mē ākē bas jānā mā**
**haskē cāndni barsānā mā**

Viens demeurer dans mon cœur, O Mère.
Souris et répands sur nous la fraîcheur du clair de lune.

**bhīgē tanman śītal hō mā**
**mērā jīvan dhanya bane mā**

O Mère, la vie du monde est un brasier.
Viens nous rafraîchir, donne un sens à notre vie.

**karuṇā sē mujhe**
**nehalānā mā**
**man kā jalan miṭā dēnā mā**

Apaise la brûlure de mon cœur
en me baignant dans les eaux de Ta compassion.

**simirū har pal tujh**
**kō hī mā**
**ēsā var mujhe dēnā maiyā**

Bénis-moi, afin qu'à chaque instant, je pense à Toi, O Mère.

# MALAIMAKAḶĒ TĀYĒ (TAMOUL)

**malaimakaḷē tāyē maunamum mārātō**
**marukiṭum makanivanin mayakkam tīrātō**

O Mère, Fille de la Montagne (Himavan), ne reste pas silencieuse !
Pourquoi ne soulages-Tu pas les souffrances de Ton fils,
tourmenté par le chagrin ?

**māyai ena ulakai maraikaḷ ōdidinum**
**manatil piṭipaṭṭēn matiyum mayankukirēn**
**marakata māmaṇiyē mankaḷa oḷi vaṭivē**
**manakkōyil tanil vara tāmatam ēnō?**

Aveuglé, je ne fais que tourner en rond dans ce monde d'illusion.
Mon mental est pris dans les filets de Maya, j'ai le vertige.
O Joyau divin étincelant ! Qu'attends-Tu
pour venir demeurer dans mon cœur ?

**kōṭiporuḷ vēṇḍēn peyarōṭu pukazh vēṇḍēn**
**perumaikaḷ nān vēṇḍēn amararkaḷ nilai vēṇḍēn**
**aṇimādi siddhikaḷ aṭiyōṭu nān vēṇḍēn**
**akamatil unaiyenṭrum maravāta nilai vēṇḍum**

Je ne recherche ni la richesse ni la gloire.
Les pouvoirs mystiques ne m'intéressent pas.
Je désire simplement penser sans cesse à Toi.

**uttama guṇamillai uyarnalan ētumillai**
**uttamiye untan makanākum takutiyille**
**sattiyam nī ena nān uṇarntēn tāyē**
**śankariyē abhayam unaiyanṭri yārumillai**

Mon caractère est loin d'être noble, je ne peux pas me vanter
d'être supérieur à qui que ce soit. Je n'ai aucun titre
pour déclarer que je suis l'enfant d'un Être tel que Toi.
Mais une chose est vraie, O Shankari : Tu es mon seul refuge !

**jagadambā... jagadambā...**
**jay jagadambā... jagadambā...**

O Mère de l'univers.....

# MANAMENḌRUM UNDAN VĪDU (TAMOUL)

**manamenḍrum undan vīdu**
**marundu enḍrum untiru nīru**
**idamāna mozhikalai kūru**
**iduvandro perum pēru**

Mon cœur est à jamais Ta demeure.
Ta cendre sacrée est le remède.
Quelle bonne fortune est la mienne
de pouvoir entendre Tes paroles apaisantes !

**anpāi nī kaḍaikan pārtu**
**arulāl enai karayil sērtu**
**vemmāya piṇitanai tīrtu**
**vidi tannai nalamāy māṭru**

Lance-moi un regard plein d'amour.
Par Ta grâce, fais-moi traverser l'océan.

Guéris-moi de la maladie de l'illusion.
Change mon destin, afin qu'il soit propice !

**eduvellām enakiḍayūr**
**adan kūṭrāy aran nī māru**
**nīyinḍri gatiyār vēru**
**nī tāne kanivin mēru**

Tu transformes les obstacles qui se dressent sur mon chemin.
Il n'existe pas d'autre refuge que Toi.
Tu es une montagne de compassion.

**hara hara hara hara shankara**
**shiva shiva shiva shiva sada shiva**
**shambho shankara sarvesha**
**sharanam sharanam samba shiva**

Je prends refuge en Hara, Shankara, Shiva, Shambho (noms de Shiva)

# MANASĀ VĀCĀ KARMAṆĀ (KANNADA)

**manasā vācā karmaṇā**
**nirantara ninna smaraṇē**
**ādaru yākinnu nannalli**
**karuṇe tōre nī nannamma**

En pensée, en parole et en action,
je me souviens constamment de Toi.
Pourquoi tardes-Tu à me témoigner
Ta miséricorde, O Mère bien-aimée ?

**varuśagaḷēsō uruḷivē**
**śāntiyē illa ī manake**
**tilamātra bharavasē nīḍalu**
**taḍavēke hēḷu nannamma**

Les années ont passé et mon mental
ne connaît toujours pas la paix.
O ma Mère bien-aimée,
accorde-moi un peu de réconfort.

**suḷiyali silukida naukeyanttē**
**baḷalide nōḍu ī manavu**
**bhavabhramē nīgisi nannamma**
**inittu manaḥśānti nīḍu amma**

Mon mental est ballotté comme un bateau
dans la tempête. O Mère accorde-moi
un peu de paix intérieure afin que
je ne sombre pas dans la folie.

**sāku sākamma sahisenu/nā**
**bēṭamma īvidha jīvita**
**innu ī krōdhava sahisenu nā**
**āgadamma nannidā gadu**

O Mère, je n'en puis plus, je ne peux plus
supporter une telle vie. Je ne peux plus endurer
les épreuves que Tu m'imposes, O Mère !

**āsare illada dine nā**
**nīnallade nanagyāru illa**
**parīkṣeya nilisi nannamma**
**kaihiḍidenna daṭa dāṭṭisu**

Je suis un pauvre indigent, je n'ai que Toi, Mère.
Je T'en conjure, mets un terme à ces épreuves,
tends-moi la main et attire-moi à Toi.

# MANASĀ VĀCĀ KARMAṆĀ (TAMOUL)

**manatāl vākkāl seyalāl eppōdum**
**unnai ninaikkinṭrēn**
**irundālum enniṭam karuṇai kāṭṭa**
**tāmatam ēnō en ammā...**

En pensée, en parole et en action,
je me souviens constamment de Toi.
Pourquoi tardes-Tu à me témoigner
Ta miséricorde, O Mère bien-aimée ?

**āṇḍukaḷ palavum kaṭandālum**
**āmaidiyillai en manatinilē**
**siridēnum ārudal aḷittiṭavē**
**tāmadam ēnō en ammā...**

Les années ont passé et mon mental
ne connaît toujours pas la paix.
O ma Mère bien-aimée,
accorde-moi un peu de réconfort.

**kāttrin akappeṭṭa tōṇi pōla**
**alaikintratammā en uḷḷam**
**pittanai pōla mārātirukka**
**siritē amaidi aḷittiṭuvāy**

Mon mental est ballotté comme un bateau
dans la tempête. O Mère accorde-moi
un peu de paix intérieure afin que
je ne sombre pas dans la folie.

**sahittiṭa iyalādennammā**
**vēṇḍavē vēṇḍām ivvāzhvu**
**iniyum sōdanai edarkammā**
**tānkiṭa iyalātennammā**

O Mère, je n'en puis plus, je ne peux plus
supporter une telle vie. Je ne peux plus endurer
les épreuves que Tu m'imposes, O Mère !

**pāvam enakkoru tuṇaiyillai**
**annai allāl enakkārumillai**
**sōdanaikaḷ nikki ennammā nī**
**kai koṭuttennai karai sērppāy**

Je suis un pauvre indigent, je n'ai que Toi, Mère.
Je T'en conjure, mets un terme à ces épreuves,
tends-moi la main et attire-moi à Toi.

# MĀNAS CHŌRĀ RĀDHA KṚṢṆĀ (HINDI)

**mānas chōrā rādha kṛṣṇā muralīmōhana saurē**
**hē yadunāyaka jai giridharī**
**jasumatinandan pyārē**
**nandakumarā mathurānāthā bhajan karē ham tērē**

O Toi qui dérobes les cœurs, le Krishna de Radha,
Tu nous charmes en jouant de Ta flûte;
gloire à Toi qui as soulevé
la montagne (Govardhana), Fils de Nanda,
Seigneur de Mathura, je chante Ta gloire.

**tērē pāun paḍē ham kānhā**
**tū hai hṛdayavihāri**
**hō śyām tū ājā....**

**rādhā kē priya mīrā kē priya sab kā priyatam hē tū**
**gōpī vallabha kamsaniśūdana**
**karuṇāsāgara hē tū**
**śyāmaḷ tērē rūp nihārē ājā kṛśṇa murārē**
**kēśava mādhava bansī vādaka naṭavara mērē pyārē**
**hō śyām tū ājā....**

Bien-aimé de Radha, de Mira, des gopis et de tous,
Tu as tué Kamsa; Océan de compassion, Enfant au teint sombre,
O Keshava, joueur de flûte, magnifique danseur, mon Bien-aimé.

**bāngkē bihārī bhayabhavhārī bhaktō kē hitakārī**
**prēm piyāsē nayan tihārē darśan kō lalchāyē**
**sundar mangaḷ śyam kaḷebar nandan yadukula rājā**
**bansī lāl bajākē jaldī ājā mōhan ājā**
**hō śyām tū ājā....**

Tu sillonnes les forêts, Tu mets fin à nos peurs, Protecteur des dévots,
Roi des Yadavas, bel enfant au teint sombre, joue de la flûte et viens vite vers nous.

# MANASSIL NĪLA SARASIL (MALAYALAM)

**manassil nīla sarasil**
**oru sarasīrūham viriññu**
**azhakil bhāva niravil**
**oru sarasijānanam teḷiññu !**

Dans le silence de l'esprit,
Une magnifique fleur de lotus s'est épanouie.
Dans la beauté de cette fleur, j'ai vu Ton visage.

**amaratvakānti vitarunna - jñāna**
**varadāna rūpavadanam**
**teḷivuttu kaṇḍu nirabhakti pūṇḍu**
**nanavārnniṭunna nayanam**

En voyant cette beauté éternelle,
La dévotion a jailli et j'ai versé des larmes.

**akaneññu nīri asidhāra-yāya**
**vazhi-yetra tāṇḍi-yoṭuvil**
**abhivandyarāya ṛṣivṛndamātma**
**mizhiyālariñña poruḷ nī**

Après une longue quête désespérée,
Les grands sages T'ont vue, grâce à leur Soi.

# MANAVU NONDIRALU AMMA (KANNADA)

**Manavu nondiralu amma ni bande tampagi**
**Jagadi bendiralu maguvu ninallave amma**
**Guriyilla dalediralu nī nāde sangāti**
**Berēnu bēdenu amma joteyallave - ninna**

Quand le cœur est triste, O Amma, Tu viens le consoler.
N'es-Tu pas la Mère de cet enfant qui souffre en ce monde ?
J'errais sans but, Tu es devenue ma compagne. O Amma,
je ne demande rien d'autre que Ta compagnie.

**Iralu hādiyalli ni belaka chellide**
**Bāligāsarē ninnā snehavalla ve**
**Berala hiḍidiralu nī bhayavillanage**
**bidade rakṣisuvudu amma kṛpayallave - ninna**

Tu as éclairé mon chemin, jusque là si sombre.
Ton amour n'est-il pas le support de ma vie ?
Quand Tu me guides en me tenant la main, je n'ai pas peur.
N'est-ce pas Ta grâce qui me protège, O Amma ?

**lokamāte āgiralu nī mareteyā - nanna?**
**Kareyali rūvudu ninna madilallavē**
**Jari bīlalu ninna prema setuvā yitu**
**Kaḍala dāti suvudu amma karuneyallave - ninna**

O Mère du monde, m'as-Tu oublié ?
Tes bras ne sont-ils pas mon refuge ?
J'allais périr quand Ton amour m'a sauvé, en formant un pont.
N'est-ce pas Ta compassion qui m'aidera à traverser l'océan ?

# MANGAḶA NĀYAKI (TAMOUL)

**mangaḷa nāyaki ādiparāśakti**
**mangaḷam ponkavīttriruntāḷ**
**marakata uru mayil naṭai azhakil**
**yāzhisaiyuṭan iyarkaiyin ezhilil**
**innisaiyōṭu narttanamāṭi**
**mandiram mozhintu neñcam pukuntāḷ**

O Adiparashakti, si propice, est assise sur son trône.
Sa forme brille telle un diamant. Sa démarche évoque celle du paon.
Le son de la vina (luth indien) divine, et la beauté de la nature
L'accompagnent alors qu'Elle entre dans mon cœur, en chantant un mantra.

**nadiyōram kuḷirtēntral inimai**
**maṇamiraikka malarvanam atilāṭum**
**mayilāṭa kuyil kūvum kārmēgham**
**malarmaṇḍapattil alankāram koṇḍāṭṭam tiruvizhā**

Au bord de la rivière souffle une douce brise.
Le jardin de fleurs, exhalant un doux parfum,
danse sur la mélodie du vent.
Le paon, danse, l'oiseau chante, vision enchanteresse.
La salle est décorée avec magnificence, comme pour une fête.

**kalaikaṇkaḷ naṭanam puriyum**
**tiruviḷakkin oḷisintum sānnidhyam**
**pūmālai tōraṇangaḷ āṭivarum**
**meymarantu kāṇbōrkku daivīkadarśanam**

Les yeux ravissants de Dévi semblent danser.
La lampe divine répand la paix et la tranquillité.
Sa flamme oscille ça et là.
Les spectateurs oublient tout devant cette divine vision.

**jay jay gāyatri śrīvidyai śankari**
**jay jay jñānasvarūpiṇi vāṇi**
**jay jay vēdanāyaki vittaki**
**jay jay cāmuṇḍēśvari māyi**

Gloire à Gayatri, Sri Vidya et Shankari !
Gloire à Sarasvati, la déesse de la connaissance !
Gloire au Chef des Védas, gloire à Celle
qui a triomphé des démons Chanda et Munda.

# MĀNKĀḶI MALLAMMA (KANNADA)

**mānkāḷi, mallamma, mādevi mūkāmbā**
**nūṛāru hesarū devīge**
**nūṛāru rūpadinannamma tāyī**
**iruvāḷū nenadora manadāge**

« Mankali, Mallamma, Madevi, Mukamba » sont quelques noms de la Déesse. Les noms de Mère se comptent par centaines, Elle peut prendre des centaines de formes pour ceux qui La vénèrent.

**nannalli, ninnalli, avaḷalli, ivannalli**
**ellāra oḷagū tānunṭu**
**ellāra manadā mandiradi kuntāḷe**
**dharegiḷida avatārī amṛtāmbā**

Elle est en moi, en toi, en elle, en lui, elle demeure en chacun.
La Mère éternelle, qui s'est incarnée sur terre,
demeure dans le cœur de tous les êtres.

**bīsuva gāḷiya hariyuva jaladhīya**
**viśāla gaganava noḍalli**
**ellāva beḷagoḷe ātmada prabhetānu**
**paramjyoti śivaśakti jagadamba**

Regarde le vent, l'eau et le vaste ciel ; la Mère de l'univers,
la Lumière suprême, qui est à la fois Shiva et Shakti,
les illumine (par son Soi lumineux).

**Śāntiya nīḍuve ānanda nīḍuve**
**bā nana kandā entaḷe**
**bāyendu karedū tabbī muddāḍi**
**ellāra poredāḷe amṛtāmbā**

« Viens, mon enfant, Je te donnerai la paix et le bonheur. »
La Mère éternelle nous étreint avec affection et nous protège tous.

# MĀ O MĀ (GUJARATI)

**mā o mā mārī mā**
**tārā sivā kōṇ mārū**
**tārā sivā mane**
**nā jōve kōyī bījū**

Mère, je n'ai personne d'autre que Toi.
Et d'ailleurs, je ne veux personne d'autre.

**tu mārī sāthī tu sangāthī**
**tu mārā śvāsōnā śvāsō śvās**
**rōm rōm mā tārō vās**
**kyārē samāviś mujnē tuj mā**

Tu es mon amie, ma compagne
Tu es dans chaque inspiration que je prends.
Quand me fondrai-je en Toi ?

**tu mārī pāsē chatā hun tārāthī dūr**
**tāru māru kēvu ā bandhan**
**hu ātmā tun paramātmā**
**kyārē samāviś mujne tuj mā**

Quelle relation est-ce là ?
Tu es toujours à mes côtés et pourtant je suis toujours loin de Toi.
Je suis l'atma (le Soi), Tu es le paramatma (le Soi suprême)
Quand me béniras-Tu, que je me fonde en Toi ?

**tu mārī dēvī ā jagnī tu jananī**
**tārā caraṇoma cārō lōk**
**hu ā jagmā ā jag tuj mā**
**kyārē samāviś mujnē tuj mā**
**mā ō mā...**

Tu es ma Déesse, Tu es la Mère de ce monde,
les quatre mondes sont à Tes pieds.
Je suis de ce monde et ce monde est en Toi.
Quand me béniras-Tu, que je me fonde en Toi ?

# MĀRĪ KĀḶI (GUJARATI)

**mārī kāḷi mā mārī vāli mā**
**tanē nihāḷu nihāḷu nihāḷu mā - chāttā**
**man mārū na bharāyū**

O Mère Kali, ma Mère chérie, j'ai beau Te contempler, mon cœur n'est jamais satisfait.

**tanē dēkhīnē mā bhaya pāmē ajñānī**
**tēśū jāṇē mā tū bhayahārini**
**bhaya hārinī abhaya dāyinī**
**tanē nihāḷu nihāḷu nihāḷu mā - chāttā**
**man mārū na bharāyū**

Ta vision terrifie les ignorants, qui ne comprennent pas que Tu balayes la peur. Tu nous libères de toutes nos peurs. Je ne cesse de Te contempler, O Mère, mais mon cœur n'est jamais satisfait.

**tanē sōhē galē muṇḍamāla mā**
**tūttō daittyōnnē haṇanārī**
**bhavatārinī jagat dhārinī**
**tanē nihāḷu nihāḷu nihāḷu mā - chāttā**
**man mārū na bharāyū**

Ton cou est paré d'une guirlande de crânes (*symbole des ego détruits*).
Tu détruis les démons. O Mère, Tu nous fais traverser
l'océan de la vie et de la mort. Soutien de l'univers,
je ne cesse de Te contempler, O Mère,
mais mon cœur n'est jamais satisfait.

**tāru śaraṇu manē ati pyāru mā**
**tārā caraṇamā namana karū**
**bhuvanēśvarī kṛpāsāgarī**
**tanē nihāḷu nihāḷu nihāḷu mā - chāttā**
**man mārū na bharayū**

O Mère, Ton refuge m'est si cher ! Je me prosterne à Tes pieds sacrés.
O Toi qui donnes le nectar de l'immortalité.
Océan de compassion, je ne cesse de Te contempler,
O Mère, mais mon cœur n'est jamais satisfait.

# MĀTĀ RĀṆI NE KṚPĀ BASĀYI (PUNJABI)

**mātā rāṇi ne kṛpā basāyi**
**mērī har gal puri hundi āyi**
**mātā rāni ne kītti sunvāyi**
**mērī har gal pūri hūndi āyi**

L'Impératrice de l'univers a répandu sur moi sa grâce, tous mes souhaits ont été exaucés. La Mère divine a entendu mes prières tous mes souhaits ont été exaucés.

**ōne mere sāre rah khōle**
**mērē sare rukke kāmpūre hōle**
**mērī mayyā mērī, - (2)**
**mērī mayyā mērī sudh len āyi**
**mērī har gal pūri hūndi āyi**

Mère a ôté tous les obstacles qui me barraient la route,
tout ce qui entravait mes désirs s'est volatilisé.
Ma Mère, ma Mère est venue me délivrer de tout chagrin
tous mes souhaits ont été exaucés.

**mātā rāṇi āpe daudi daudi āyi**
**ōne har kushi mērī jholi pāyi**
**mērī ambē ne - (2)**
**mērī ambe ne kītti sunvāyi**
**mērī har gal pūri hūndi āyi**

L'Impératrice de l'univers Elle-même est accourue.
Elle a versé dans mon sac tout le bonheur du monde.
La Mère divine a entendu mes prières
tous mes souhaits ont été exaucés.

**ajj mērī mayyā mērē kar āyi**
**kushiyatte sāgar vich dubki lagāyi**
**mērī datti ne - (2)**
**mērī datti ne kītti sunvāyi**
**mērī har gal pūri hūndi āyi**

Aujourd'hui ma Mère est venue bénir ma maison,
J'ai plongé dans un océan de bonheur.
Ma bienfaitrice, Celle à qui je dois tout, a entendu mes prières,
tous mes souhaits ont été exaucés.

# MĀTBHAVĀNI MAHĒŚI AMBE (HINDI)

**māt bhavāni mahēśi ambe**
**tum hō sabkī mayyā**
**bhava bhaya bhanjini jana mana ranjini**
**tum ho jagki mayyā**

O Mère Bhavani, grande Déesse, Mère de tous les êtres.
Tu balayes nos doutes et nos peurs ; à tous, Tu donnes la joie.
Tu es la Mère du monde entier !

**jay jay jay jagadambē mātē**
**jay jay jay lalitāmbē mātē**
**jay jay jay tripurāmbe mātē**
**jay jay jay kamalāmbē mātē**

Gloire à la Mère de l'univers, gloire à la Mère au charmant visage, gloire à la Mère des trois cités, gloire à la Mère assise dans un lotus (Lakshmi).

**tum jaga janani tum jaga pālini**
**jag lay kārani tum hō**
**tum bhayahārini tum bhavatāriṇi**
**līlāmayi tum mayyā**

L'univers entier est né de Toi ; Tu le nourris et le préserves ;
Tu balayes toutes les peurs ; Tu nous aides à franchir l'océan de la transmigration.
O Mère, innombrables sont Tes jeux divins *(lilas).*

**sarjanakāriṇi pālanakāriṇi**
**śaktisvarūpini tum ho**
**māyā mōhiṇi mōhanivariṇi**
**hṛdayavihāriṇi mayyā**

Tu as créé les sages et les saints, Tu prends soin de tous les êtres.
Incarnation de l'énergie suprême, Tu détruis l'illusion et l'attachement.
O Mère, viens demeurer dans le cœur de tous les êtres.

# MĀ TĒRĒ CARAṆŌ MĒ JŌ (HINDI)

**mā tērē caraṇō mē jō**
**ātē hē sīs jhukātē**
**unkō tū apnātī hai**
**sab-vānchit vara dētī hai**

Mère, Tu accueilles comme Tes enfants ceux qui se prosternent
à Tes pieds et Tu leurs accordes les faveurs qu'ils demandent.

**mā ambē maiyā jananī**
**mātā hai tū duniyā kī**
**bhavsāgar naiyā tūhai**
**ham kō tū pārlagāde**

O Mère, Tu es la Mère du monde entier, le bateau
qui nous fait traverser l'océan de la transmigration.
Emmène-nous sur l'autre rive !

**ab dērī mat karnā mā**
**bālak mai bichuḍā tujhsē**
**tūhī ab hāth baḍhākē**
**mujhkō majhdhār se bacādē**

Ne tarde plus, je ne suis qu'un enfant séparé de Toi.
Daigne me tendre la main et me sauver,
je me noie au milieu du courant.

**mē tērē pāv paḍāhūn**
**karuṇā sē rāh dikhā dē**
**andhiyārā phail raha hē**
**jaldī tū ghar pahuṅcā dē**

Je suis à Tes pieds, prends pitié de moi et montre-moi
le chemin. Je suis cerné par les ténèbres.
Vite ! Emmène-moi à la maison !

**mā tū hē jīvan tārā**
**sankaṭmē tūhi sāhārā**
**tū yād kabhī kar mērē**
**jīvan mē hō ujiyārā**

Mère, Tu es la vie; dans les moments difficiles, Tu nous secours.
Afin que la lumière entre dans ma vie, souviens-Toi de moi.

**jai jagagambe jai jagadambe**
**jai jagadambe jai jagadambe**
**jai jagagambe jai jagadambe**
**jai jagadambe jai jagadambe**

Gloire à la Mère de l'univers !

# MĀTHE RAHĒ TĀRO HĀTH MĀ (GUJARATI)

**māthe rahē tāro hāth mā**
**ā mastak rahē tārā charaṇōm mā**
**bhūlu na tanē kōyī vātmā**
**tārū smaraṇ rahē din rāt mā**

O Mère, pose Ta main sur ma tête (geste de bénédiction).
Que ma tête repose éternellement à Tes pieds,
que jamais je ne T'oublie, quoi qu'il arrive.
Jour et nuit, que mes pensées aillent vers Toi.

**ṭhōkkar hun khāu dvārē dvārē mā**
**manē śaraṇ tārū ēk sāchū mā**
**tārā anēk chē upkār mā**
**tāro kem manū ābhār mā**

J'ai eu beau frapper à toutes les portes,
on m'a renvoyé. En vérité, Tu es mon seul refuge.
Tu m'as accordé tant de faveurs, comment
pourrais-je exprimer ma gratitude ?

**manē ās ēk tārī mā**
**tārā sīva nathī kōyī mārū mā**
**tārō karuṇā no nathi par mā**
**rākhjē sadā tava charṇōn mā**

O Mère, Tu es mon seul espoir.
Je n'ai personne, hormis Toi,
Ta compassion est infinie.

# MATIVARUVŌḶAM (MALAYALAM)

**mativaruvōḷam kotitīruvōḷamen**
**kaṇṇande tirumukham ennu kāṇum? maṇivarṇṇande**
**tiruvuṭal ennu kāṇum?**

Quand pourrai-je contempler à satiété
le divin visage de Krishna ?
Quand verrai-je Sa forme sacrée ?

**kaṇṇande kaṇṇilen kaṇṇum**
**koruttukoṇḍimayanaṅgātirikkyān**
**entu ceyyum? kaṇṇīr**
**kaṇ nirayātirikkyān entu ceyyum?**

Quand pourrai-je Le regarder les yeux dans les yeux, sans ciller ?
Comment empêcherai-je mes yeux de se gonfler de larmes ?

**paṭṭupōluḷḷorā pādaṅgaḷ raṇḍumen**
**mārōṭaṇakkyān entu ceyyum? divya**
**pādattil cumbikkān entu ceyyum?**

Comment attraperai-je Ses pieds, doux comme de la soie,
pour les serrer contre mon cœur ?

**manamaṭaṅguvōḷam matimayaṅguvōḷam ā**
**mandahāsam kāṇān entu ceyyum? ende**
**mazhamukilvarṇṇane ennu kāṇum?**

Comment me délecter de ce sourire autant que mon cœur le désire
afin que mon individualité s'y dissolve ? Quand verrai-je l'Enfant
chéri dont le teint a la couleur des nuages de pluie ?

**veṇṇayūṭṭām kaṇṇā pālutarām kaṇṇā**
**kaḷittōzhiyāyennum kūṭe nilkkām, ninde**
**dāsiyāy ennēyum cērkkū kaṇṇā...**

Je Te donnerai du beurre, O Kanna, je Te donnerai du lait !
Je serai Ton compagnon de jeu ! Accepte-moi comme
Ton serviteur éternel, Kanna !

# MAYYĀJI MENU TŪ CĀ HIDI (PUNJABI)

**mayyāji menu tū cāhidi**
**ō dāti menu tū cāhidi**
**ō dāti menu tū cāhidi**
**mēri sirte hath rakh dē mā**
**tu hī mere bhāg jagā ēgi**
**mayyāji menu ... ahhā**
**mayyāji menu ... ohho**
**mayyāji menú tū cāhidi**
**mayyāji menu tū cāhidi**
**tū har ik pal cāhidi**
**ō dāti menu tū cāhidi**

Amma, j'ai besoin de Toi. O Toi qui donne tout, j'ai besoin de toi.
Pose la main sur ma tête, Tu me porteras bonheur.
J'ai besoin de Toi, j'ai besoin de Toi à chaque instant.

**tēre nāl hove mērī śām**
**tēre nāl savēr**
**mē kadē kalli nā hovā**
**karde mayyā mēr**
**akhāde vich hanjū mērē**
**tūhi menú ākē hasā ēgi**

**mayyāji menu ... ahhā**
**mayyāji menu ... ohho**
**mayyāji menú tū cāhidi**
**mayyāji menu tū cāhidi**
**tu hi nāl nāl cāhidi**
**ō dāti menú tū cāhidi**

Mes matinées et mes soirées, c'est avec Toi que je veux les passer.
Ne me laisse jamais seul, accorde-moi Ta grâce.
Mes yeux sont pleins de larmes, Toi seule peut me faire sourire.
Amma, j'ai besoin de Toi.
O Toi qui donne tout, j'ai besoin de Toi.

**jad vī tērī yād satāve**
**dil bhar āve mērā**
**ājā mayyā bhagatt bulāve**
**chaḍ ke apnā ḍērā**
**man dī icchā kardē pūri**
**kado mēnu kōl biṭhā engi**
**mayyāji menu ... ahhā**
**mayyāji menu ... ohho**
**mayyāji menu tū cāhidi**
**mayyāji menu tū cāhidi**
**mayyāji menú hune cāhidi**
**ō dāti menú tū cāhidi**

Quand Tu me manques, viens combler mon cœur de Ton amour !
Ton dévot T'appelle aujourd'hui, viens, exauce mon désir !
Quand me laisseras-Tu demeurer près de Toi ?
J'ai besoin de Toi, Mère, j'ai besoin de Toi maintenant !

# MĒRĀ MUJH MAIN (PUNJABI)

**mērā mujh main kuch nahi maiyyā**
**jō kuch hai ō tū hī maiyyā**
**tērā tujhkō saupkkē maiyyā...**
**mēri maiyyā ... ō mēri maiyā ... main**
**tērē vich racadā jāvā mē jay mātādi gāvā**

Rien ne m'appartient, tout ce que j'ai T'appartient.
Puissé-je m'abandonner entièrement à Toi
et me fondre en Toi.

**jithē dekhā tūhī dissdā, har dil dē vich tūhi**
**tēri ḍōr vich har dil nū mai, ek dil kardā jāvā**
**sukh vī tērā dukh vī tērā, sab racanā hai teri maiyā**
**tērā tērā kardā hī mai, tērē vich racadā jāvā – main**
**tērē vich racadā jāvā**

Partout où je regarde, je ne vois que Toi.
Tu es dans tous les cœurs.
Puissions-nous unir tous les cœurs avec le fil qui nous relie à Ton cœur. Le bonheur, le chagrin, toute la création T'appartient.
Puissions-nous voir Ta grâce en toute chose et nous fondre en Toi.

**śērāvāli jōttāvāli lāṭhāvāli**
**mehrāvāli pahadavāli polipāli maiya**
**tērē vich racadā jāvā, mē jay mātādi gāvā**

**kar kirpā kī isa sēvakkdī ichā hūvē pūri**
**mangā nā kuch tērē tō mai**
**dhan dhan kardā jāvā**
**kehendē sadguru kaḷḷā nahi tū**
**tēynū pal pal cukkdā jāvā**
**ik kadamu tū mērēval cukkdā dassa kadama mai āvā**
**dassa kadamu mē āvā**

Accorde Ta bénédiction à Ton serviteur, exauce son désir ;
je ne demande rien, je souhaite simplement Te remercier.
Le satguru affirme : « Tu n'es pas seul en ce monde,
Je te porte à chaque instant.
Quand tu fais un pas vers Moi, J'en fais dix vers toi. »

**gajj ke gāvō... jay mātādi**
**phatē bulāvō... jay mātādi**
**mai nahi suṇēyā... jay mātādi**
**ral mil gāvō... jay mātādi**

Chantez de tout votre cœur… gloire à Mère !
Appelez la victoire… victoire à Mère !
Chantez plus fort, je ne vous entends pas….
Gloire à Mère ! Chantons ensemble… Gloire à Mère.

# MĒRĀ PRĀṆAM HĒ MĒRĀ PRĀṆAM (HINDI)

**mērā prāṇam hē mērā prāṇam hē mērā prāṇam he**
**mā tuhjkō prāṇam he (x2)**
**mā mujh par kṛpā tu kar dē**
**mā mujhkō pār karā dē**

Salutations à Toi, Mère, accorde-moi Ta grâce
Fais-moi traverser l'océan (*de la naissance et de la mort*).

**sārē jahā mē hamārā - ēk**
**tērā prēm sahārā**
**kōyī ōr nahī ujiyārā**
**tērē prēm mē miṭē andhiyārā**

Mon seul refuge en ce monde est Ton amour. Ces ténèbres,
seule la Lumière de Ton amour peut les disperser.

**rāh dikhātā he vō - tērē**
**pās pahūnchātā he**
**sukh dilātā he vō - sārē**
**dukh miṭātā hai**

Ton amour nous montre la voie, nous rapproche de Toi.
Il nous apporte le bonheur et met fin à tous nos maux.

**mā jai jai mā, jai jai mā jai jai mā (x5)**

Gloire à Mère !

# MĒRĒ HṚDAYA (GUJARATI)

**Mērē hṛdaya śrī rāma basē**
**mērā man siyā rāma japē**
**mērā man siyā rāma jape**

Le Seigneur Rama demeure en mon cœur.
Je récite le nom de Ram.

**Tum jō hō prabhu dayā kē sāgara**
**kira kyō khālī mērī dhār ghara**
**kab lōgē mērī khabara tum ō rām**
**kē ā na jāyē jīvan kī śām**
**chal tē chal tē pag hārē**
**mērā man siyā rāma jape**
**mērā man siyā rāma jape**

O Seigneur, Tu es l'océan de la compassion et pourtant
Tu permets que mes pensées errent loin de Toi.
Au soir de ma vie, c'est Toi qui feras le bilan de toutes mes actions.
En trébuchant, je continue à chanter le nom de Rama.

**Rām jī kē bhajana mē hē bal jō baḍā**
**dvār śabarī kē chalakē ānā paṇā**
**gū jē hē kaṇ kaṇ lēkē rām nām**
**rāmā rāmā rāmā rām hē ghana śām nām**
**chal tē chal tē pag hārē**
**mērā mana siyā rāma japē**
**mērā mana siyā rāma jape**

Infinie est la puissance qui réside dans le nom du Seigneur.
De grands dévots comme Shabari ont reçu Sa vision.
En trébuchant, je continue à chanter le nom de Rama.

# MĒRI JHŌPPIḌI DĒ (PUNJABI)

**mēri jhōppiṭi dē bhāg ajj khul jānugē rām ānugē**

Ma petite hutte va être bénie aujourd'hui! Quelle chance,
Rama viendra aujourd'hui chez moi !

**ūṅkā uñch nīch jāt naiyyō vēkhunī naiyyō vēkhunī**
**chaṅki chūri visagāt naiyyō vēkhunī, naiyyō vēkunī**

Rama ne fait pas de différence entre pauvres et riches,
Il ne se soucie ni des castes ni de la position sociale.

**rām vanā vich āyēnē sunukē hā sunukē**
**nīmē khēṭṭa mīṭhē bēr lāyi chunukē hā chunukē**
**mēri śardāvalu vēkhu rām bhōg lānugē, rām ānugē**

Apprenant que Rama était venu dans cette forêt,
j'ai cueilli pour Lui des baies sucrées.
Touché par ma dévotion et ma foi, Rama les goûtera !

**mīnnu chajjunī naiyyō nit nēmudā nit nēmudā**
**mērā vērā vich ras mērē prēmudā mērē prēmudā**
**enā khādyāhi rām mērē rajj jānugē rām ānugē**

Je ne désire pas la gloire.
Tout mon être, chaque veine de mon corps, vibre d'amour pour Lui.
En savourant les baies sauvages cueillies pour Lui,
Rama sera satisfait !

# MĪṬHĪ MADHURĪ KĀNHĀ TĀRĪ MURALĪ (GUJARATI)

**mīṭhī madhurī kānhā tārī muralī**
**madhura madhura śu gāy ... āj**

O Kanna, quelle est cette douce mélodie
qui émane aujourd'hui de Ta flûte ?

**yamunā kinārē rāha jhūye chē**
**kānhā tārī rādhā āj**

O Krishna, sur la rive de la Yamuna,
Radha T'attend, aujourd'hui.

**sūnī vṛndāvan sūnī chē rādhā**
**sūnī vraj nī kaṇ kaṇ ... āj**

Vrindavan se sent abandonné, Radha se sent abandonnée,
chaque grain de sable se sent abandonné… aujourd'hui.

**rādhā rādhā kahē kānhā nī muralī**
**tē kēm judā thāy ... āj**

La flûte de Krishna appelle Radha, toujours Radha.
Comment pourraient-ils être séparés… aujourd'hui ?

**kānhā thī rādhā dūra nathī kadi**
**rādhe śyām kahēvāy ... āj**

Radha n'est jamais loin de Krishna, nous disons

Radhe-ShyamŚ aujourd'hui.
madhur madhur koyal bole
thumak thumak mayur nache
gunj uthi āj madhuban

Le rossignol chante de tendres notes. Le paon danse à pas rythmés.
Ces notes et ces pas de danse résonnent dans tout Vrindavan.

# MOHĀLU CHAMPPARĀ GAURĪ RAMAṆĀ (TELUGU)

mōhālu champparā gaurī ramaṇā
manasuna nimpparā nī smaraṇā

O Gauri Rama (Shiva), anéantis tous mes désirs,
remplis mon cœur de Ton souvenir.

lēru ī jagatīlo nā annavāru
unnadi tōdugā nī ve
madilō uṇḍāli ī bhāvamē
hṛdilō niṇḍāli ānandamē

Je n'ai personne en ce monde, Tu es mon seul compagnon.
Puisse ce sentiment s'emparer de moi,
puisse mon cœur être comblé de béatitude.

hē chandrachūdā hē śūlapāṇi
hē mallikārjjunā nīvē śaraṇam

O Toi qui portes le croissant de Lune et le trident,
Je prends refuge en Toi Mallikarjuna (Shiva).

ī dēhamē nīkai uṇḍālani
śaktitō nī paninē cheyyālani
nīkai jīviñchuchuṇḍālani
śvāsa nī sēvalō viduvālani

Que mon corps vive pour Toi. Donne-moi la force
d'accomplir Ton travail. Puissé-je vivre pour Toi.
Qu'à mon dernier souffle, je sois encore en train de Te servir.

**hē chandrachūdā hē śūlapāṇi**
**hē mallikārjjunā nīvē śaraṇam**

O Toi qui portes le croissant de Lune et le trident,
Je prends refuge en Toi Mallikarjuna (Shiva).

# MOTHER NATURE (ANGLAIS)

**Nature is our home**
**God in another form**
**Let's love and protect, care and respect**
**The wonder of this world**

La nature est notre maison
Dieu sous une autre forme
Aimons et protégeons, honorons et respectons
La merveille de ce monde

**Mother Nature,**
**May our hearts rise**
**In the beauty of creation**

Mère Nature,
Puissent nos cœurs s'ouvrir
A la beauté de la création

**Seeing God in one another**
**In the wind, the trees, the water**

Voyant Dieu dans l'autre
Dans le vent, les arbres, l'eau

**Every bird that sings**
**All living things**
**Are nothing else but you**

Chaque oiseau qui chante
Toutes les choses vivantes
Ne sont rien d'autre que Toi

**As part of the whole**
**We have to play our role**
**Learning to feel, striving to heal**
**The wounds of this world**

Faisant partie du Tout
Nous devons jouer notre rôle
Apprenant à ressentir, nous efforçant de guérir
Les plaies de ce monde

**Nature only gives**
**Sustaining all that lives**
**For us to survive we need to strive**
**To care for all of life**

La nature seulement donne
Nourrissant tout ce qui vit
Pour survivre, il nous faut nous efforcer
De prendre soin de toute vie.

# MUGGUṆA NŌYĀL (TAMOUL)

**mugguṇa nōyāl dinantōrum nondēn**
**vazhi ondru solvāyē ammā**
**iruḷ koṇḍa manatin iyalbhai ammā**
**nī nīkki kāppāttru vā**

O Mère, je suis malade ! Les trois *gunas* me tourmentent ;
Daigne m'indiquer la voie de la guérison !
La nature du mental est d'errer dans les ténèbres ;
Toi seule peux me délivrer !

**dhyānajapa sādhanai kaṇmūṭi tirantum**
**maṇinēram verittapaṭi amarvār**
**tōlviyai nān kaṇḍāl annai manam tāngumā**
**vettripera vazhi seykuvāḷ**

Les yeux ouverts ou fermés, je médite, je fais *japa* et d'autres pratiques. Pendant de longs moments, je contemple le vide. A la fin, Mère ne supportera pas mon échec, Elle m'accordera la réussite.

**manam ninaikka uḍal iyangum arputa śaktiyāl**
**atiśayattai dinam kāṇa marappār**
**bhalambhalavīnam ellām anaiyē nītānē**
**uttama vāzhvinai tā`**

Le fonctionnement harmonieux du corps et du mental
est un miracle dont nous n'avons pas conscience.
Mère, Tu es la source de ma force et de ma faiblesse,
Accorde-moi une vie de Perfection !

# MURALI BAJĀTĒ ĀNĀ (KANNADA)

**muraḷiyanu ūduta bārō**
**gejje jhaṇa jhaṇisuta bārō**
**gōpiyara jīvada jīvā**
**sērelu ōḍōḍi bārō**
**taḍavēke innū kṛṣṇā**
**kēśavā ... mādhavā... mukundā ... bēga bārō**

Viens, O mon Seigneur, viens en jouant sur Ta flûte une mélodie !
Que j'entende Tes bracelets de cheville tintinnabuler !

Vrindavan alors reviendra à la vie et s'éveillera.
Ne tarde plus, O Krishna, reviens vite !

**virahada vēdane musukiralu**
**ēkānta nannanu aḷisutide**
**tāḷade manavu bēḍutide**
**yāke ī bēḍada sallāpa**

Les nuages gris de la séparation ont recouvert le ciel,
Et, solitaire, je pleure. Dis-moi, O mon Shyam adoré,
combien de temps encore vas-Tu permettre cette séparation ?

**kuḷitiruve jamunātaḍadi**
**aritū nī illavendu**
**kēḷadī manavū nīnu**
**iruvilli ennutihudu**

Assise sur les berges de la Yamuna, j'attends.
Je sais que Tu es loin et pourtant, mon cœur ne veut pas entendre raison. Il me dit que Tu es là, à mes côtés.

**mādhavana maretū illa**
**virahavu maṟeyāgilla**
**yākinnu agalike kṛṣṇā**
**aritavaru yārū illa**

Les tendres souvenirs de Krishna me hantent.
Ma soif de Le voir ne diminue pas. Pourquoi est-Il
en colère contre moi ? Nul n'en connaît la raison.

**hūvugaḷu araḷalilla**
**kōgileyu hāḍalilla**
**nina biṭṭu vṛndāvanadi**
**gōpiyara jīvanavilla**

Les plantes ne fleurissent plus, le rossignol ne chante plus.
Sans Toi, O Shyam, il n'y a pas de musique à Vrindavan.

# MURAḶIGĀNAMUTIRKKUNNU (MALAYALAM)

**muraḷīgānamutirkkunnu hari**
**vṛndāraṇya-nikuñjē**
**navarasamadhurima rūkum nava nava-**
**madhumaya rāgamanōjñam**

Krishna joue de la flûte dans le jardin de Vrindavan
Sa musique divine résonne alentours et apporte la joie.

**jalavum dharaṇiyum-anilanumoppam**
**sakalacarācaravṛndam**
**madhuramanōhara vamśīninadam**
**pakarum madhu nukarunnu**

L'eau, la terre, le vent et tous les êtres de la création
entrent en extase en écoutant la musique du Seigneur.

**gopavadhū janavṛndam mādhava-**
**savidham-aṇaññatiramyam**
**rāsarāsotsava lahariyilāzhān**
**lāsyachuvaṭukaḷ veypū**

Les gopis et les gopas de Vrindavan se réunissent
autour de Krishna et dansent ensemble la rasa lila.

**mama hṛdayattilum-amṛtam peyyum**
**naṭanam ceyyu ! mukundā**
**mama janmatteyum-alivinnuravāl**
**amṛtātmakamākku nī**

O Krishna ! Daigne venir danser dans mon cœur
pour que je goûte moi aussi la béatitude.
Dans Ta compassion infinie, donne un sens à ma vie
en m'accordant l'immortalité.

# MURALIKAYILORU GĀNAMUṆḌŌ? (MALAYALAM)

**muraḷikayiloru gānamuṇḍō.. rādha**
**śrutimīṭṭi īṇam korukkām**
**yamunayil ozhukkunna kamalapatrattile**
**cerukavita nī kāṇmatuṇḍō.. kṛṣṇā!**
**muraḷikayiloru gānamuṇḍō?**

Un air émane-t-il de Ta flûte ? Radha tissera une mélodie.
Vois-Tu le petit poème qui flotte dans la feuille de lotus,
Sur les eaux de la Yamuna ? O Krishna !
Un air émane-t-il de Ta flûte ?

**paḍavukaḷiloru nanavukaṇḍāl - ninde**
**padakamala malaraṭikaḷōrkkum**
**niramaya mayilpīlī kaṇḍāl - ninde**
**kanakamaya tirumakuṭamōrkkum**

Les empreintes que je vois sur les chemins
sont pour moi celles de Tes pieds de lotus.
En voyant les plumes multicolores du paon,
je songe à Ta couronne dorée.

**mama manasi malinatayozhiññāl - atil**
**tavacaraṇa malaritaḷ viriññāl**
**atikutukam anubhūti magnatayiloru putiya**
**koṭumuṭiyiloru koṭiyuyarnnāl**

Quand mon mental sera pur, les pétales de lotus
de Tes pieds divins s'ouvriront en moi.
Si l'on plante un drapeau sur les cimes de l'extase....

**yamunayuṭe ōḷattilāndōḷanam ceyyu –**
**marayālilayennapōle**
**anavaratam uṇarvilatulānanda lahariyuṭe**
**jaladhiyil anāyāsamozhukum**

Je flotterai alors telle une feuille de banyan prise dans les remous
et les courants de la rivière Yamuna, perdue à jamais,
sans effort, dans l'incomparable torrent de béatitude.

# MURAḶĪ VĀLE (HINDI)

**muraḷī vāle pyāre kānhā**
**mor mukut dhāri**
**tum ho sabke hridayavihārī**
**govardhanadhārī**

Cher Krishna ! Tu joues de la flûte,
Tu portes une couronne ornée d'une plume de paon.
O Govardanadhara (Celui qui a soulevé la montagne) !
Tes jeux divins vivent dans le cœur de tous.

**mukunda mādhava jaya govindā**
**gopījana kāntā**
**narakāntaka he nanda dulāre**
**caraṇa kamal vande**

Gloire à Govinda, Mukunda, Madhava, le Bien-aimé
de toutes les gopis ! Toi qui as tué le démon Naraka,
Enfant chéri de Nanda, nous adorons Tes pieds de lotus.

**rāsavihārī girivaradhārī**
**vaijayanti mālī**
**ākar mere dil me barso**
**tum karuṇā varī**

La danse *rasa* fait Tes délices ; Tu as soulevé la montagne.
Une guirlande de fleurs sauvages orne Ton cou.
Daigne venir répandre Ta grâce dans mon cœur !

**Tum ho bhakton ke hṛdayeśvar**
**mānasa sancārī**
**devaki nandana jasumati nandana**
**tum mangala kārī**

Seigneur du cœur des dévots, c'est en nous que Tu demeures.
O Dieu propice, Fils de Dévaki et de Yashoda.

**gaiyon ke priya gvālon ke priya**
**sabke chita chorā**
**tum ho jag ke sirajana hārā**
**me cākar terā**

Les vaches Te chérissent, et les petits vachers aussi.
Tu as dérobé le cœur de tous ! Tu balayes nos négativités.
Je suis Ton serviteur plein de dévotion.

# NAIYYĀ TĒRĒ (HINDI)

**naiyyā tērē jīvankī**
**gumrāh kaisē hō gayi**
**sukhki or nikli thi**
**dukh sāgarmē khō gayi**

Comment la barque de ta vie s'est-elle égarée ?
Elle est partie en mettant le cap vers le bonheur
mais elle s'est retrouvée dans un océan de souffrances.

**tan dhan par hī dhyān diyā**
**apnē sat kō bisrā diyā**
**parāyē kō tū apnā samjhā**
**apnē kō ṭukrā diyā**

Tu ne t'es soucié que des richesses et du corps, oubliant ton véritable Soi. Tu as cru qu'un étranger t'appartenait, abandonnant ton propre Soi.

**ahankār kē jāl mētū**
**bandi bankar rah gayā**
**apnē andar kē hīrē kō**
**pahcānē binā tū rah gayā**

Pris au piège de l'ego, tu n'as pu
percevoir le joyau qui est en toi.

**na sōc din hē bahut**
**jānē kabh naiyyā dūb jāyē**
**kāl jō āyē dvār tērē**
**kal tak tū nahi ṭāl pāyē**

Ne t'imagine pas que tes jours sont illimités.
Qui sait quand la barque sombrera ?
Si la mort demain frappe à ta porte,
Tu ne pourras pas lui dire de revenir le lendemain.

# NĀ MAI DHARMI (HINDI)

**nā mai dharmi nā mai dāni**
**nā mai paṇḍit nā mai jñāni**
**bas cāhu mai tujhē mā bhavāni**
**mai tērī hu dīvāni**
**mujhē chōḍ na dēnā bhavāni**

Je ne suis pas un être spirituel, je n'ai rien d'un philanthrope.
Je suis sans éducation, sans érudition.
O Mère Bhavani, épouse de Shiva, j'ai soif de Ton amour, soif que Tu me prennes sous Ton aile. O Mère, je T'en prie, ne m'abandonne pas !

**nā jānū kōyi vēd aur śāstr**
**nā jānū mai tap dhyān**
**bas cāhu tērē caraṇō kō mā**
**karnē aśru sē snān**

Je ne connais ni les Védas ni les *shastras.*
J'ignore tout de la méditation et des austérités.
O Mère, mon seul désir est d'aimer Tes pieds de lotus,
de baigner dans les larmes versées par amour pour Toi.

**nā cāhu kōyi yōg aur mōkṣ**
**nā cāhu sukh kalyāṇ**
**bas cāhu tērē mukh maṇdal mē**
**karuṇā ki muskān**

O Mère, je ne désire ni le salut ni l'union avec le Divin.
Je n'aspire ni au réconfort ni à ce qui est propice.
O Mère, mon seul désir est de contempler le sourire
plein de compassion qui rayonne sur Ton beau visage.

**nā hai mujhmē sur sangīt**
**aur nāhi jñān vairāg**
**bas cāhū mai nirmal bhakti**
**nij prēm aur viśvās**

Je ne sais ni chanter ni réciter des mantras.
J'aspire uniquemement à la dévotion pure, à l'amour,
à l'affection pour Tes pieds de lotus.

**dē mā bhakti mōh sē mukti dē mā prēm tērā**
**dē mā bhakti śaraṇ hū tērī dē mā prēm tērā**
**divy prēm tērā adbhut prēm tērā nirmal prēm tērā**

O Mère, accorde-moi la dévotion et le salut !
Ce sont Tes pieds de lotus que je désire aimer !
O Mère, donne-moi refuge, Ton amour
est divin et pur, bénis-moi !

**jay jay jay mā jay jay jay mā jay jay mā jay mā**

Gloire à la Mère divine !

# NAMBINŌR (TAMOUL)

**nambinōr keṭuvatillai nānkumarai tīrppu**
**ambikaiyai tozhuvōrkku illaiyē irappu**

Les Ecritures déclarent qu'il ne sera jamais
fait aucun mal à ceux qui croient en Dieu.
Ceux qui ont foi en la Déesse atteindront l'immortalité.

**ponkalvaittu vazhipaṭa aruḷ taruvāyē**
**māriyammanē uḷḷam amarntu oḷitaruvāyē**
**anputantu aruḷtantu aḷḷiyaṇaikkum māriyamma**
**amutamē arumaruntē śaraṇaṭaintōmē**

Accorde-moi la faveur de Te rendre un culte
le jour béni de Pongal (fête dédiée au culte de la Déesse).
O Mariamma, viens demeurer en mon cœur, éclaire-moi.
Tu me combles d'amour et de grâce,
viens me prendre dans Tes bras.
O Déesse de l'immortalité, remède souverain,
nous prenons refuge en Toi !

**kuzhantaiyum taivamum ontrutānē**
**kuzhantayāy taivamāy guruvaṭivāṇavaḷē**
**aruḷkozhuntē mīnākṣiyē araśanin makaḷānāḷ**
**amutavaḷḷi nāvinālē piḷḷaitamizh tantāḷē**

Il n'existe aucune différence entre l'enfant innocent et Dieu.
Pour moi, Tu es l'enfant, le guru et Dieu. O Toi qui es bienveillante,
Minakshi, Fille du roi ! L'innocence de Tes babillages en tamoul
réjouissait le cœur de tous.

**kōyilillā nagaramē narakamentru solvārkaḷ**
**kōyilāy manam māra sorkamākum enpārkaḷ**
**kōyilin karuvarai uraintiṭum māriyamma - mana**
**kōyilil vīttriruntu mangaḷam aruḷvāyē**

Il est dit qu'une cité sans temple est un enfer,
et que le cœur où Dieu réside est un paradis.
O Toi qui demeures dans le sanctuaire du temple,
je T'en prie, viens dans mon cœur et accorde-moi ce qui est propice !

**maṭamayai nīkkiṭam magimaimiku māriyamma**
**mannāḷum māriyavaḷ tankiṭuvāḷ manatilē**
**anpenum malarkoṇḍu manatilpūja seyvōm**
**anpāna māriyavaḷ kaṣṭankaḷai kaḷaivāyē**

O Mariamma, Toi qui as le pouvoir de dissiper l'ignorance,
Souveraine de la terre, viens demeurer en mon cœur !
Je T'y adorerai avec les fleurs de l'amour.
O Mariamma pleine de compassion,
je T'en prie, délivre-moi de tous les maux.

# NAMMAVARĀRŪ NAMAGILLĀ (KANNADA)

**nammavarārū namagillā**
**ammā nīne namagellā**
**kāyū nammā dayeyindā**
**ammā nīne namagellā...**

Rien de ce que nous appelons « nôtre » ne nous appartient.
Toi seule, O Mère, est nôtre. Protège-nous avec bonté,
Toi qui es notre Mère.

**kattale tumbida manavammā**
**belakanu chellī belagammā**
**kainīdi nammanu nadesammā**
**nīnillade baradammā... baradammā...**

Notre cœur est rempli de ténèbres, viens y répandre Ta lumière, rends-le lumineux, O Mère. Prends-nous par la main et guide-nous, car sans Toi, c'est le désert…

**nondevu nāvu nāvū bālallī**
**premava arasī aledihevu**
**bhaktiya nīḍī harasammā**
**nīnillade gatiyārū ? gatiyārū ?**

Notre vie est pleine de souffrance. Longtemps, nous avons erré en quête d'amour. Accorde-nous la dévotion et bénis-nous, O Mère. Qui d'autre que Toi serait notre refuge ?

# NAMŌSTUTĒ DĒVĪ (MARATHI)

**namōstutē dēvī durgē mahēśvarī kāḷī**

Dévi, Durga, Maheshvari, Kali, nous Te saluons !

**ambā bhavānī bhagavatī mātā**
**mantra japunī tuja nāmācā**
**akhaṇḍa gāū tujhīca gāthā**
**karū tujhī prārthanā**
**dēvī karū tujhī prārthanā**

Mère, Bhavani, Bhagavati, en répétant le mantra de Ton nom, en chantant Ta gloire, nous Te prions !

**jaya jagadambē ambē mā !**

Gloire à la Mère de l'univers !

**lakṣmī sarasvatī jaya jagadambā**
**sarvasvarūpiṇī tujhēca cintan**
**mātē kadhī tū dēśīl darśan**
**karū tujhī archanā...**
**dēvī karū tujhī archanā**

Gloire à la Mère de l'univers,
Lakshmi, Sarasvati ! Toi qui remplis l'univers,
Nous méditons sur Toi,
Quand nous accorderas-Tu Ton darshan ?
Nous Te vénérons, Dévi !

## NANAGĒNU BĒḌA (KANNADA)

**nanagēnu bēḍa nī nalladē**
**nanagāru bēḍa nī nalladē**
**ninnaya pādava alladē ō tāyē**
**nanagēnu bēḍa nī nalladē**

O Mère, je n'ai besoin de rien, sinon de chercher Tes pieds de lotus !

**nanagēnu tiḷidilla nanagēnu gottilla**
**nannavarāru illavē illa**
**nannēya tāy tandē nīnē**
**tannēya bandhū baḷakāvu nīnē**

Je n'ai rien ni personne. Tu es ma Mère et mon Père,
ma famille et mes amis.

**mandirada oḷigē mūrttiyilla**
**manada oḷagē nīnē illa**
**manada mandira oḷagē bandhū**
**mūrttiyāgu ō tāyē**

O Mère, Toi seule habite mes pensées. Sans idole,
un temple est vide ; sois donc l'idole du sanctuaire de mon cœur !

# NANDALĀLĀ NANDALĀLĀ (SANSCRIT)

**nandalālā nandalālā**
**nandalālā hari nandalālā**
**navajaladharasamanīla - kṛṣṇa**
**navajaladharasamanīla**

Krishna, Fils de Nanda, Ta peau a la couleur des frais nuages de pluie !

**gōpāla gōpāla**
**gōpāla gōpāla**
**gōpijana naṭana vilōla - kṛṣṇa**
**gōpijana naṭana vilōla**

O Gopala, protecteur des vaches ! Krishna,
Toi qui aimes danser avec les gopis !

**ānanda cinmayā gōpāla**
**gōpāla gōpāla**
**ātmānanda vilāsā - kṛṣṇa**
**ātmānanda vilāsā**

O Gopala, Tu es établi à jamais dans la béatitude du Soi, Ta demeure. Pures sont Tes pensées, O Krishna !

# NĀN ENNA SEYYAVĒṆḌUM (TAMOUL)

**nān enna seyyavēṇḍum tāye**
**un nalmakanāy āvateppaḍi**
**unakkuṇḍu uttamarāy makkaḷāyiram**
**atil nalmakanāy āvateppaṭi**

Que dois-je faire, O Mère, pour être un bon fils ?
Tu as des milliers d'enfants admirables.
Comment faire pour devenir bon, moi aussi ?

**amudamenum alaikaṭalām tāye**
**ānandattin nija uruvum nīye**
**sollidivāy en arumai tāye**
**sontam nīyendri vēreyāruḷar**

Tu es l'océan de nectar, Mère, la vraie forme de la béatitude.
Dis-moi, O Mère chérie, qui donc ai-je d'autre ?

**enkenkum uraipavaḷē tāyē**
**endrendrum enai nīnkā tāyē**
**anpuḷḷam koṇḍavaḷē tāyē**
**akhilamellām un maṭiyil tānē**

O Mère, Toi qui brille en tout l'univers, Tu es toujours à mes côtés.
O Mère, Tu débordes d'amour, le monde entier repose sur Tes genoux.

# NANNU CŪSI (TELUGU)

**nannu cūsi mā tallī**
**mandahāsamē cēsēnu**
**madilō mallelu virisēnu**
**manasu nimgi kegisēnu**

En me voyant, Mère a souri tendrement.
Des fleurs odorantes se sont épanouies dans mon cœur
et mon esprit s'est élevé vers de nouvelles cimes.

**tana oḍilōki cērchukunenu**
**nīvu nā dānivanenu**
**nī tōḍuga nēnunnānani**
**cevilō gusagusalāḍēnu**

En me serrant contre Son cœur, Elle m'a dit que j'étais Son enfant et m'a murmuré à l'oreille qu'Elle serait toujours avec moi.

**pālavennela kurisēnu**
**tēli tēli hṛdi murisēnu**
**nēlapai nākālu niluvakunnadi**
**gaganamuke nā manasu egiripōtunnadi**

Baigné par les rayons laiteux du clair de lune, je flottais,
exultant de joie. Mes pieds ne touchent plus terre ;
mon esprit s'élève jusqu'au ciel.

**śivapadamune maripince**
**tana sannidhine nākichenu**
**kaivalyadāyakamaina**
**pādāla cōṭṭunichēnu**

Me plaçant à Ses pieds qui accordent la Libération, Elle m'a béni de Sa présence, si enchanteresse que j'en ai oublié le Divin.

**ānandagītamē pāḍēnu**
**paramānandamē pontēnu**
**nēlapai nākālu niluvakunnadi**
**gaganamuke nā manasu egiripōtunnadi**

Un chant joyeux aux lèvres, j'ai atteint la béatitude divine.
Mes pieds ne touchent plus terre ;
mon esprit s'élève jusqu'au ciel.

# NENE MANAVE AMMANA NĪNU (KANNADA)

**nene manavē ammana nīnu**
**ammā ammā enabāradē ?**

O mon mental, rappelle-Toi Amma.
Ne peux-tu répéter « Amma, Amma… » ?

**guriyilladē ī bāḷalī alede**
**elleya mīrī nī manavē !**
**nillada manavē allilli nīnū**
**ētake ōdutihe ? manavē ētake ōdutihe?**

O mon mental, tu as erré sans but, à l'infini.
O mental instable, pourquoi cours-tu ça et là ?

**Matiyō jāride manavē nī sōtihe**
**Nemmadi kāṇade oddāḍiruve...**
**Iruḷina bēgeya nīguva ammana**
**Kāṇalu bā manavē**
**Manavē kāṇalu bā manavē**

J'ai perdu tous mes moyens. O mon mental, tu es vaincu !
C'est en vain que tu cherches la moindre consolation.
Viens voir Amma, Celle qui dissipe les ténèbres et apporte la fraîcheur.
Viens, mon mental.

# NĪ INTRI VERĀRUMILLAI – PĀVAM (TAMOUL)

**Nī intri verārumillai - pāvam**
**Inta ezhaikku ammā**
**Innilayil ivane kai viṭuvatu**
**Sarittāno ammā... sarittāno ?**

Amma, cette âme malheureuse n'a pas d'autre refuge que Toi !
Est-il juste de m'abandonner dans un tel état, O Mère ?
Est-ce juste ?

**unnai kāttu nān tapamirunten**
**Ennaye mātruvatu saritāno?**
**Nalliravum pakalumunnai venṭi ninṭren - un**
**Tiruppādam maraippatu sarittāno?**

Est-il juste de me jouer un tour alors que
je T'ai attendue, en accomplissant des austérités ?
Est-il juste de recouvrir Tes pieds divins
alors que jour et nuit, j'ai prié ?

**un pāsakkaramennai allakkāttiruntu - un**
**Anbu muttam ennai tazhuvayyenkirunten**
**Sellappillai kankkalanka pāttiṭave - tāy**
**Manamurukātiruppatu sarittāno?**

J'avais soif de Ton étreinte si aimante et de Ton doux baiser.
Est-il juste de rester indifférente et de laisser pleurer
Ton fils préféré, O Amma ?

# NĪLA GAGAN MĒ MUKT PAVAN MĒ (HINDI)

**nīla gagan mē mukt pavan mē**
**mam man hamsā uḍtā jāyē**
**kālē bādal rāh na chōḍē**
**upar unasē uḍtā jāyē**

Dans le ciel azuré, sur la brise qui souffle,
le cygne de mon mental s'élève vers les cieux.
Les noirs nuages ne se dissipent pas, il vole au-dessus d'eux.

**ramga bhimragī kirṇe dēkhē**
**man mērā lēh rātā jāyē**
**hūā andhērā rāh dikhē nā**
**pagalā man tū kyun ghabrayē**

**dhūp cchāv kī ānkh michaunī**
**bhōlī ānkhē mudtī jāyē**

A la vue de rayons multicolores, mon esprit vogue.
Les ténèbres sont descendues et la voie est obscure.
O mon mental, fou que tu es, de quoi t'inquiètes-tu ?
La lumière et les ténèbres jouent à cache-cache !
Les paupières innocentes s'alourdissent et se ferment.

**pavan chakārō dē sandēśā**
**kō ī dūr būlātā jāyē**
**jal sē chamchal mēgh bharē hai**
**kōmal pankh bhīgtā jāyē**
**mṛdu phuhār kī śīt latā mē**
**cchūdr apantav ghūlatā jāyē**

Le vent apporte un message, un appel.
Les nuages, agités, sont gonflés de pluie. Les douces averses, rafraîchissantes, mouillent les tendres ailes.
Mon petit « moi » limité, cette illusion, est en train de disparaître.

**nitya nimratar kī īḍān mē**
**bhramar jag dūr cchuṭ tā jāyē**
**gatimay sthirtā kō pākar**
**jīvan kā śram miṭṭā jāyē**
**śānt saumya kī vyāpaktā mē**
**hṛday gagantav hōtā jāyē**

Grâce à ce vol constant, ce monde d'illusion s'efface peu à peu.
Lorsque la vitesse sera régulière, il n'y aura plus d'efforts à faire.
La douceur de l'Omniprésent permet à ce cœur de monter haut dans le ciel.

# NINAIVAI NĀN MARAKKAYILĒ (TAMOUL)

**ninaivai nān marakkayilē**
**neñjinilē yār varuvār**
**nichayamāy nī varuvāy - mattra**
**mattra ninaivellām akanṭruviṭum**

Si j'oublie la vérité qui demeure en moi, qui viendra occuper mon cœur ?
Sans nul doute, Tu viendras, et toutes les autres pensées s'évanouiront.

**kanavil nān mitakkayilē**
**kanavukkuḷ yār varuvār**
**kaṭṭāyam nī varuvāy**
**mattra kāṭchiyellām maraintuviṭum**

Si je pars à la dérive en rêvant, qui remplira mes pensées ?
Sans nul doute, Tu vas apparaître dans mes rêves,
et toutes les autres images s'effaceront.

**uṇavai nān marakkayilē**
**ūṭṭam tara yār varuvār**
**uṇavāka nī varuvāy en**
**uyir kākkum tāyāvāy**

Qui viendra me nourrir si j'oublie de manger ?
Tu viendras à moi en tant que nourriture,
Et sous l'aspect de la Mère qui protège la vie.

**aṇaittiṭa nān ēngugayil**
**ādaravāy yār varuvār**
**ammāvām nī varuvāy**
**aṇaittu entan tuyar tīrppāy**

Si mon cœur a soif d'une étreinte affectueuse, qui me prendra dans ses bras ? O Mère, Tu viendras me serrer contre Ton cœur, mettant fin à ma douleur.

**uyirāy uṇarvāy vazhiyāy oḷiyāy**
**guruvāy gatiyāy varuvāyē**
**anpāy amutāy aṇaippāy**
**arivāy aruḷāy varuvāyē**

Viens, je T'en prie, Tu es ma vie, ma perception,
mon chemin, ma lumière, mon guru et ma destinée.
u es Amour, Nectar et Connaissance.
Prends-moi dans Tes bras, répands sur moi Ta grâce.

# NINNA MAMATE (KANNADA)

**ninna mamate prītiyalli**
**nānu karuṇe kaṇḍēnu**
**ihada nōva maretēnu**
**parada kaḍegē olidēnu**

Ton amour plein de compassion me fait oublier
les chagrins de ce monde et chercher le Divin.

**ninna pālige nānu kanda**
**adē nanage ānanda**
**ninna maḍilali oragide**
**ninna sparśake sukhiside**

Ma joie, c'est d'être Ton bébé, de reposer sur Tes genoux.
Comme je languis de Tes caresses !

**dhanyavāyitu nanna baduku**
**ammā ninna neneyuta**
**nīniralu neravige**
**janma pāvana ennuta**

Ma vie est bénie, riche du souvenir des moments passés auprès de Toi. Ta présence, Ton soutien, ont sanctifié mon existence.

# NIN ŌRMAKAḶ (KANNADA)

**nina nenapu mātra ī manava**
**endendu tumbirali harasen nanu**
**amma nina muddina magu nānu**
**nannanu endigu mareyadiru**

O Mère, c'est Ton souvenir qui sans cesse occupe mes pensées. Mais Toi, pourquoi ne Te souviens-Tu pas de moi, Ton esclave, toujours prêt à T'obéir aveuglément ?

**bānalu bhuviyalu aṇurēṇu kaṇadalu**
**ninagāgī huḍukuta tapisiruvē**
**nūrāru janma nūrāru kalpa**
**nī kāṇadāgī vyarthavāyitu**

Dans le ciel, sur la terre, partout où vivent les hommes, je T'ai cherchée en pleurant. Et c'est ainsi que j'ai pris naissance des centaines et des milliers de fois.

**kāruṇya hommuva kaṇṇōṭṭa nīḍi**
**ānanda bhāgya karuṇiseyā**
**chandrana hū prabhāpūravē nī**
**mandahāsa moga tōriseyā**

Pourquoi ne me lances-Tu pas un regard plein de compassion ? Pourquoi Ton charmant sourire qui rayonne, glorieux, comme la pleine lune, ne brille-t-il pas ?

# NINTRA TIRU KOLAM KANTEN (TAMOUL)

**nintra tiru kolam kanten**
**nirai tiruppādam kanṭen**
**anṭralarnda malarai pola**
**akam kulirum siripai kanṭen**

Je me concentre sur Ta forme magnifique et sur Tes pieds divins.
La vue de Ton sourire, charmant comme une fleur fraîchement épanouie, apaise mon mental.

**alail aṭikku kanṭen**
**karaittanil aṭanka kanṭen**
**alai pāyum entan manamum**
**annai anbil aṭanka kanṭen**

Je vois les vagues se briser sur la rive qui les arrête.
Ainsi, Ton amour discipline mon esprit vagabond.

**ilaikal asainda potum**
**iruvizhikal azhaikka kanṭen**
**mazhaittulikal vīzhuntapotum**
**manakkarunai vellam kanṭen**

Le mouvement des feuilles évoque pour moi celui de Tes yeux attrayants.
Dans les gouttes de pluie qui tombent, je vois le flot de Ta compassion.

**unna nān unaveḍuttāl**
**un mukhame atilum kanṭen**
**enna nān ninaitta potum**
**en ammā unnai kanṭen**

Et quand je m'apprête à manger, c'est Ton visage que je vois dans la nourriture ;
Quelles que soient mes pensées, O Mère, c'est encore Toi que je perçois en elles.

# NIRAVADYADĪPA (MALAYALAM)

**snēhōpahārāmṛtavāgvilāsam**
**nēdicchorīyilacchīntilninnum**
**alpālpamāyeduttanjarkku nalkiyāl**
**alpatvamō dēhi, nin prasādam!**

Si je T'offre le don de Ton amour, le prasad du nectar de Tes paroles,
en le versant doucement avec une feuille,
me trouveras-tu trop présomptueux ?

**kuḷirtennalāy vannu hṛdayamaṇivīṇayil**
**śrutiyalakaḷ neyyunnōranubhūtiyāṇu nī!**
**karuṇatannalamāla pettuperukum -van**
**kaṭalāyanin hṛdaya mahimayentāścharyam!**

Tu es l'expérience des vibrations qui s'éveillent
Sur la *vina* du cœur caressé par une brise rafraîchissante !
Qu'il est merveilleux, le vaste océan de Ton noble esprit,
où se lèvent sans cesse les vagues de la compassion !

**iṭaneññil iruḷinde tiramālabhēdicchu**
**tiranōkkumavambōdha niravadyadīpamē!**
**viriyunna malarinde akaneññilūṛunna**
**makarandavum janani, aviṭunnu niśchayam!**

O Lumière infinie de la vision transcendante qui brisera
les sombres vagues du mental ! Tu es le nectar qui suinte
de la fleur du cœur une fois épanouie, O Mère, c'est certain !

# NIRMMALA SNĒHAME (TULU)

**nirmmala snēhane īrenu ariyāndhi**
**jīvidia dāyagammā**
**nitya nirāmayi īrenu ariyāndhi**
**jīvida dāyagammā ammammā**

Amour immaculé, O Mère, à quoi sert cette vie
si on la passe sans Te connaître ?
Déesse éternelle et immuable,
à quoi sert une telle vie ?

**śāśvata snēhane īrenu ariyāndhi**
**jīvida dāyagammā**
**mōhana rūpane īrenu nepandhi**
**jīvida gāyagammā ammammā**

Amour inégalé, à quoi sert une vie
qui ne Te connaît pas ? A quoi sert une vie
qui ne Te contemple pas,
Toi dont la forme nous enchante?

**mōkṣa sandāyini īrennu labhisandhe**
**jīvida dhanyavāṇḍō**
**bhakterenamana jimji dhināre**
**darśana korule ammā ammammā**

Toi qui confères la Libération, comment sans Toi
ma vie pourrait-elle être comblée ?
Toi qui captives le mental des dévots,
m'accorderas-Tu Ta vision ?

# NĪ SANNIDHI LŌNE SARVAM AMMA (TELUGU)

**Makaranda mādhurya muna - tēnlēnduku**
**Malletōṭṭa chērenu bhramaramu**
**ā prēma mādhuryamuna tēlēnduku - amma**
**oḍiki chērēnu nāmanam - ēdi**
**bhramaramā telusukō madhuramu**

L'abeille s'en va butiner le jardin de jasmin pour y goûter la douceur du nectar. Mon esprit se pose dans les bras d'Amma pour y trouver la douceur de cet amour divin.
O abeille, qu'est-ce qui est le plus doux ?

**Tīrani dāhamunu tīrcchuku nēnduku**
**Mēghamukai chātakamu vēcchenu**
**ā kṛpāvarṣamuna taḍisēnduku - amma**
**chūpukai vēchēnu nāmanam - chātakamā**
**dēnitō dāhamu tīrunō**

L'oiseau *chataka* attend les nuages de pluie pour apaiser sa soif inextinguible. Mon cœur attend le regard d'Amma pour se noyer dans la pluie de Sa grâce.
O *chataka*, qu'est-ce qui désaltère le mieux ?

**Nirmala jalālalō vihariñchēnduku**
**Himasarasu rāyañcha chērenu**
**ānandavīchikala vihariñchēnduku - amma**
**pādamu chērenu nāmanam - ānandamu**
**rāyañcha endulo**

Le cygne royal va dans le lac *Mana sarovar* pour nager dans des eaux pures. Mon cœur se pose aux pieds d'Amma, pour baigner dans les vagues de la félicité.
Où donc se trouve la béatitude, O cygne royal ?

**nī sannidhi lōne sarvam amma**

O Amma, en Ta présence, on trouve tout.

# NĪ TANDA SOLLEṬUTTU (TAMOUL)

**nī tanda solleṭuttu nān pāṭinēn**
**nilaiyaṭṭra vāzhvirkku poruḷ tēṭinēn**
**nān enṭrum nī enṭrum ēn pārppadō**
**nān unnil karaindiṭa nāḷ pārppadō**

J'ai chanté avec les mots que tu me donnais.
Je cherchais le sens de cette vie illusoire.
Dans ma perception, Toi et moi sommes séparés.
Devrais-je songer au jour où je me fondrai en Toi ?

**yandiramāy nānum iyankīṭinum**
**iyakkiṭum śaktiyinṭri iyakkamuṇḍō**
**seyalgaḷai nānum seydīṭinum**
**seyalpaṭum valimai unadanṭrō**

Bien que je bouge, comme une machine, Je devrais me souvenir qu'une machine a besoin d'énergie pour fonctionner.
Bien que j'accomplisse de nombreuses actions,
Je devrais comprendre que la faculté d'agir vient de Toi.

**viralkūṭa nīyinṭri asaindiṭumō**
**vīṇāy ārpparittal maṭamaiyanṭrō**
**ulakattin asaivellām unadanṭrō**
**umaiyaval un pādam śaraṇamanṭrō**

C'est par sottise que nous critiquons nos karmas (actions).
Sans Toi, nous ne pouvons pas bouger un seul doigt.
Toutes les activités en ce monde ont leur source en Toi.
O Mère Uma, je prends refuge à Tes pieds !

# OKKA MAṆI (TELUGU)

**okka maṇi kānuka ivvālani**
**vedikiti aṇuvaṇuvuna dhariṇī**
**ammā ninu miñcina maṇi lēdani**
**telusukoṇṭini sarvēśvarī**

J'ai fouillé la Terre entière à la recherche d'un cadeau digne d'Amma,
pour arriver à la conclusion qu'il n'existait rien de tel.

**ō mutyam bahumati ivvālani**
**ammā sōdhinciti mottam kaḍalini**
**nī nētrālanu miñci mutyālu lēvani**
**grahiñciti satyam mātā bhavānī**

J'ai sillonné l'océan à la recherche d'une perle pour Amma.
Mais en vérité, rien n'est plus brillant que les yeux d'Amma.

**tallī tīyani tēnelu tēvālani**
**tirigiti palu kōnalu kānalani**
**ā vanālu telipē alasina nanu gani**
**amma palukula kannā lēvani**

En tous lieux, j'ai cherché du miel pour l'offrir à Amma.
J'ai fini par m'asseoir, épuisé par ma quête.
Alors la forêt m'a dit : « Rien n'est plus doux que les paroles d'Amma. »

**nī mungiṭa velugu nimpālani**
**ā candruni anduku tēvālani**
**śaśi telipē tanu pasi bāluḍani**
**amma mundu velavela bōyēdānani**

J'ai décidé de décrocher la lune pour éclairer la demeure d'Amma.
Mais la lune m'a confié en soupirant qu'elle n'était qu'une enfant,
qui pâlirait devant l'éclat d'Amma.

# ŌM HARI ŌM HARI ŌM HARI (TAMOUL)

**ōm hari ōm hari ōm hari ōm hari**
**ōm hari ōm hari ōm hari ōm**
**ōm hari ōm hari ōm hari ōm hari**
**ōm hari ōm hari ōm hari ōm**

Om Hari, Om Hari

**jñāniyar yōgiyar ṛṣikaḷ sollitanta**
**mantiram praṇavam ōm**
**ōmenum tārakam uṛaittiruntāl**
**vēṛoru chintanai illai enbōm**

Le son primordial Om est le mantra des sages, des yogis et des rishis.
Si on chante Om, aucune autre pensée ne peut jaillir.

**tārakamantiram vēdattin sāram**
**puṇyabhūmi tantadāl**
**pittanai pōlatai nittamum japittu**
**chittam teḷindu inburuvōm**

Om est l'essence des Védas, un don de cette terre sacrée.
En chantant Om sans cesse, comme un fou, le cœur est purifié.

**ōm hari ōm hari ōm hari ōm hari ......**
**uḷḷattin kōvilil sadā pūyaikaḷ**
**dīpārādhanai nadakkumē**
**sadā pūjaikaḷ nadappatālē**
**nanmaikaḷ viḷaiyum kōdiyē**

Les prières constantes qui s'élèvent dans le temple du cœur apportent des bienfaits en abondance.

**kōti kōti kōṭi eṉṉaṅkaḷ oṭuṅki**
**orumukamāy ākumē**
**orumukamāy āvatālē**
**pērinbam vantu sērumē**

Les pensées foisonnantes s'évanouissent, laissant place
à la concentration, puis au bonheur éternel.

**ōm hari ōm hari ōm hari ōm hari ....**

# O MIND BECOME SURRENDERED (ANGLAIS)

**O mind, become surrendered,**
**allow only truth to be your friend.**
**Nobody belongs just to you, no one is your own.**

Mental, abandonne-toi,
N'autorise qu'à la vérité de devenir à ton ami.
Tu ne possède personne en particulier, nul n'est ta possession

**Round and round this world you wander,**
**not seeing the reason why you're here.**
**By doing such meaningless actions, you cannot escape**

Tournant en rond dans ce monde tu t'interroges,
Et tu ne comprends pas pourquoi tu es ici.
Tu ne peux pas t'échapper, dans toutes ces actions insignifiantes.

**As you listen to the praises**
**of those who admire all you do**
**remember life passes quickly like leaves on a stream**

Quand tu écoutes les éloges
De ceux qui admire tout ce que tu fais,
Souviens-toi que la vie file comme des feuilles sur le ruisseau

**After being celebrated, this body**
**that carries you from birth**
**will be an abandoned dwelling, forsaken by life.**

Après avoir été célébré, ce corps, qui te contient depuis la naissance,
deviendra une demeure abandonnée, délaissée par la vie.

**On and on you struggle bravely,**
**fulfilling desires of those you love.**
**You sacrifice everything for them, including your life**

Sans cesse tu te bats courageusement,
Satisfaisant de ceux que tu aimes.
Tu sacrifies tout pour eux, y compris ta propre vie.

**Even those who love you dearly**
**cannot stay beside you after death.**
**Your body they found so attractive now scares them away**

Même ceux qui aiment tendrement
Ne peuvent demeurer avec vous après la mort.
Votre corps qu'ils trouvaient si attrayant, maintenant les fait fuir.

**Captured in the snare of maya**
**you're traveling a road that has no end.**
**Remember the divine Mother, repeating Her Name**

Prisonnier du piège de la Maya
Tu es engage sur une route qui n'a pas de fin.
Souviens-toi de la Mère Divine, répétant son nom

**Leaving behind all desires,**
**join in the eternal dance of bliss,**
**by singing to Mother Kali, Kali Mata.**

Laisse derrière toi les désirs,
Et rejoins la danse éternelle de la béatitude,
Chantant Kali Mata à Mère Kali.

# ŌMKĀRA SVARARŪPIṆĪ UṆARŪ (MALAYALAM)

**ōmkāra svararūpiṇī uṇarū**
**nī enḍe hṛdayāntarāḷangaḷil**
**mṛdutantriyil oru mantramāyi**
**ātmāvil varaviṇayail unarū**
**ōmkāra svararūpiṇī**

O forme du son cosmique, éveille-toi dans mon cœur,
comme un doux mantra accompagnant la *vina* céleste de mon âme.

**āhlādaniraviṇṭe malarvādiyil**
**sāmōdamādum mayūripōle**
**ānandanarttanam āḍān ninakkeṇḍe**
**jīvitārāmamorungi nīḷe**

Comme le paon gracieux danse dans les bosquets de l'extase,
viens danser en extase sur la scène de ma vie, préparée pour toi!

**pāṛiparakkuna pūttumbipōl – kāttil**
**pāṭi kaḷikkunna pūvallipōl**
**kākaḷipāṭunna pūñchōlapōl – pāṭi**
**yāṭittimarkkukenn ātmāvil nī**

Comme le papillon qui volète gracieusement parmi
les lianes qui se balancent et les grappes de fleurs qui ondulent,
viens danser et chanter en mon âme !

# ŌM KĀRĒŚVARA (SANSCRIT)

**ōmkārēśvara kailāsēśvara**
**hara hara mahāprabhō**
**naṭanā manōhara śrī paramēśvara**
**śiva śiva mahāprabhō**

O Seigneur du son Om, Seigneur du mont Kailash,
Hara, grand Dieu ! Ta danse nous enchante, Seigneur Shiva !

**śriśaila vāsā śrī pārvatīśā**
**hara hara mahāprabhō**
**śrī nīlakaṇṭhā śrī bhūtipūrṇṇā**
**śiva śiva mahāprabhō**

Seigneur de Parvati, Dieu qui réside au Mont Kailash !
Shiva à la gorge bleue, resplendissant de gloire divine,
O Shiva, grand Seigneur !

**viśvēśvarā dēva mṛtyuñjayāhara**
**hara hara mahāprabhō**
**mōkṣa pradāyaka mōhāndhya nāśaka**
**śiva śiva mahāprabhō**

Seigneur de l'univers, Tu triomphes de la mort !
Tu accordes la Libération et détruis les ténèbres de l'illusion,
O Shiva, grand Seigneur !

**mahāpāpa nāśana sadā suprasanna**
**hara hara mahāprabhō**
**bhavat pādapat mam sadāham namāmi**
**śiva śiva mahāprabhō**

Toi qui détruis les péchés, Seigneur plein de miséricorde, je me prosterne sans cesse à Tes pieds de lotus ! O Shiva, grand Seigneur !

**hara hara mahāprabhō... śiva śiva mahāprabhō**
**ōmkārēśvarā.. śiva śiva śankara**
**kailāsēśvarā.. śiva śiva śankara**
**naṭanamanōhara.. śiva śiva śankara**
**śrī paramēśvara.. śiva śiva śankara**
**gangādharahara.. śiva śiva śankara**
**mṛtyuñjayahara.. śiva śiva śankara**

O Seigneur Shiva, Seigneur du Omkara,
Tu accordes ce qui est propice,Seigneur du mont Kailash,
grand Danseur, Tu portes le Gange dans Ta chevelure,
Tu triomphes de la mort, O grand Seigneur Shiva !

# OM MANGAḶAM (SANSCRIT)

**om mangalam**
**omkara mangalam**
**om namah śivaya**
**śri gurave mangalam**

Om est propice, la syllabe Om est propice.
Salutations à Shiva. Sri guru est propice.

**na-mangalam**
**nakara mangalam**
**nada bindu kalātita**
**gurave mangalam**

Na est propice, la syllabe Na est propice.
Le guru qui est au-delà des sons et des formes est propice.

**ma mangalam**
**makara mangalam**
**maya moha bandha rahita**
**gurave mangalam**

Ma est propice, la syllabe Ma est propice.
Le guru qui est au-delà de maya et de tout attachement est propice.

**śi mangalam**
**śikāra mangalam**
**śiva viṣṇu brahma rūpa**
**guravē mangalam**

Shi est propice, la syllabe Shi est propice.
Le guru qui a pris la forme de la trinité
(Shiva, Vishnou et Brahma) est propice.

**vā - mangalam**
**vakāra mangalam**
**vāda veda jñāna dīpa**
**gurave mangalam**

Va est propice, la syllabe Va est propice.
Le guru qui est la lumière de la connaissance
de tous les débats et de tout le savoir est propice.

**yā - mangalam**
**yakāra mangalam**
**yāga yoga sākṣibhāva**
**gurave mangalam**

Ya est propice, la syllabe Ya est propice.
Le guru, témoin de toute action et de toute pratique spirituelle,
est propice.

**amba mangalam**
**jagadamba mangalam**
**annapurne śankarāngi**
**śakti mangalam**

Mère est propice, la Mère du monde est propice.
Elle nous donne la nourriture, Elle est la meilleure moitié de Shiva
Elle est Shakti et Elle est propice.

**amba mangalam**
**jagadamba mangalam**
**mahalakshmi śaradambe**
**kali mangalam**

Mère est propice, la Mère du monde est propice.
Elle est Mahalakshmi, la déesse de la prospérité,
Elle est Sharadamba, la déesse du savoir,
Elle est Kali la déesse de la dissolution.

**amba mangalam**
**jagadamba mangalam**
**brahma rupe viśva rupe**
**devi mangalam**

Mère est propice, la Mère du monde est propice.
Elle est la forme de l'Absolu, Brahman,
Elle est la forme de l'univers
Elle est Dévi, Elle est propice.

# OM ŚAKTI (TAMOUL)

**om śakti om śakti om – parāśakti**
**om śakti om śakti om**
**om śakti om śakti om – parāśakti**
**ādi parāśakti om**

Hommage à la Puissance suprême de l'univers,
Hommage à l'Energie primordiale de l'univers.

**ammā nān unnai marandālum, tāyē nī ennai marappāyō**
**kattrariyā uḷḷam tanai kaḷvanaippōl māttrinēn**
**pattrukaḷāl pāsamgaḷāl pāṭham kattruttērinēn**
**tīmaiyaitterindiuntum tīvinayāl keṭṭēn**
**nanmai ena arindum arukē pōnatillai**

O Mère, nous avons beau T'oublier, comment pourrais-Tu nous oublier ? Mon cœur pur et immaculé, je l'ai secrètement entaché. Pris dans le filet des liens et des attachements, j'ai appris de nombreuses leçons.

J'ai commis de mauvaises actions, tout en sachant qu'elles étaient néfastes.
Je me suis abstenu d'agir, là où j'aurais pu faire de bonnes actions.
Ce mauvais pli a flétri mon caractère.

**nān ariyātennuḷḷē pukundu naṭattukirāy**
**nān arindēn ena ninaittāl pāṭāyppaṭuttukirāy**
**meypporuḷām dēvi unnai arivatu eḷitō**
**poyyulakam tannil ennai pōkaviṭātē**

A mon insu, Tu as pénétré dans mon cœur et Tu agis de l'intérieur.
Si je pense Te connaître, Tu brises mon ego.
Est-il facile de Te saisir, O Dévi, Incarnation de la vérité ?
Je T'en prie, ne me laisse pas me perdre dans le monde de l'illusion.

# ŌM ŚAKTI ŌM ŚAKTI ŌM ŚAKTI ŌM ŚAKTI (TAMOUL)

**om śakti om śakti om śakti om**
**ālayamani isaikka manikkatavum tāzhtirakku**
**mangalavādyattin oli keṭkave**
**vedaghoṣam etirolikka devagānam enkum keṭka**
**śrī simhavāhini praveśīttāle**

Les cloches du temple sonnent, la porte du sanctuaire s'ouvre, on entend une musique divine, les chants védiques s'élèvent et les êtres célestes chantent : la Déesse, montée sur un lion, fait Son entrée.

**anbukonḍu kankalanki artthamulla vāzhv venṭa**
**aḍimai ennai kannasaittu aravanaippāle**
**veru enna venḍum jīvan janmasāphalyamākum**
**svayamprakāśam āna kāli entan annaiye**

Les yeux pleins de larmes, l'esclave que je suis aspire à une vie qui ait un sens ; la Déesse alors me prend dans Ses bras avec un regard approbateur.
Quel pourrait bien être le sens de la vie, sinon la libération du cycle de la naissance et de la mort ?

**icchaiyellām pūrttiśeytu kālam virayam ākkum mune**
**venṭamai venṭi tāyai śaran pukuvome**
**śvāsam muzhutum kalantiṭuvāl idhayam**
**śuddhamākkiṭuvāl**
**āsaiyenḍra sollukkini iḍam illaye**

Au lieu de gaspiller notre vie à satisfaire nos envies,
prions la Mère divine afin d'atteindre l'état sans désir.
Elle deviendra alors notre souffle même, purifiant notre cœur
où le sentiment de manque ne pourra plus s'infiltrer.

## Ō NARUḌĀ (TELUGU)

**ō naruḍā! ō naruḍā! nīvē śivuḍu rā**
**adi nīvē! adi nīvē! ani telusukō rā**
**sōham śivōham ....**

O Mortel ! Tu es Shiva ! (celui qui est éternellement propice)
Prends conscience de cette vérité : « Tu es cela ! »
Je suis Cela ! Je suis Shiva !

**nīvu janiyiñcitivi śivuni nunḍi rā**
**nīvu layincedavu śivamu nandē rā**
**antā śivamaitē! nīvē śivu ḍaitē**
**nī rākapōkalu echaṭiki rā**

Elève-toi au-dessus des concepts de naissance et de mort
et sache que tu es Shiva - Conscience et Béatitude éternelles.

**jagamantayu śiva caitanya sāgaramē rā**
**nēḍu nīvokkacinna nīṭi buḍaga rā**
**rēpu nīvokkapedda alavuduvu rā**
**ī nāma rūpālu śiva kaṭalē rā**

L'univers entier n'est rien d'autre que l'océan de la Conscience de Shiva.
Il se peut que tu ne sois aujourd'hui qu'une petite bulle
dans cet océan de conscience.
Il se peut aussi que demain tu deviennes une puissante vague ;
élève-toi au-dessus des concepts des noms et des formes
et sache que tu es Shiva.

**nēnanu bhāvamutō sṛṣṭi nijamu nīku rā**
**ābhāvamē toligitē sṛṣṭi māyamagunu rā**
**jīvitacitrālu merisē venḍitera nīvu rā**
**nīvennaṭu mārppu candani śivānandamu rā**

Quand le sentiment du « moi » apparaît, ce monde semble réel.
Il s'évanouit quand ce sentiment disparaît.
Tu es un bel écran argenté où les multiples formes de vie
brillent un moment, puis disparaissent.
Sache que tu es Shiva, béatitude éternelle et immuable,
qui incarne tout ce qui est propice.

**sōham śivōham...**

Je suis Cela ! Je suis Shiva !

# ŌRMMAYIL NINNU (MALAYALAM)

**ōrmmayil ninnurnnu vīṇoru kāvyaśīlil ñān... ende**
**jīvitatte tōṇiyākki yātra-ceyyunnu!**
**kāttunilpillārum-ennuṭe yānapātratte... ende**
**tōṇiyil ñān mātramāyi yātra-ceyyunnu!**

Je fais de ma vie un bateau, je vogue dans la barque de la poésie
qui suinte de mes souvenirs. Personne ne m'attend,
je voyage seul dans mon embarcation !

**ātma-nombaram ārarivū nīyorāḷenyē... snēho-**
**dāraśīle! nīlavānam pōle-ninnuḷḷam**
**mānasappon tēril ñān-onnānayichōṭṭe... ammē**
**nēraminnum ēreyāy nī āgamikkille?**

O Toi qui répands généreusement l'amour !
Qui d'autre que Toi connaît le chagrin de mon cœur ?
Ton cœur est vaste comme le ciel bleu.
Laisse-moi T'accueillir dans le char doré de mon cœur.
Mère, il se fait tard ! Viendras-Tu enfin ?

**uḷḷil ārdratayuḷḷa nīyennuḷḷu-kāṇille... kaṇḍāl**
**uḷḷamīvidhamentin-ammē ventunīrunnu?**
**eḷḷileṇṇakaṇakku nīyennuḷḷiluṇḍēlum... uḷḷāl**
**kaṇḍariññallāte yeṇganeyuḷḷumārunnu?**

Toi qui as le cœur tendre, ne vois-Tu pas dans quel état je suis ?
Si Tu l'as vu, pourquoi mon cœur brûle-t-il encore ?
Bien que Tu demeures en moi comme l'huile dans une graine de sésame,
comment mon cœur pourra-t-il changer sans Ta vision ?

**cāriṭārillen-manassin jālakaṇgaḷ ñān... premo**
**dāragānālāpamāy nī āgamikkille?**

**māntaḷirtottinde mārddavamuḷḷorennūḷḷam... ninde**
**kālaṭippon tāmarattēn pūvū tēṭunnu!**

Je ne ferme pas les portes de mon cœur.
Viendras-Tu, Toi le chant de l'Amour ?
Mon cœur a la douceur des tendres pousses de mangues ;
il cherche le nectar de Tes pieds de lotus adorés.

# ORUNĀLAMMA (TAMOUL)

**orunāḷamma sēyākavaruvāy**
**sirupiḷḷai nānuntan tāyākavēṇḍum**
**aritāna muttinai varavēttru nānum**
**narumalar tūvi ānandam koḷvēn**

O Mère vas-tu m'apparaître un jour sous la forme d'une enfant ?
Je désire être la mère de cette enfant divine, si précieuse.
Je l'accueillerai avec bonheur, en la couvrant de fleurs.

**sīraṭṭi pārāṭṭi muttamiṭuvēn**
**mañcaḷpūsi piñcumēni nīrāṭṭuvēn**
**piñcunakku paṭṭuṭutti talaivāri pūsūṭṭuvēn**
**kanakamaṇi kolusaṇintu kaivaḷaikaḷ pūṭṭuvēn**

Je la serrerai dans mes bras, la câlinerai et l'embrasserai.
Je baignerai son corps de chérubin dans la poudre de curcuma.
Je l'habillerai de soie et lui brosserai les cheveux, que j'ornerai de fleurs.
Je parerai ses poignets et ses chevilles de bracelets.

**kaṇmaṇikku maitīṭṭi sāntupoṭṭu vaittiṭuvēn**
**vairakkal mūkkutti nāsikayilē pūṭṭiṭuvēn**
**sinnañciru iṭayinilē oḍyāṇam aṇivippēn**
**minnum ponmakuṭam sirasinilē sūṭṭuvēn**

Je lui mettrai du khôl autour des yeux et de la pâte de santal sur le front ;
j'ornerai son nez d'un anneau de diamant ;
je ceindrai sa taille minuscule et poserai une couronne scintillante sur sa tête.

**puttanputu pūtoṭuttu maṇimārbil sūṭṭuvēn**
**muttazhaki sirippinilē ennai marappēn**
**nilavaikāṭṭi katai pēsi maṭiyamartti sōrūṭṭuvēn**
**toḷile tūnkavaittu tālāṭṭu pāṭiṭuvēn**

Je confectionnerai une guirlande de fleurs fraîches
que je lui passerai autour du cou, paré de bijoux.
Absorbée dans son sourire enchanteur, j'oublierai tout.
Je la prendrai sur mes genoux pour la nourrir,
pendant que je lui raconterai des histoires en lui montrant la lune.
Je la prendrai contre moi, poserai sa tête sur mon épaule
et lui chanterai des berceuses.

**anbē amutē ārārirārō, tāyē tankamē tālēlēlō ...**

Dors, O Mère chérie, Incarnation de l'immortalité ! Dors, O Mère adorée !

# ORU SOṬṬU KAṆṆĪRĀL (TAMOUL)

**oru soṭṭu kaṇṇīrāl manakkovil abhishēkam**
**nibandhanaikaḷ illayē**
**noṭiyēnum dinamun manatil nān iruntāl**
**viṇveḷiyum toṭuvēn**

Une larme, voilà l'offrande du rituel que j'accomplis
dans le temple de mon cœur ;
les Ecritures ne prescrivent rien pour ce genre de rituel.
Si Tu penses à moi une seule seconde chaque jour,
je serai transporté jusqu'au ciel.

**marakkindra pōtunnai vāṭiya ilaipōl**
**kīzhē utirkindrēn**
**ninaikkindra pōtu azhutālum enkō**
**ārutal perukindrēn**

Quand je T'oublie, je tombe comme une feuille morte.
En revanche, quand je me souviens de Toi,
les larmes que je verse m'apportent un certain réconfort.

**virikindra pūmukham ponnāna bhāshaikaḷ**
**sintāmal nindriṭumō**
**ārātu neñcam ārātu anbē**
**tannuḷḷē tavikkindrēn**

Ton visage, beau comme une fleur épanouie,
cessera-t-il de répandre le nectar de Tes paroles ?
Je ne peux pas, je ne peux plus supporter cela, ma Bien-aimée !
Cette séparation me plonge dans une grande agitation intérieure.

# PAGALAINA RĒYAINA (TELUGU)

**pagalaina rēyaina karigēṭṭi kṣaṇamaina**
**nītalapē yada niṇḍani – ō jananī**
**nī nāma śudha poṅgani**

Jour et nuit, à chaque seconde qui passe, tourne mes pensées vers Toi. O Mère, puisse mon cœur déborder de la béatitude

qui jaillit de Ton nom divin.

**nālōna lōlona molakettu bhāvlu**
**pūbālalai viriyanī – ō jananī**
**nī padamulē tākanī**

Dans le tréfonds de mon cœur, puissent les émotions
encore en bouton s'épanouir comme un jardin de fleurs.
O Mère divine de l'univers, Tes pieds viendront-ils s'y poser ?

**māṭṭalō, cētalō pāṭalō pilupulō**
**nī caraṇamē śaraṇanī – ō jananī**
**neranammī madi koluvanī**

La foi et la dévotion dans le cœur, O Mère, puissé-je m'abandonner à Toi en toute chose :
paroles, actions et chants.

**tanuvēmō kōvelai manasēmō dīpamai**
**bhaktibāṭṭanu sāganī – ō jananī**
**amṛtadhārala grōlanī**

Permets-moi de suivre la voie de la dévotion ;
que mon corps soit Ton temple et mon mental
une lampe sacrée. O Mère divine de l'univers,
laisse-moi savourer le nectar de Ta béatitude.

**ilalōna kalalōna janmajanmala lōna**
**nanuganna tallivanī – ō jananī**
**mudamāra ninu cūḍanī – ō jananī**
**muripāna oḍi cēranī**

Dans ce monde, dans mes rêves et dans toutes mes vies futures,
puissé-je toujours Te trouver dans mon cœur, Mère éternelle,
et me retrouver sur Tes genoux divins, exultant de joie.

# PĀHI PĀHI DĒVI PĀHI (TELUGU)

**Pāhi pāhi dēvi pāhi antunēni**
**dēhi dēhi dēvī ī pāda dāsiki bhakti**
**ī pāda dāsiki bhakti**

O Déesse, je ne suis que le serviteur de Tes pieds sacrés.
Mon cœur aspire à la dévotion pure, aide-moi je T'en prie !

**Nāri teliyaka allāḍēnu**
**velugē chūppi kāpāḍavē**
**entaintu tirigēnu**
**nī padamulanē chēruṭṭaku**

J'erre sans but, ignorant le chemin. Éclaire-moi et protège-moi ! Jusqu'où me suis-je égaré, en quête de Tes pieds sacrés ?

**Agni mēghālu chuṭṭēnammā**
**Māya yēva variñchēnammā**
**annī telisina talivi ammā**
**dukhamē bāppi rakṣiñchavammā**

Entouré de nuages de feu, je suis cerné par l'illusion. O Mère omnisciente, dissipe mes souffrances et accorde-moi Ta protection.

# PAṆDHARĪTSĀ DĒVĀ TUJHI (MARATHI)

**paṇdurītsā dēvā tujhi ārati ōvāḷūdē**
**śyāmā tujī kṛpā sadā āmhāvarī rāhūdē**
**āmahāvarī rāhūdē**

O Seigneur Panduranga, avec la lampe sacrée, je décris des cercles devant Toi. O Seigneur au teint sombre, puisse Ta grâce être toujours avec moi.

**hāth tujī kaṭṭēvarī anagāvari pītambar**
**jīvamāssā charaṇī tujā kṣan bharī māzzādēvā**
**anandāt rāhūdēŚ ānandāt rāhūdē**
**śyamā tujī kṛpā sadā āmahāvarī rāhūdē**
**āmahāvarī rāhūde**

Tu portes au poignet des bracelets ; Ton corps est vêtu de jaune.
Je voue chaque instant de ma vie à Tes pieds de lotus.
O Seigneur, fais que je demeure toujours dans la béatitude.
O Seigneur au teint sombre, que Ta grâce et Ta miséricorde soient toujours avec moi.

**rakh māyīssā devā vaso rūp tujā lōcanī**
**śōkpīddā charṇī tujē kṛpā sadā māzzā dēvā**
**āmhāvarī vāhūdēŚ āmhāvarī vāhūdē**
**śyamā tujī kṛpā sadā āmahāvarī rāhūdē**
**āmahāvarī rāhūde**

O Seigneur de Rukmini, que Ta forme est gracieuse !
Bénis-moi, afin que je demeure toujours à Tes pieds.
O Seigneur au teint sombre, que Ta grâce et Ta miséricorde soient toujours avec moi.

**sukh thōd duḥkh bhārī duniyā hī bhalī burī**
**kaṣtāssudhā tujē manan satat mī māzzā dēvā**
**ānandānī karūdēŚ ānandānī karūdēŚ**
**śyamā tujī kṛpā sadā āmahāvarī rāhūdē**
**āmahāvarī rāhūde**

Il y a plus de souffrance que de plaisir en ce monde plein de douleur et d'affliction.
Quels que soient les tourments qu'il me faudra endurer,
O Seigneur, puissent mes pensées rester constamment fixées sur Toi.
Accorde-moi cette faveur, accorde-moi de penser à Toi avec bonheur.
O Seigneur au teint sombre, que Ta grâce et Ta miséricorde soient toujours avec moi.

# PARABRAHMA (KANNADA)

**parabrahma prabheyāda paramjyōti nannamma**
**śyāmalavarṇṇini dhavaḷāva guṇṭhini**
**nīyārendu nā hēḷali**
**ninna mahime ēnendu nā hēḷali**
**ninna mahime ēnendu nā hēḷali**

Ma Mère, Tu es la lumière radieuse de Brahman.
Comment pourrais-je exprimer ce que Tu es ?
Comment pourrais-je décrire Ta gloire ?

**mōhaka kaṇṇōṭṭa beṇṇe kaḷḷana āṭṭa**
**kānalu bālle nijadali māte**
**līlāvinōdoni ammā...**
**guṇagaḷigatīte ammā**

Avec des regards enchanteurs, Tu joues les jeux espiègles du voleur de beurre (Krishna) ; tu as l'allure innocente d'une petite fille et pourtant Tu es une vraie Mère ; Tu transcendes les trois *gunas.*

**śiradali mukuṭa jaratāri sīre**
**īgomme kāḷi magadomme lalite**
**ellāra snehite ammā...**
**śivaśakti ekyavē ammā**

Portant une couronne et un sari magnifique,
Tu es parfois Kali et parfois Lalita. Tu es l'amie de tous ;
Mère, en Toi Shiva et Shakti ne font qu'Un.

**sāgarakū gūḍa gāḷigū saraḷa**
**śiradali bēṭṭa karmadi gangē**
**nirantara vāhini ammā...**
**sṛṣṭiya dāsānudāsi ammā...**

Tu es plus mystérieuse que l'océan, plus subtile que l'air, plus solide qu'une montagne. Tel le Gange qui coule éternellement, Tu agis pour le bien de la création entière.

**līlānāṭaka sūtra khēlanakari**
**mandasmita vadane prēmāvatāri**
**amṛtānandamayi ammā...**
**sadguru rūpiṇi ammā**

Mère de l'Immortelle béatitude, si souriante, mon *satguru*, Incarnation de l'Amour, Tu diriges la pièce de théâtre de la création, O Mère !

# PARI PARI (TELUGU)

**pari pari vidhamula tirigēṭi manasu**
**ūhala uyyālai ūgēṭi manasu**

Qu'ils sont nombreux, les chemins qu'emprunte le mental quand il vagabonde. Berceau de pensées illusoires, il se balance.

**oka pari bhakti tō cintiñcē manasu**
**maru pari rakti tō parigiḍē manasu**
**inkō paribhuktikai pākkulāḍē manasu**
**bahupari ceñcalamai urikēṭi manasu**

Tantôt il est d'humeur contemplative et dévotionnelle,
Tantôt il court après les distractions.
L'instant suivant, il brûle d'envie de savourer un somptueux festin.
Il a bien des façons de chanceler, ce mental qui ne cesse de se balancer !

**oka pari gānamulō paravaśiñcē manasu**
**maru pari viṣayamulō vihariñcē manasu**
**inkō pari bandhamulō munugeṭṭi manasu**
**bahupari ahamulō cikeṭṭi manasu**

Tantôt il goûte la douceur de chants mélodieux.
Tantôt, il fait un détour dans les mondanités.
Puis, c'est dans l'attachement aux proches qu'il se noie.
Bien souvent il se retrouve pris dans les griffes de l'ego.

**japa tapa dhyānamutō sthiramagu manasu**
**bahukāla sādhanatō nilicēṭṭi manasu**
**ammanu prēmiñci śuddhamayyē manasu**
**satguru śaraṇamutō tariñcē manasu**

La répétition des noms divins, l'ascèse et la méditation apaisent le mental ; grâce à des efforts adéquats et constants, il se stabilise. La présence d'Amma et notre amour pour elle purifient le mental. En s'abandonnant au guru, le mental, purifié, atteint la perfection.

# PAṬṬAVE PĀDAMU (TELUGU)

**paṭṭave pādamu gaṭṭigā manasā**
**paṭṭunu viḍuvaka niluvave manasā**

O mon esprit, de toutes tes forces,
concentre-toi sur Ses pieds,
Ne les oublie jamais !

**penumāyala tera kamminagāni**
**palumārlu guri tappinagāni**
**suḍigālulu celarēgina gāni**
**bhavasāgaramuna munigina gāni**

Les voiles sombres et lourds de maya (l'illusion)
t'entourent, et bien souvent, nous manquons le but.
Les ouragans font rage autour de toi et pourtant,
même si tu te noies dans l'océan du monde,
n'oublie pas Ses pieds.

**śaraṇāgatulanu kāceḍi pādamu**
**bhaktajanulanu brēceṭi pādamu**
**nammina biḍḍala sākeḍi pādamu**
**viśva rūpamuna veligeḍi pādamu**

Les pieds de la Déesse protègent ceux qui s'abandonnent à Elle.
Ils donnent la grâce à ceux qui ont de la dévotion
et nourrissent les enfants qui ont foi en Elle.
Ces pieds illuminent la création et nous la montrent
comme une manifestation de la forme cosmique.

**sṛṣṭiki mūlamu ā mṛdupādamu**
**hariharabrahmalu koliceṭi pādamu**
**muggurammalaku mūlapu pādamu**
**amṛtapadamu gamyamu pādamu**

Ces doux pieds sont la cause primordiale de la création.
Ils sont vénérés par la trinité, ils sont le fondement des trois Mères.
Le chemin de l'immortalité n'a d'autre but que ces pieds.

# PĒLAVA KAIVIRAL (MALAYALAM)

**Pēlava kaiviral tumbilppiṭichu ñān**
**sānandam unmattanāyi**
**ninnōṭorumichulāttān kotikunnu**
**nīle chidākāśa dēśe**

Mon cœur aspire à parcourir avec Toi le vaste espace de la pure Conscience. Transporté de bonheur, je saisirai le bout de Tes doigts si doux.

**kālanīr chālonnu nīntikaṭannu ñān**
**prēma sāmrājya tilettān**
**pūpōl mṛddutvam manassinne zhāmamma**
**pilinētra tāluzhiyū**

Traversant à la nage l'océan du temps, j'atteindrai peut-être enfin le royaume de l'amour. Puisse mon cœur devenir aussi doux qu'une fleur caressée par Tes yeux, ces deux plumes de paon.

**Ēkāntamākumī jīvitāraṇyaka -**
**pātayil kāliṭarāte**
**nērttoru nulveṭṭamenkilum nīṭṭumō**
**nīyente nīrmizhikumbil**

Le chemin solitaire de la vie est pareil à une dense et sombre forêt.
Daigne mettre un rai de lumière dans mes yeux, guide-moi à chaque instant.

**Nīrum neruppum virudhadharmmam pole**
**dēhidēhaṇgalum bhinnam**
**dēhō habhāvam poliññu bhāram kura**
**ñānamikkaṭṭe nin kālkal**

Comme l'eau et le feu, le corps et le Soi diffèrent l'un de l'autre.
Délivre-moi de mon fardeau, de l'idée que « je suis le corps » et permets-moi de me prosterner à Tes pieds.

**Āmnāya jñāna chaitanyamē - ennile**
**ñānayo rānanda sindhō**
**dhyānōr jarēṇu pravāhattilūṭe ñān**
**tēṭunnu nin prēmatīram**

La Connaissance dont parlent les Védas, la Conscience, est la Vérité qui demeure en moi. A la lumière de la méditation, j'explore l'océan de Ton amour.

# PRĒMA SĀGARA (KANNADA)

**prēma sāgara ninna mānasa sarōvarā**
**manassina cintēya nīgisuva sangītā**
**hṛdaya spandisuva mauna sandēśā**
**samarppisuvē nanna ī jīvitavu ninnalli**

Le lac de Ton esprit est un océan d'amour,
Une douce musique qui apaise les turbulences du mental.
Tes messages silencieux touchent le cœur.
Je T'offre ma vie.

**ēkāntanāgi andhakāradalli cintisalu**
**ninna divya amṛtasāgara sēridē**
**amṛtatva sēvisalu hṛdaya spandisitu**
**ninna divya caraṇavē duḥkha nivāraṇavu**

J'errais, solitaire, dans une profonde ignorance,
quand j'ai rencontré Ton océan divin et éternel.
Mon cœur fut touché en entendant Tes enseignements immortels.
Tes pieds sacrés sont le seul remède à la souffrance.

**ō ānanda sāgarā ninna svarūpā**
**dēhābimānā biḍisu dēvi mā**
**jñānajyōti beḷagu nanna cidrūpiṇī**
**mahāyōgini amṛtēśvarī ninna mahāsāgarā**

Ta nature réelle est la béatitude immortelle!
Délivre-moi de l'identification au corps-mental,
O Déesse, allume la lampe de la connaissance,
Toi dont la forme est conscience absolue.
Tu es la yogini suprême, l'éternelle Déesse,
dans l'océan d'amour.

# PRĒMATAPASSU (MALAYALAM)

**varumō iniyum ituvazhi orunāḷ**
**iviṭeyī vṛndāvanabhūmiyil - ende**
**manassinde vṛndāvanavāṭiyill!**

Reviendras-Tu un jour en ce lieu, à Vrindavan,
dans le jardin de Vrindavan de mon cœur ?

**vazhimaṛannālum smaraṇakaḷ ninnuṭe**
**kazhalaṭikaḷeyingānayikkum - prēma**
**tapassinde havissu nī svīkarikkum!**

Même si Tu as oublié le chemin, les pensées guideront
Tes pas jusqu'ici : Tu accepteras l'oblation faite
dans le feu dévorant (*tapas*) de l'amour.

**akrūranennōru pērōtivannayāḷ**
**etrayum nirddayanāyirunnillayō?**
**akkoṭum krūrataykkinnum pratīkamāy**
**kandriṭāmātmāvil tēruruḷcchālukaḷ!**

Celui qui est venu sous le nom d'Akrura (sans cruauté) était-il à
ce point cruel ?
Aujourd'hui encore, mon âme porte les traces de Ta cruauté !

**annārathachakram āzhnnuvindundāya**
**randām yamuna nī kandālaṛiyumō?**
**rādhatan neñchile lāvayāṇā jala**
**dhāraykkuṛavayennāraṛiyicchiṭum!**

Comprends-Tu que les roues du char qui T'emportait
ont fendu la Yamuna en deux ? Qui pourrait bien Te dire que les
eaux débordent, alimentées par les larmes du cœur de Radha ?

**allenkilentinnitellām kathikkunnu**
**antarangamkondu randalla mādhavan**
**pullāmkuzhalile pallavi nīyenkil,**
**santatam ñānanupallaviyallayō..?**

Ou bien alors, à quoi bon parler ainsi ? Intérieurement, je ne suis pas séparé de Madhava (Krishna). Si Tu es le *pallavi*[1] de la flûte, ne serai-je pas toujours l'*anupallavi*… ?

## PRĒM HI JĪVAN KĀ ĀDHĀR HĒ (HINDI)

**prēm hi jīvan kā ādhār hē**
**prēm har ēk dharm kā sār hē**
**prēm sē miṭ tā ahankār hē**
**prēm sē har bēḍā pār hē**

L'amour est le support de la vie. L'amour est l'essence du dharma. L'amour détruit l'ego. L'amour nous aide à franchir l'océan de l'illusion.

**prēm mē kyā jīt hē kyā hār hē**
**sukh kyā dukh kyā har pal tyōhār hē**
**prēm sē hi satya sākṣāt kār hē**
**prēm sē miṭ tā anḍakār hē (2)**

L'amour ne connaît ni victoire ni défaite.
Il transforme en fête plaisirs et chagrins.
L'amour balaye tous nos maux et détruit l'ego.

**manvā prēm kar, kar sab sē tū pyār …**
**svarg ban jāyē sansār**

[1] pallavi désigne les premiers vers d'un chant , anupallavi les couplets qui suivent

O Homme, aime, aime tous les êtres !
Si nous répandons l'amour, le monde deviendra un paradis !

**mānē jō jag kō prēm sē parivār hē**
**kartā har bandē ko jō svīkār hē**
**upkār kartā jō sabkā satkār hē**
**aur kaun vō ? īśkā avtār hē (2)**

Un être qui aime le monde entier comme sa famille, qui accepte chacun comme Son enfant et œuvre constamment pour le bien d'autrui, respectant toutes les créatures, un tel être est une incarnation de Dieu.

# PUKĀRĒ MAYYĀ TUMHĒ SADĀ HAM (HINDI)

**pukārē mayyā tumhē sadā ham**
**tumhī kṛpā kar hamē bachāvo**
**karō kṛpā mā karō dayā mā (2)**

O Mère, nous T'appelons ! Montre-Toi miséricordieuse
et sauve-nous ! Miséricorde, Mère, miséricorde !

**tumharē darśan binā bēchārē**
**hamārē dil yē taras rahē hē**
**virah kī āg mē taḍap rahē hē**
**ō mā.. jay jay mā..**
**daras tū dēkar pyās bujhā dē**

Nos cœurs agonisent dans l'attente de Ton darshan, dans le feu de la séparation.
Accorde-nous Ton darshan, étanche notre soif !
Gloire à Mère, gloire à Mère….

**bicchaḍ kē tum sē taṭap taṭap kar**
**pukārē mayyā tumem sadā ham**
**chātak jaisē kab sē pyāsē**
**ō mā... jay jay mā....**
**ab to maiyya darś dikhao**

Séparé de Toi, je languis, je T'appelle sans cesse, Mère !
Assoiffé comme l'oiseau *chataka*, je T'implore :
Accorde-moi enfin Ton darshan!

# RĀM ŚRĪ RĀM (HINDI)

**rām śrīrām śrīrām bhajō**
**hari sumiran subaśām karō**
**manmē unkā rūp dharō**
**bhāv bhaktikā manmē bharō**

O Homme, jour et nuit répète le nom de Rama, le nom du Seigneur Hari.
Visualise Son image et remplis Ton cœur de dévotion.

**rāmnām jō nit gāvōtō**
**hōngē pūran kām**
**jō rām nām kā sumiran jānē**
**dukhmē bhīvō dukhnahi jānē**
**rām siyā rām... rām siyā rām**
**rām śrīrāma...**

Celui qui psalmodie chaque jour le nom de Hari
verra bientôt tous ses désirs exaucés.
Quiconque se rappelle le nom de Rama ignore la tristesse,
fût-ce au milieu de la souffrance.

**rām nām kē jap sē hīhar**
**kaṣṭ miṭē jīvan kā**
**rām nām kē tap sē hī**
**pāvan hō man jan jan kā**
**rām siyā rām... rām siyā rām**
**rām śrīrāma...**

En psalmodiant le nom du Seigneur, toutes les souffrances s'évanouissent. Le mental humain devient pur quand il s'astreint à chanter le nom de Rama.

## RĀT DIN ḌALATĪ JĀY (HINDI)

**na kōyi khabariyā śyām kī āyē**
**rāt din ḍalatī jāy...**

Passent les jours, passent les nuits :
nous restons sans nouvelles de Shyam.
Et pourtant, le jour succède à la nuit.

**nīr bahē naynōm se jaise**
**vraj me dūsarī jamunā**
**pūchū me har jīv jāl sē**
**kab āyēnge kānhā**

Mes larmes coulent comme la rivière Yamuna.
J'interroge chaque créature : Quand Kanha viendra-t-Il ?

**haste he sab kahke mujhkō**
**pagalī śyām divāni**
**hāl mērā yē dēkh kānhā**
**kaisī tērī mamāni**

que j'ai perdu la tête à force de penser à Toi.
Regarde dans quel état je suis, Kanha,
Vois ce que Tu as fait de moi !

# SĀKĀ VARAMARUḶVĀY RĀMĀ (TAMOUL)

**sākā varamaruḷvāy rāmā**
**caturmarainātha sarōjapādā**

O Rama aux pieds de lotus ! Seigneur des quatre Védas,
accorde-moi l'immortalité !

**ākāsantīkāl nīrmaṇ**
**attanai bhūtamum ottu niraintāy**
**ēkāmṛtamākiya nintāḷ**
**iṇaisaraṇeṭrāl itu muṭiyātā**

Tu es l'Incarnation des cinq éléments.
Si nous nous abandonnons à Tes pieds, ces trésors de béatitude,
nous donneras-Tu Ta bénédiction ?

**vākārtōḷ vīrā dhīrā**
**manmadarūpā vānavar būpā**
**pākārmozhi sītaiyin menṭroḷ**
**pazhakiya mārbā padamalar sārbā**

O Rama si courageux, Ta beauté est sublime, Tes belles épaules
sont solides comme le bambou ! O Roi des êtres célestes, les paroles
de Ton épouse Sita sont douces comme le miel !
Tes pieds de lotus sont le hâvre que tous recherchent !

**nitya nirmalā rāmā**
**niṣkaḷankā sarvādhārā**
**sadayā sanātanā rāmā**
**saraṇam saraṇam saraṇamudārā**

O Rama, Tu es immortel, pur, sans défaut, tout-puissant,
Incarnation éternelle de la Vérité !
Je me prosterne devant Toi, O Rama miséricordieux !

**jay jay rām sītārām**

Gloire à Rama, le Bien-aimé de Sita !

# ŚAKTI TĀ JAGADAMBĀ (TAMOUL)

**śakti tā jagadambā**
**bhakti tā jagadambā**
**anbai tā jagadambā**
**nambikkai tantennai kāttiṭuvāy**

O Mère de l'univers ! Insuffle-moi force et dévotion. O Mère de l'univers ! Remplis mon cœur d'amour, donne-moi la foi et protège-moi !

**anaittuyirum nīyena nān**
**anmbuṭan paṇi puriya**
**aṇuvēnum nīyinṭri**
**asaiyātena uṇarum**
**bhakti tā jagadambā**

O Mère de l'univers ! Accorde-moi la dévotion qui me permettra de servir tous les êtres avec amour et de considérer chacun comme une de Tes formes. Pas un atome ne peut se mouvoir sans Toi.

**nikazhvatellām nin seyalāy**
**nittam ninaindurugum**
**anbai tā jagadambā**

O Mère de l'univers, accorde-moi l'amour suprême !
« Tout, en ce monde, est Ton jeu divin ! »
Puissé-je en faire l'expérience à chaque instant.

**tāy karattil piḷḷaiyena**
**dayavuṭan kāppāy ennum**
**nambikkai tantennai kāttiṭuvāy**

O Mère ! Comme une Mère berce son enfant dans ses bras,
Tu me protèges avec compassion : accorde-moi d'avoir foi en cette vérité.

# SAMSĀRAMANU (TELUGU)

**samsāramanu kānalō cikkina**
**pasidānni kāvaga rāvammā**
**moravini brōvaga rāvammā**
**karuṇatō kāpāḍa rāvammā**

O Mère, écoute les prières de cette enfant,
prisonnière de la jungle du *samsara*.
Viens, dans Ta compassion, la protéger.

**pāpapuṇyamulu taskarulu**
**satyasampattunu dōcēnu**
**nā nijasaudhamuku dūramujēsi**
**dēhāraṇyamuna vidhicēnu - ammā ... kāvagarāvammā**

Les voleurs que sont les mérites et les démérites
ont dérobé la véritable richesse. Ils m'ont enlevée
de mon vrai foyer et abandonnée dans la jungle
que l'on appelle le corps.
O Mère, viens protéger cette enfant !

**rāgamōhamulu kannulu kappenu**
**cittabhramalu cētulu kaṭṭenu**
**ciṭṭaḍavilō cikkina prāṇi**
**dikku tōcaka ākrōśincenu - ammā ...**
**kāvagarāvammā**

Je suis aveuglée par les désirs,
ligotée par une compréhension erronée de la Vérité,
prisonnière de cette jungle,

je suis égarée et tout mon être se lamente.
O Mère, viens protéger cette enfant !

**ēdi gati nāku evaru rakṣa nāku**
**trāṇamucēyuna devaru evaru**
**dikkū telipi dāri cūpēdevaru**
**vilapincē jīviki sāntvanamevaru - ammā ...**
**kāvagarāvammā**

Auprès de qui trouver refuge? Qui prendra soin de moi?
Qui me protègera ? Qui me montrera la direction à suivre, le chemin ?
Qui consolera cette âme qui se lamente?
O Mère, viens protéger cette enfant !

# ŚANKARĀ ŚIVA ŚANKARĀ (TAMOUL)

**śankarā śiva śankarā śankarā śiva śankarā**
**ponnum poruḷum tēḍi ōḍi**
**ponnāna kālatte pokka vēṇḍām**
**innum iruppatu ettanai nāḷ**
**nī arivāy pon ambalavāṇā**

O Shiva Shankara ! O Homme, ne perds pas ton temps
à rechercher l'or et les richesses. Seul le Seigneur qui demeure
dans le Palais doré sait combien de jours il te reste à vivre.

**vēṇḍāta vambellām vāṅgikoṇḍu**
**vemmāya kāṭṭile vīzhāmal**
**ōḍiye vantu un seyiney taḍuttu**
**kālam kaṭattāmal āṭṭu koḷḷuvāy**
**śankarā śiva śankarā śiva śankarā śiva śankarā**

O Shankara ! Viens vite me protéger
afin que je ne passe pas mes jours à errer dans cette forêt de l'illusion objet des commérages d'autrui.

**tēḍiya neñcirkku tēnāy inippāy**
**vāḍiya payirkku uyar nīrāvāy**
**āḍiya pādattāl āṇavam akattri**
**nāḍiya ēntan uḷḷam niravāy**
**śankarā śiva śankarā śiva śankarā śiva śankarā**

O Seigneur Shankara ! Pour ceux qui Te cherchent, Tu as la douceur du miel ! Tu régénères les moissons fanées. Viens à moi en dansant, remplis mon cœur de joie et détruis mon ego.

# SANKAR SUT HŌ TUM (HINDI)

**sankar sut hō tum - sare**
**sankaṭ har lō tum**
**dās tumhārō dēv – ham kō**
**vāncchit var dō tum**

O Fils de Shankara (Shiva), résous tous mes problèmes.
Je suis Ton serviteur, daigne me bénir.

**vāraṇ mukh dēvā gaurī**
**nandan gajvadanā**
**vighnēṣvar varadā sundar!**
**gangādhara tanayā**

O Fils de Gauri (Parvati), Dieu au visage d'éléphant, Toi qui détruis les obstacles, bel Enfant, Fils de Celui qui porte le Gange.

**musē par chaḍhakar - āvō -**
**māyā mōh harō - sārō -**
**mangal ham kō dō – tumhī**
**ēk sahārā hō (vāraṇ....)**

Viens, monté sur Ton véhicule, la souris, détruis l'illusion et l'attachement, accorde-moi ce qui est propice, Tu es mon seul refuge.

**siddhivināyak tum - jaldī**
**siddha karō sab kām**
**balihārī tērē - har lō**
**vighna hamārē tum**

O Siddhivinayaka, rends mes actions fructueuses
et ôte de mon chemin tous les obstacles.

# SAPTA SLOKI DURGA (SANSCRIT)

**jñāninām api cetāṁsi devī bhagavatī hi sā**
**balādākṛṣya mohāya mahāmāyā prayacchati 1**

Devi, Bhagavati, Mahamaya attire même les esprits sages
et les plonge dans l'illusion.

**durge smṛtā harasi bhītima śeṣajantoḥ**
**svasthaiḥ smṛtā matimatīva śubhāṁ dadāsi**
**dāridrya duḥkha bhayahāriṇi kā tvadanyā**
**sarvopakāra karaṇāya sadārdracittā 2**

Celui qui T'appelle dans les difficultés voit ses peurs s'évanouir.
Celui qui T'appelle dans le bonheur approfondit sa dévotion.
Hormis Toi, quelle Déesse a le cœur plein de compassion pour tous ?
Tu es Celle qui dissipe la pauvreté, la souffrance et la peur.

**sarva maṅgala maṅgalye śive sarvārtha sādhike**
**śaraṇye tryambake gauri nārāyaṇi namo-stu te 3**

Salutations à Toi, O Narayani, Bien suprême,
Déesse toujours propice, Tu accomplis tout,
Tu nous donnes refuge, O Gauri aux trois yeux !

**śaraṇāgata dīnārta paritrāṇa parāyaṇe**
**sarvasyārti hare devi nārāyaṇi namo-stu te 4**

Salutations à Toi, O Narayani, Toi qui es déterminée
à sauver ceux qui implorent Ta protection.
O Déesse qui efface les souffrances de tous les êtres !

**sarvasvarūpe sarveśe sarvaśakti samanvite 5**
**bhayebhyastrāhi no devi durge devi namo-stu te**

O Reine de tous, tout est Toi, Tu es toute-puissante,
Délivre-nous de l'ignorance, O Déesse,
Salutations à Toi, déesse Durga.

**rogānaśeṣānapahaṁsi tuṣṭā**
**ruṣṭā tu kāmān sakalān abhīṣṭān**
**tvāmāśritānāṁ na vipannarāṇāṁ**
**tvāmāśritā hyāśrayatāṁ prayānti 6**

Quand Tu es satisfaite, Tu guéris toute maladie mais Ta colère nous prive de désirs nourris depuis longtemps. Ceux qui T'ont cherchée (et trouvée) ne connaissent pas le malheur.
Ils deviennent un refuge pour autrui.

**sarvābādhā praśamanaṁ trailokyasyākhileśvari**
**evameva tvayā kāryamasmadvairivināśanam 7**

O Souveraine de l'univers, restaure l'harmonie
dans les trois mondes et mets fin à toute hostilité ici-bas

# ŚARAṆĀGAT KO APNĀVO MĀ (HINDĪ)

**śaraṇāgat kō apnāvō mā**
**mujkō śaraṇ me lēlō mā**
**rāh batā dō mā iskō**
**śaraṇ mē mā me ā sakū**
**tērī mahimā mē gā sakū**

Donne-moi refuge, Mère ! Montre-moi la voie ! Permets-moi de prendre refuge en Toi, Mère ! Permets-moi de connaître Ta splendeur !

**mā ō mā pukārū mē tērā hī guṇ gāvū mē**
**tērē sumiran sē nit mā**
**sacchā dhan bas pāū mē**

O Mère, je répète Ton nom, je chante Ta gloire et ainsi, me souvenant constamment de Toi, j'obtiendrai la véritable richesse.

**sōtā sōchū mā kō mē**
**jāgā sōchū mā kō mē**
**sukhō mē sōchū mā kō mē**
**duhkhō mē sōchū mā kō mē**
**mā kō hī... sōchū mē**

Dans le sommeil ou dans la veille, sans cesse, je pense à Toi !
Dans la joie comme dans le chagrin, je pense à Toi !
Je ne pense qu'à Toi, Mère !

**mē yādō kē phūl chadāū**
**aur āsu kē dīp jalāū**
**man mandir mē tujhē biṭhāū**
**tum kō pāū tum mē samāū**
**tum kō hī... pāū mē...**
**(tum mē hī samāvū mē)**

Je T'offre les fleurs de mes souvenirs ! J'allume la lampe des larmes ! Je T'installe dans le temple de mon cœur ! Puissé-je arriver jusqu'à Toi et me fondre en Toi ! En Toi seule, Mère !

**sōttā sōchū (jay jagadambā)**
**jāgā sōchū (jay jagadambā)**
**sukhō mē sōchū (jay jagadambā)**
**duhkhō mē sōchū (jay jagadambā)**
**jay jagadambā... jay jagadambā**

Je pense à Toi quand je dors (gloire à la Mère de l'univers !)
Je pense à Toi quand je veille (gloire à la Mère de l'univers !)
Je pense à Toi dans la joie et dans le chagrin.
Gloire à la Mère de l'univers !

# ŚARAṆAṆṬI ŚARAṆAṆṬI (TELUGU)

**śaraṇaṇṭi śaraṇaṇṭi dēvi nī śaraṇaṇṭi**
**akhilalōkamulēlu amma nī śaraṇaṇṭṭi**

O Déesse, je prends refuge en Toi. O Mère,
Souveraine de tous les mondes, je prends refuge en Toi.

**kaluva kannulalō karuṇa kurippiñcinā**
**kōpamuttō kanulu erajesi cūsinā**
**nanu broche callani tallivani nammiti**
**amttaṭa dēvi nī caraṇamule śaraṇaṇṭi**

Que Tu me regardes avec compassion ou avec colère,
Je crois que Tu es la Mère qui toujours me protègera
et je prends donc refuge à Tes pieds, O Dévi.

**kanṭiki reppalā kāpāḍedavani**
**kanureppalārppaka kāvalunṭāvani**

**kannulu terippiñcedavanī nammati**
**amttaṭa dēvi nī caraṇamule śaraṇaṇti**

Je crois que Tu me protègeras toujours
comme les paupières protègent les yeux,
que Tu veilleras sur moi sans même ciller
que Tu ouvriras mon regard à la Vérité,
je prends donc refuge à Tes pieds, O Dévi.

# ŚARAṆŪ ŚARAṆŪ (KANNADA)

**śaraṇū śaraṇū embē gaṇanāthā**
**gajamukha dēvanē gaṇanāthā**

Je m'abandonne à Toi, Seigneur des Ganas,
Dieu au visage d'éléphant !

**ādyādi pūjita āmōda dāyaka**
**vidyēya nāyaka buddhi pradāyaka**
**vighna vināśaka vandanē**
**gaṇanāthā... gaṇanāthā...**
**gaṇanāthā... gaṇanāthā...**

Salutations au Dieu auquel on rend hommage en premier,
à Celui qui donne le bonheur, au Seigneur de la Connaissance,
à Celui qui accorde la sagesse et détruit les obstacles.

**gītēya rāga nī gānada bhāva nī**
**nāṭya viśārada sundara swāmi nī**
**ōmkāra rūpa nī gāndhāri**

Tu es la mélodie du chant, l'essence de la musique,
un danseur hors-pair et un dieu magnifique ; Ta forme est celle du Om.

**mūṣika vāhana mōdaka priya nī**
**mahadēva tanayā pārvati putra nī**
**mamgaḷakara nī gurudēva**

Toi qui aimes les *modaka* (une friandise sucrée)
Ta monture est une souris, Fils de Shiva et de Parvati,
Tu es le Maître, la Source de ce qui est propice.

## SARVAVYĀPIYĒ (TAMOUL)

**sarvavyāpiyē sarvavyāpiyē sadā**
**eṇṇumpōtē sukam manatil perukukintratē**

O Déesse omniprésente,
Ton souvenir constant nous apporte la paix.

**sambavankal ezhuti vaittāy parampōruḷē nī**
**mātri ezhuta nān muyaṇtrāl naṭappatā atu**
**avaravarkku vidhittu vaittatavāravārkku nān**
**atai anubhavikkumpōtu nammai aṛivatu nantra – anda**

O Déesse primordiale ! Toi seule écris le livre de ma destinée !
Comment pourrais-je modifier Ta volonté ?
Les expériences que Tu nous envoies sont le chemin vers la réalisation du Soi.

**kaṇṇīrkondu prārthanaikaḷ karaikondu sērkkum**
**matimayakkam iṭaiyil vantu vazhimaṛikkum**
**kiṭṭātāyin veṭṭena maṛappatu nanḏru – bhāvam**
**taṭṭāmal bhagavaniṭam sērkkumē enḏru – anda**

Les larmes versées en prière nous amènent au But ;
Les illusions rencontrées en chemin constituent des obstacles.
Il est bon d'oublier aussitôt les vanités du monde.
Cette attitude nous mènera sans nul doute au royaume de Dieu.

**sākṣibāvam āḷumpōtu nittirai kalaiyum**
**sattiyam jayikkumpōtu viṭiyalill muṭiyum**
**mukti entra ariya ninlai yārukku puriyum - nal**
**bhakti maṭṭum pōtum pōtum jñānam piṛakkum - anda**

Quand nous vivons dans le Soi, tous les rêves s'évanouissent.
Quand la vérité triomphe, l'aube se lève enfin.
Qui peut comprendre l'état de Libération ?
La dévotion à elle seule suffit à atteindre l'Eveil.

# SATYAM DHARMAM (TAMOUL)

**satyam dharmam śānti nalkum**
**vēda śāstram vinaykoyya udavum**
**tiruvaṭi darśanam karai sērkkum**
**marupaṭi piravā varam nalkum**
**marupaṭi piravā varam nalkum**

Les Védas et les *shastras* (Ecritures sacrées) nous montrent la voie,
nous apportent la paix et détruisent le mal.
En voyant les pieds sacrés du Seigneur,
nous atteindrons l'autre rive de l'océan du *samsara*
et nous ne serons plus contraints de renaître.

**māyai seyyum lilai ellām**
**uṇmaipōlē tōnṭrum, uṇmaipōlē tōnṭrum**
**atil nanaindy makizhumpōtu**
**neñjam tuḷḷi āṭum, neñjam tuḷḷi āṭum**
**achamayam kāṇpatellām**
**svargamāka tōnṭrum, svargamāka tōnṭrum**
**putaindirukkum vēdanaikaḷ**
**uruveṭuttu vāṭṭum, uruveṭuttu vāṭṭum**

Maya (l'illusion) s'amuse à faire paraître réel ce qui est irréel.
Plongé dans ce mirage, j'ai l'air joyeux et le mental danse, heureux.
En de tels instants, tout a des allures de paradis.
Mais ensuite, les chagrins profondément enfouis remontent à la surface et me consument.

**anbu enṯra vākkiltānē**
**aṭankiyatu ñālam, aṭankiyatu ñālam**
**anubhavattāl uṇarndavarkaḷ**
**sollitanta pāṭam, sollitanta pāṭam**
**uttamarkaḷ namatiṭayil**
**vāzhvatu nam yōgam, vāzhvatu nam yōgam**
**śivamāki tīravēṇḍum**
**avar kaṇḍa vēdam, avar kaṇḍa vēdam**

La Bonté demeure en un seul mot exprimant l'amour.
Voilà ce que nous enseignent les sages qui parlent d'expérience.
Nous avons la bonne fortune de vivre au milieu de tels êtres ;
Leur connaissance des Écritures leur permet de se fondre en Shiva.

**tānē tan nilayil layittu**
**iraṇḍāka tonṯrum purakkaṇkaḷukku**
**onṯrāki nirkkum ōmkāramē**
**ellōrkkum nin kṛpai vēṇḍum**

Lorsque l'on se fond dans le Soi, toute dualité disparaît.
Tel est l'état du son Om. Puissions-nous tous recevoir Ta grâce !

# ŚĒR PE SAVĀR (PUNJABI)

**śēr pe savār hōnēvālī**
**pyār se sabko nihārnevāli**
**madhukaiṭabh vadh karanēvāli**
**tū hī hē natjanpālini maiyyā**

**ō ō ō ō**
**ō maiyyā ō maiyyā**
**ō ō maiyyā**

O Mère, Tu chevauches un tigre ;
Tu regardes tous les êtres avec amour ;
Tu as anéanti les démons Madhu et Kaitabha (symbole de la destruction de l'ego) C'est Toi qui prends soin de tous, O Mère !

**śūmbhaniśumbhaki bairini yōgini**
**bhīkararūpiṇi tum ho sanātani**
**śailanivāsini śūlini mālini**
**tū hi kapālini kāli ḍarāvani**

C'est Toi qui as tué les démons Shumbha et Nishumbha
(Shumbha représente la honte de soi et Nishumbha la vanité)
Tu es établie dans une méditation éternelle,
Déesse à l'aspect est terrifiant, Tu es l'Éternelle
Tu vis dans les montagnes, Tu brandis un trident,
Tu portes une guirlande de crânes,
O Kali à l'aspect terrible, la peur que Tu inspires
chasse les tendances négatives.

**pralay kī agan mē nāc kē tū nav**
**srajan kī bāriś ban ke barasati**
**bhuvan ko siraj ke mōhit karti**
**māyājāl me sabko phasāti**

Dans Ta danse tourbillonnante, Tu détruis l'univers ;
ensuite, Tu en crées un nouveau,
la puissance de Ta *maya (*illusion*)* prend au piège tous les êtres !

**janam maraṇ bhava bandhan mōcan**
**sab he mā tērī mōhan līlā**
**mahiś ke māthē pē nācnevālī**
**mē ab tēri śaraṇ hu maiyā**

La vie, la mort, les chaînes qui nous lient au monde,
tout cela n'est que Ton jeu divin (*lila*)
Toi qui as dansé sur la tête du démon Mahisha,
je prends désormais refuge en Toi !

# SILUKISADIRU NĪ (KANNADA)

**silukisadiru nī ī lōkadi – enna**
**silukisadiru nī ī lōkadi**

Ne me laisse pas croupir dans la prison du monde.

**bandhana bēḍige bedari nā baḷalide**
**bhaktiya muktiya nīḍenage**

Je redoute les menottes de l'attachement, accorde-moi donc,
je T'en prie, la dévotion et la libération.

**sūryanu beḷakina maneyante – nīnu**
**arivina beḷakina gurumāte**
**manadali manemāḍi marevege dūḍi**
**nagutide nōḍamma māyāndhakāra**
**nagutide nōḍamma māyājālā**

Le Soleil est la source de toute lumière.
Ainsi, Tu es la lumière de la Connaissance, O ma Mère et mon guru.
Maya (l'illusion) a attrapé mon mental dans son filet,
l'a enveloppé de ténèbres et en a secrètement fait sa demeure.
J'ai basculé dans l'oubli (du Soi) et maintenant,
maya se rit de moi et me nargue !

**rāgadi biḍisu vairāgyadi nilisu**
**mōhadi biḍisu premadi nilisu**
**kāmane biḍisu karuṇāmṛta harisu**
**śōkadi biḍisu śaraṇāgati nīḍu**

Puissé-je être fermement établi dans le détachement.
Délivre-moi de l'illusion !
Puissé-je être établi(e) dans l'Amour divin ;
Délivre-moi de la luxure !
Répands sur moi le nectar de la béatitude immortelle.
Libère-moi de la souffrance, fais que je m'abandonne à Toi corps et âme !

# SOLLARIYA NIN PUKHAZHAI (TAMOUL)

**sollariya nin pukhazhai solvateppaḍi**
**sollariyā siru mazhalai enna seyvatu**
**sollukellām poruḷ tarum enta sol ētu**
**sollum taṛum inimai tarum Ammā enbatu**

Je suis un petit enfant qui ne sait que balbutier.
Comment pourrais-je chanter Tes louanges ?
Le mot qui donne un sens à tous les autres est le doux mot « Amma » ;
en le prononçant, on ressent une grande douceur.

**ul manatil olikkum kural ētu**
**aṭikkaṭi nām azhaikkum oli ētu**
**akhilam ellām iyakkum āttral ētu**
**nammai arukiruntu kākkum Ammā allavā**

La voix qui résonne au fond du cœur, Celle dont nous appelons souvent le nom,
La puissance qui régit ce monde est « Amma » ; Elle nous protège en demeurant près de nous.

**vān mazhai eṅkum pozhivatu pōl**
**varum kātru eṅkum vīsiṭal pōl**
**bhūmittāyi anaittaiyum poṛuttiṭal pōl**
**nānilattil nalla tuṇai Ammā nīyentrō**

Comme le ciel répand la pluie sur tous, comme le vent embrasse tout et la Terre supporte tout avec patience, comme une Mère, Amma, Toi seule nous accompagnes réellement en ce monde.

# ŚRI GAṆANĀYAKA (HINDI)

**śri gaṇanāyaka! hum hai**
**terī śaran main āye**
**tū karūṇākar hum pe**
**vighna sabhi harlenā**

Seigneur Ganesh ! Je prends refuge en Toi. Daigne répandre sur moi Ta grâce et détruire tous les obstacles.

**jay jay gaṇapati devā**
**suramuni vandita caraṇā**
**jay gajamukha varadātā**
**jay girijāsuta sukhadā**

O grand Ganesh, les êtres célestes et les sages vénèrent Tes pieds, Toi au visage d'éléphant ! Fils de Parvati,de Girija, (la Fille de la montagne), Tu accordes faveurs et plaisirs.

**siddhivināyaka hai tū**
**nirmal mati ke dātā**
**vidyā vijay sabhī hai**
**terā dān gaṇeśā**

Maître de tous les *siddhis* (pouvoirs extraordinaires) Tu nous accordes la pureté du cœur, la Connaissance et la victoire.

**tu rakṣak bhaktōn ke**
**vighna vināśak pyāre**
**hum caraṇon main tere**
**karte naman hasārōn**

O Dieu adoré, Protecteur des dévots, Destructeur des obstacles !
Nous nous prosternons à Tes pieds des milliers de fois.

# ŚRI LAḶITĒ (TULU)

**śri laḷitē ēnklēna**
**dēvare īrappē**
**prēma bhakti korlappē**
**jīvana dēvarū īrappē**

Sri Lalita, Tu es notre Déesse, Tu es notre Mère.
Accorde-nous l'amour et la dévotion.
Tu es notre Déesse, notre vie même.

**karuṇāmayī īrappē**
**kāppīyarana bhattinappē**
**kārttigē dinaṭṭu bhattinappē**
**kāpōṭatte īrappē**

O Mère, Incarnation de la compassion.
Tu es venue sur terre le jour de Karthika afin de nous protéger.
O Mère, sauve-nous !

**laḷitē laḷitē śrī laḷitē**
**ēnkḷena dēvare īrappē**

Lalita, Sri Lalita, Tu es notre Déesse, Tu es notre Mère !

# ŚRĪVEṄKAṬĒŚA (SANSCRIT)

**śrīveṅkaṭēśa śrīvāsōlakṣmīpati praṇāmam**
**amṛtāmśō jagadvandyō gōvinda śāśvataprabhō**
**śēṣādrinilayō dēvā kēśavō madhusūdanaḥ**
**amṛtō mādhavaḥ kṛṣṇā śrīhariḥ jñānapañjaraḥ**

Salutations au Seigneur Venkatesha, au Seigneur de la Déesse Lakshmi.
Sa nature est ambroisie, l'univers entier le vénère, Lui, le Protecteur de tous les êtres, l'Omniprésent, le Dieu qui repose sur le serpent Shesha,
Celui qui a triomphé du démon Madhu, l'Essence de la Connaissance.

**sadā veṅkaṭēśam smarāmi smarāmi**
**harē veṇkatēśam prasīda prasīda**
**priyam veṇkaṭēśam prayaccha prayaccha**
**śrī veṇkaṭēśam namāmi namāmi**

J'ai toujours en tête le saint nom du Seigneur Venkatesha.
O Seigneur Venkatesha, daigne me bénir !
Je vénère le Seigneur Venkatesha.

**yōgīśahṛdaya śāśvatanivāsō**
**sakalāmanōbhīṣṭa suphalapradātā**
**śritajanapōṣā abhayapradātā**
**mām pāhi mām pāhi punitapadakamalam**

Il réside à jamais dans le cœur des yogis,
Il exauce tous les désirs de Ses dévots.
Il protège ceux qui prennent refuge en Lui et libère ses dévots de la peur.
Je prends refuge aux pieds de lotus du Seigneur Hari.

**dēvādhidēva jagadēkasvāmi**
**śrī śrīnivāsa sarvvāntaryāmi**
**hē bhaktavatsalā dīnadayālō**
**mam pāhi mām pāhi punitapadakamalam**

O Seigneur des dieux, Maître de l'univers,
c'est en Toi que Lakshmi réside.
Tu es présent en toute chose.... Toi qui es tendre envers les dévots,
Toi qui secours les affligés, je prends refuge à Tes pieds, Seigneur Hari.

**vēdāntavēdyam nigamāntasāram**
**kāruṇyapūrṇṇam kamaladaḷanayanam**
**nētrānandam mamgaḷasvarūpam**
**mām pāhi mām pāhi punitapadakamalam**

Seigneur que l'on peut connaître grâce aux Védas,
Essence de la connaissance éternelle,
Ton cœur déborde de compassion,
Tes yeux ont la forme des pétales de lotus et Ta forme est propice ;
je prends refuge à Tes pieds, Seigneur Hari.

**ghōrasamsāra sāgarasētu**
**vīrasudhīra mōkṣaikahētu**
**pūrṇṇaprabhōllāsa nijavaibhavāmgā**
**mām pāhi mām pāhi punitapadakamalam**

Le Seigneur est le pont qui permet de franchir l'océan effrayant des naissances et des morts.
Il purifie le cœur des dévots et les aide à trouver le salut,
O Être resplendissant, je prends refuge à Tes pieds, Seigneur Hari.

**sadā veṅkaṭēśam ... harē veṅkaṭēśam ...**
**priyam veṅkaṭēśam ... namō veṅkaṭēśam**

Toujours le Seigneur Venkatesha, gloire au Seigneur Venkatesha,
notre Bien-aimé Seigneur, salutations au Seigneur Venkatesha !

# SṚṢṬIYUM NIYE (TULU)

**sṛṣtila īre sṛṣṭāvu īre**
**śaktila īre satyōla īre**

Tu es le Créateur et la Création.
Tu es Énergie et Vérité. !

**brahmāṇḍakāriṇī brahmōla īre**
**ādila antyōla īre**

Tu es la Créatrice du cosmos,
Tu es aussi le commencement et la fin.

**paramāṇu caitanya vastula īre**
**paṇcabhūtola īre**
**dēvī... dēvī... dēvī...**

Tu es l'Essence de l'âme individuelle,
Tu es aussi les cinq éléments.
O Dévi, O Dévi, O Dévi

# SUNDARA VADANĀ (HINDI)

**sundara vadanā kanhā - man**
**mandir mē tū ānā**
**cañcal citvan sē tu - mērā**
**sankaṭ sab har lēnā**

O Kanha au beau visage, je T'en prie, viens dans mon cœur !
Ta gaîté espiègle chassera tous mes tourments !

**śyām śyām śyām jay jay**
**śyām śyām śyām**
**śyām śyām śyām jay jay**
**śyām śyām śyām**

Gloire à Shyam !

**nandakumāra dēvā - tērī**
**bāsuri mē tu bajānā**
**mōhan rāg surīlā - sunkē**
**mōhē man - vṛndāvan**

O Fils de Nanda, daigne jouer sur Ta flûte de tendres mélodies ! Baignant dans l'extase, mon cœur deviendra Vrindavan !

**dil kē kuṇjan me ākē - tū**
**rās racāvēgā tō**
**prēm ki jamunā laharāyēgi**
**nāc uṭhēgī jaldī**

Si seulement Tu daignais venir dans mon cœur et y jouer la *rasa lila* (danse de Krishna et des gopis, union de l'âme individuelle et l'âme universelle), alors une rivière d'Amour jaillirait et danserait dans mon cœur.

**tērā dars dikhānē mē ab**
**dērī kuch bhi na hōgī**
**mērā man kehtā hē - tū**
**apanā ban jāyēgā**

O Tu ne tarderas plus à m'accorder Ton darshan.
Mon cœur murmure que Tu viendras…

# SUNDAR HAI NĀYANĀ TERE (HINDI)

**sundar hai nāyanā tere, kānhā**
**madhur madhur bolŚ madhur madhur bol**
**murali kī dun mē tērī, nāchē**
**man kā mōrŚ yē man kā mōr**

O Krishna, que Tes yeux sont beaux !
Tes paroles et Ta voix sont pleines de douceur.
Quand il perçoit le son de Ta flûte,
le paon de mon cœur danse, en extase !

**jādu yē kesā kiyāŚ jāduyē kesā kīyā**
**sabko mōh liyā**
**mākhan chor mēŚ dil ko churā liyā**

Krishna, quel tour de magie nous as-Tu joué ?
Tu as captivé tous les cœurs.
O petit Voleur de beurre, Tu as dérobé nos cœurs !

**dēkhā jab pehli bār dēkhtē hī rah gayē**
**khushiyo kē sāgar mē, behatē chalē**

La première fois que je T'ai vu, incapable de détourner les yeux,
j'ai plongé dans un océan de béatitude.

**man mē basē ho śyām, honton pē tērā nām**
**dikhe aur kuch nahi, tērē sivā ghanaśyām**

O Shyam, Tu demeures en mon cœur ; Ton nom ne quitte pas mes lèvres.
Je ne perçois plus rien d'autre que Toi, O bel Enfant au teint sombre.

**har gōpi har gval bolē**
**lahar lahar jamunā kī bolē**
**dharttī kā har kan bi bolē**
**vraj sāra ik svar mē bolē**
**hari bol hari bol hari bol hari bol**
**hari bol hari bol hari bol hari bol**

Les gopis et les gopas, les vagues de la rivière Yamuna,
et jusqu'aux moindres particules de poussière,
tout le village de Vraj (le pays de Krishna) chante à l'unisson :
« Chantez le nom du Seigneur Hari ! »

# SUNDARI JAGANMŌHINI (KANNADA)

**sundari jaganmōhini kuḍi nōṭava bīrutali bā**
**ātma samsātake bā bāreyā karuṇāmayi**

O belle Déesse, Tu enchantes le monde !
Viens, jetant des regards pleins d'amour, tenir compagnie à mon Soi.
Viendras-Tu, O Mère pleine de compassion ?

**mangaḷē sukhakāriṇi janma pāpavināśini**
**enna mārgadarśini bhavāniye mṛdubhāṣiṇi**
**ambike jagadambike janma pāvani dēviyu ni**
**ninna maḍilali malagisiko kōmalē vimalāmbikē**

O Déesse favorable qui réconforte, Toi qui détruis
les péchés commis dans cette vie, Toi qui me montres la voie
O Bhavani, aux douces paroles !
O Mère du monde, Tu es la Déesse qui bénit notre vie.
Prends-moi dans Tes bras, O Mère tendre et pure.

**candrikē bhavatāriṇi bhava bandhana biḍisutali**
**nava santasa nīḍuta bā bāreyā jaganmāteye**
**śāradē vidyādēviye jñāna dēviye vandisuvē**
**nīḍu bhaktiya varavēnagē dēviyē paramjyōtiyē**

O Mère, Tu as la fraîcheur du clair de lune
O Mère qui permet aux dévots de franchir
l'océan de la transmigration, délivre-moi de tous les liens
Accorde-moi des joies nouvelles, viens !
Viendras-Tu, O Mère du monde ?
O Sharada, déesse du savoir et de la connaissance,
Je me prosterne devant Toi.
Accorde-moi la dévotion,
O Déesse, Lumière suprême.

**lakṣmiyē kamalāmbikē ellā sṛṣṭiya oḍatiyu ni**
**kaiyya mugiyuta vandisuvē māteye mamatāmayi**
**durgiyē lalitāmbikē nitya prēma kaṭākṣavē bā**
**satya jyōti prakāśavē bā kāḷiyē amṛtēśvari**

O Lakshmi, Déesse qui tient un lotus, Souveraine de la création,
les mains jointes je me prosterne devant Toi.
O Mère pleine d'amour pour Tes enfants !
O Durga, O Lalitambika. O Toi qui ne cesses de lancer
des regards pleins d'amour, viens, O Lumière de la vérité, viens.

# SVARLŌKA VĀTSALYA DHĀRĀYAI (MALAYALAM)

**svarlōka vātsalya dhārāyai**
**nīṛunna jīvende dāhangaḷil**
**tōrāte peyunna kāruṇyamē**
**nī tanne nanmatan pon pratīkam**
**nī martya janma sāphalya sāram**

O Fleuve d'amour céleste, dans ma vie douloureuse et désertique
Tu es une pluie de compassion qui jamais ne s'arrête.
Tu es l'Incarnation de la bonté, l'Essence du but de la vie humaine.

**ninnil nin oru nāḷ oramṛtaraśmi**
**aṛiyāte akatāril vīṇaliññu**
**uyir tingum aśrubindu kalake**
**atil minni māṇikyamāy**
**chamaññu, nī tanne**

Un rayon de lumière immortelle a un jour jailli de Toi.
Il s'est fondu en mon être et brille à travers mes larmes
devenues des pierres précieuses. Tu es l'Incarnation de la bonté….

**aparāśrudhārayil manamuruki**
**avirāma makhilātma śānti tēṭi**
**uṟaviṭum prēma muḻḻil tuḻumbi**
**ulakāke niṟayuvānāyi vembi, nī tanne....**

Un flot abondant de larmes fait fondre mon cœur.
Dans ce crépuscule, toutes les âmes cherchent la paix.
L'amour que recélait mon cœur déborde et aspire
à inonder le monde. Tu es l'Incarnation de la bonté.

**naipuṇyamēlāttavar tannilum**
**nī puṇya karma chāturyamēki**
**lōkōpakāraika chittarākum**
**tyāgōtsukar ākkiṭunnu nityam, nī tanne**

Ton sacrifice admirable pour tous, y compris pour ceux qui ne le méritent pas, m'inspire le désir de servir le monde, de renoncer éternellement à tout désir égoïste. Tu es l'Incarnation de la bonté.

# ŚYĀM ŚYĀM KŪKADĪ MĒ (PUNJABI)

**Śhyām śhyām kūkadī mē**
**āpē śyām hō ga yī**
**śyām tērē vās tē mē**
**bad nām hō ga yī**

A force d'appeler Shyam (Krishna), j'ai fini par Lui ressembler.
Par l'amour pour Lui, ma réputation a souffert.

**Īk vārī ājā śyām jān na dēvā mē**
**jān na dēvā mē**
**dil ap nē nū tōkhā khān na dēvā mē**
**khān na dēvā mē**
**duniyā vī tak kē hē rān hō ga yī**

O Shyam, daigne m'apparaître au moins une fois,
ou bien je cesserai de vivre. Ne trompe pas mon cœur.
Le monde s'étonne de voir dans quel état je suis.

**Bāsurī tērī nē śyām kaisā jādū pāyā hē**
**kaisā jādū pāyā hē**
**pōlī pālī rādhikā dā man śara māyā hē**
**man śara māya hē**
**bāsurī tērī tō mē kur bān hō ga yī**

Shyam, quelle magie émane de Ta flûte ! Le cœur de l'innocente Radha
en est tout intimidé. J'ai tout abandonné
pour entendre le son de cette flûte, O Shyam !

# TANTAM TĀNANAI (MALAYALAM)

**tandam tānanai tānai tandanai**
**tānai tandanai tānannā**
**tandam tānanai tānai tantanai**
**tānai tantanai tānannā**
**veḷḷi malamēlē vāṇaruḷunnoru**
**indu kalādharā kaitozhunnēn**
**bhūtiyaṇiññuḷḷa bhūtavidhāyaka**
**bhūvitinennum abhayamēkū**

Nous saluons Celui qui demeure au sommet de la montagne argentée, Celui qui porte dans Sa chevelure le croissant de Lune.
Nous implorons Celui dont le corps est enduit de cendres sacrées (*vibhuti*),
le Maître des fantômes et des esprits, de donner refuge à toute la terre.

**mūnu purangaḷerichulla mukkaṇṇan**
**mōdamāy ceyunna narttanavum**
**viśvatteyākeytakkum svarūpavum**
**viśvanātha prabhu kumbitunnen**

Le Dieu aux trois yeux, qui réduisit en cendres les trois cités,
exécute une danse enchanteresse. Salutations à Celui
qui gouverne l'univers, au Souverain de l'univers.

**tantanittannāna tānai tantam tānittannāna**
**tantam tānittāna tānai tantam tānittānnānā - teyattām**
**pīlittirumuṭiyum māril tūvanamālikayum**
**ōṭakkuzhalumēnti kaṇṇan uḷḷam kāvarnnu nilkkum**

Une plume de paon dans les cheveux, une magnifique guirlande
autour du cou, une flûte à la main,
Sri Krishna se tient devant nous,
Lui qui s'est emparé de nos cœurs.

**gōpījana priyanē giridhara gōkula pālakanē**
**rādhikā vallabhane murārē nityam namichiṭunnen**

Bien-aimé des gopis, Toi qui as soulevé la Montagne Govardhana,
Protecteur des gopis, Seigneur de Radha,
Vainqueur du démon Mura, nous Te prions.

**tannēnāne nanē nānē tannannānā tāne**
**tānānai tānakatittai tannannānā – takitai**
**rama nāmam japichīṭū kōṭi puṇyam - janmam**
**ennumennum ariyunna kārunyapūram - tai tai**

Chantez le nom de Rama pour acquérir des mérites (*punya*)
et Sa compassion se répandra sur votre vie.

**janmamākum alayāzhi taranam ceyyān – bhakta**
**hanumānde pādāmennum abhayamākum – tai tai**

Pour traverser l'océan du *samsara*, (cycle des naissances et des morts)
les pieds sacrés du grand dévot Hanuman sont le seul refuge.

**vāṇiṭunna vāṇīdēvi uḷttaṭā..ttil - ennāl**
**vāṇoruḷum arivallō abhayamākum – tai tai**

Si la Déesse de la sagesse, Sarasvati, demeure dans votre cœur brûlant d'amour, vous obtiendrez la connaissance et la capacité de discerner.

**mangaḷangal bhavichīṭān tozhutīṭuka – lōka**
**mangaḷattināy nityam namichīṭuka – tai taiF**

Prosternez-vous pour obtenir des bénédictions
et afin que tout soit propice, pour vous et pour le monde.

# TAPAMANU (TELUGU)

**tapamanu dhanuvanu cēpaṭṭu**
**manasanu śaramunu sandhiñcu**
**brahmamanu lakṣyamu bhēdincu**
**ēkatvamune sādhincu**

Saisis l'arc des austérités, fixes-y la flèche du mental
et tire vers la cible, Brahman.
Ainsi, tu ne feras plus qu'un avec Brahman.

**bhavabandhamulu māyākaṭṭlu**
**gaṭṭivi vāṭini temputtaku**
**puṭṭuṭṭa giṭṭuṭṭa kāraṇamaina**
**pāpapuṇyamula tolagiñcu**

Illusoires sont les chaînes que nous forgeons
en ce monde, mais très difficile à briser.
Libère-toi des mérites et des péchés. Ce sont eux qui t'emprisonnent dans le cycle des naissances et des morts.

**manasulō cintalu malinamulu**
**madilō dēvuni marapiñce**
**maruguna paṭina mādhavu neruga**
**avidya teranu tolagiñcu**

Les pensées qui naissent dans le mental forment une couche d'impureté qui dissimule le Seigneur, pourtant présent dans notre cœur.
Afin de trouver le Seigneur, ôte le voile de l'ignorance.

# TATHI TATHI (TAMOUL)

**tathi tathi naḍandu varum cellammā – manam**
**taḷir naḍayil makizhndiḍute ponnammā**
**koṇci koṇci pēsumbōdu cellammā – inbam**
**miṇciḍumē nēṇcuvaiyai ponnammā**

O Mère chérie, qui marche comme un petit enfant,
mon cœur bondit de joie en voyant Ta démarche !
Tes paroles sont plus douces que le nectar, O Mère chérie !

**tūvi vaittēn pūvin mettai cellammā – irundum**
**piñcu pādam sivanta daṭi ponnammā**
**tānkavillai neñcamaṭi cellamma – inda**
**pūkkaḷellām mōsamaṭi ponnammā**

O ma Mère chérie, j'ai répandu de douces fleurs
sur le chemin… et pourtant Tes pieds si délicats s'y sont blessés.
O Mère chérie, je ne peux le supporter !
Même ces fleurs ne sont pas assez douces pour Toi, Mère adorée !

**vaikkum aḍi ovvonṭrilum cellammā – nī**
**vettripera vēṇumaḍi ponnammā**
**undanadu sēvaiyonṭrē cellammā – enḍrum**
**enkaḷadu sādhanayē ponnammā**

Mère chérie, puisses Tu être victorieuse à chaque pas !
Notre seule pratique spirituelle est d'accomplir Ton travail divin !

**ēzhulōka mahārāṇi cellammā - nī**
**enkaḷukku mātārāṇi ponnammā**
**enḍrenḍrum un nalamē cellammā - vēṇḍum**
**enkaḷadu idayamaṭi ponnammā**

Mère chérie, Impératrice des sept mondes,
pour nous Tu es la Mère divine !
O Mère chérie, nos cœurs désirent Ton bien-être !

**ōḍi vā cellammā... nī āḍi vā ponnammā...**

Accours vers moi, Mère chérie !
Viens à moi en dansant, Mère adorée !

## TEḌAL THOḌANKUM (TAMOUL)

**Teḍal thoḍankum deyva teḍal toḍankum**
**toṭanki viṭṭāl akattinil vichāram naṭakkum**
**kankal tirakkum karunai pirakkum**
**muṭivinile niśchayamāy nargati kiṭaiykkum**

La quête commence, la quête de Dieu commence !
Elle nous incite à regarder à l'intérieur. L'œil de la compassion s'ouvre ! Il est certain que l'âme finira par arriver jusqu'à Dieu.

**sūkṣmamāy ārugunankal patunkiyirukkum**
**toṭṭuviṭṭāl ezhum kopakkanal parakkum**
**sadguruvin tunaināḍa arul surakkum**
**puyalukkuppin peramaiti onṭru pirakkum**

Les six tendances négatives persistent à l'état latent.
Le feu de la colère se déclenche s'il est provoqué.
La quête du Maître parfait apporte la grâce.
La paix s'installe une fois que la tempête est passée.

**unarvukalin āzhattil tirukkural keṭkum**
**manasākṣiyāka eppotum monattil irukkum**
**darmmavazhi naḍakkinḍra yāvarkkum keṭkum**
**nalvinaippayanāle ellām sirakkum**

Le son divin résonnera au tréfonds de l'âme.
Le Témoin éternel et silencieux se manifestera.
Seuls ceux qui suivent le *dharma* ont l'oreille pour l'entendre.
Les bonnes actions donneront une abondante récolte.

**ādiparāśakti potri**
**vaṭiveṭuttu vanta tāye potri**
**uruvirku appāl uraipaval potri**
**ellāmum āna annaye potri**
**potri potri potri potri**

Gloire à l'Énergie suprême et primordiale. Gloire à Celle qui a pris la forme de la Mère divine et qui pourtant transcende toute forme ; gloire à Celle qui est tout. Gloire, gloire, gloire !

# TĒRĀ AKṢARĪ MANTRA (MARATHI)

**tērā akṣarī mantra japāvā**
**dhyānī manī śrīrāma rāma**
**śrīrāma jayarāma jayajaya rāma**
**śrīrāma jayarāma jayajaya rāma**

En travaillant, en méditant, répète le mantra
de treize syllabes dédié à Rama.

**daiva tujhē hē tujhyā na hātī**
**sōnyācīhī hōtē mātī**
**uratī pāp mag daiva hātī**
**thēvā smaratō rāma rāma**

Grâce à la puissance du mantra, tu maîtriseras ton destin ;
sans ce pouvoir, l'or même n'est que poussière.
Confronté à tes péchés, tu te rappelleras alors Sri Rama.

**śraddhā ṭhēvā dēvāvaratī**
**mātīcē kaṇ suvarṇa banatī**
**lōkāsāṭhī jagāt jagatī**
**jīvanī tyāncyā rāma rāma**

Aie foi en Dieu et la poussière se transformera en or.
Vis pour servir autrui et le Seigneur Rama te guidera en tout.

**kausalyāsut ayōdhyā rāma**
**bhajanī rangē śrīrāma rāma**
**jīvanī aisā rangalā rāma**
**śrīrāma jaya rāma jayajaya rāma**

Fils de Kausalya, roi d'Ayodhya, Rama !
Médite sur Lui et chante « Sri Rama, Rama » !
Remplis ta vie entière de Rama !

# TĒRĒ ŚARAṆ MĒ ĀYĀ MĀ (HINDI)

**tērē śaraṇ mē āyā mā**
**mujkō pāvan kardō mā**
**khaidī hūn māi āzād kardō**
**pyāsā hūn māi pyās bhujādō**

Accorde-moi la pureté, Mère ! Je suis prisonnier,
Libère-moi ! J'ai soif, Mère, étanche ma soif !

**mujē bhaktidō ambā mātā śaktidō durgāmātā**
**jñāndō vidyāmātā muktidō kāḷimātā**

Donne-moi la dévotion, O Mère divine, donne-moi la force,
O Mère Durga, donne-moi la connaissance, O Mère Sarasvati,
donne-moi la Libération, O Mère Kali !

**kṣamā karō ōr yē vardō**
**dhairya śraddhā dān mē pāvū**
**māyā tyāg tujkō pāvū**

O Mère, pardonne les erreurs que j'ai pu commettre !
Accorde-moi le courage et la foi nécessaires
pour triompher de *maya* et T'atteindre !

**ahamkār kō jagadambē mā dūr karō karuṇā bhardō**
**nirmalatā dō śaranāgat kō rakṣākarō śāntidō**
**duhkh mē japū mē jagadambē mā mujhpar ō mā dayākarō**
**darśan tērā ab mē chāhū anumati dō is sevak kō**

O Mère, détruis mon ego, fais que je déborde de compassion !
Accorde-moi un cœur pur, sauve-moi, je prends refuge en Toi,
Accorde-moi la paix ! Quand je souffre, puissé-je chanter Ton nom !
Montre-Toi miséricordieuse ! J'aspire à Ta vision, à l'instant même.
Exauce le désir de Ton serviteur !

**mujē bhaktidō ambā mātā śaktidō durgāmātā....**

# TIRUVADI TĒṬI (TAMOUL)

**Tiruvadi tēṭi vanden vel muruga**
**kāvaṭi vanden māl maruka**
**kannir kural kēṭṭu vā muruga**
**kann kaniya darisanam tā muruga**

O Muruga, je suis venu en quête de Tes pieds sacrés.
Neveu du Seigneur Vishnu, entends mon appel et viens !
Mes yeux ont soif de Te voir, accorde-leur Ta vision.

**Ṣanmukhan unṭan śaraṇam tēṭi vel muruga**
**sakalamum marandu padaividadainden**
**māl muruga**
**aṇṭa charācharam anudinam**
**tutikkyum vel muruga**
**adiye kural keṭṭudanē viraivāy māl muruga**

Shanmukha, à force de Te chercher, j'ai perdu tout repos.
Tu es le Seigneur que tous les êtres de l'univers vénèrent
chaque jour. Entends mes prières, daigne m'apparaître.

**Mōhana rūpā kumarā azhagā**
**manasumai nīkkida vā vā muruga**

Ta forme enchanteresse est d'une beauté éternelle.
Apparais-moi, Muruga, et libère-moi de mon fardeau de chagrins.

**Panniru vizhiya pazhani**
**puri vāzha vel muruga**
**pār kadal vāsan sodari tanayā māl muruga**
**marutalam mīt mazhai nīr pōle vel muruga**
**pazhamudir cholayin ālayam**
**pukharum māl muuga**

O Seigneur aux douze yeux, qui réside dans les Monts Palavi,
le dieu de l'océan est de Ta famille, Tu as la fraîcheur d'une averse.
Ta demeure est le sanctuaire de Palamuthir Cholai.

# TŪ HĪ MĒRĀ (HINDI)

**tū hī mērā sābhī tū hī mērā mīt rē**
**kis nām sē pukārun gāvum kaunasā gīt rē**

Tu es tout pour moi ! Tu es ma Bien-aimée.
Par quel nom puis-je T'appeler ?
Quel chant puis-je entonner pour Toi ?

**sarva satya jō hō tum sabamē samātē hō**
**har nām tērā hai sabhī sānsōn mē gātē hō**
**susmit hai har kalī tērī muskān sē**
gunjatà hai chahù òr tèrè hì gàn sè

Tu es la Vérité omniprésente. Tous les noms sont Tiens.
Tu chantes dans le souffle de toutes les créatures ;
Tu souris dans le moindre bouton de fleur.
Tout est l'écho de ton chant.

**praṇav nād bhī hō tum aur madhur rāgiṇi**
**naram dhup bhī hō tum tu hī tō chāndanī**
**vyāpta hō tum har diśā mē phir bhī taras tā hai man**
**kaisē mai yē jān lū kē mujh mē hai tu hī**

Tu es le *pranava* mantra (Om) et aussi la douce mélodie. Tu es la lumière du soleil quand elle est tamisée, et aussi le clair de lune. Tu es dans toutes les directions, et pourtant, mon cœur a soif. Mère, comment saurai-je que Tu es en moi ?

## TUJHYĀTA VIṬHALA (MARATHI)

**Tujhyāta viṭhala māzhāta viṭhala**
**sarvā bhūti viṭhala rē**
**jagāt kari tū prēmcha kēvala**
**kunnī vēgala nāhī rē**

Vithala est en vous et en moi. Vithala demeure en chacun.
Il n'éprouve que de l'amour envers tous les êtres.
Nul n'est séparé de Lui.

**Viśvātīla kaṇā kaṇātūni**
**harīcha bharalā āhē rē**
**kālātīla kṣaṇā kṣaṇā tū nī**
**haricha kēvala āhē rē**

Le Seigneur Hari remplit chaque particule de l'univers
A chaque seconde égrenée par le temps, seul le Seigneur Hari existe.

**Samśaya sōḍūnī sagalē ātā**
**harināṁ tumhi ghyāvē rē**
**tāril tumhā sarvāmmadhuni**
**ananya ṭhēvā bhāv rē**

Mettez vos doutes de côté et chantez le nom de Hari.
Prenez refuge en Lui seul ; Il vous sauvera de tout malheur.

**Tujhyāta viṭhala viṭhala viṭhala**
**māzhāta viṭhala viṭhala viṭhala**

Vithala est en vous et en moi

# TUMBIKKAIYYĀN TUṆAIYIRUPPĀN (TAMOUL)

**tumbikkaiyān tuṇaiyiruppān**
**tuyartanai pōkki vaḷam taruvān**
**nambikkaiyōḍu tutippōrkkē**
**nāḷum avanē nalam taruvān**

Vinayaka, le Dieu au visage d'éléphant, me protège toujours.
Il détruit le chagin et accorde tout ce qui est propice.
Il bénit ceux qui prient avec foi.

**vēda poruḷāy viḷaṅkiṭuvān**
**vettrikaḷ anaittum kuvittiṭuvān**
**nāda rūpa vināyakanē**
**nammai enṭrum kāttiṭuvān**

Il est la Source des Védas, la cause de toutes les victoires.
O Vinayaka, Incarnation du son primordial,
protège-nous éternellement !

**ārumukhanin sōdaranē**
**akhilam kākkum pūraṇanē**
**kūrum aṭiyār vinai tīrppān**
**kuñjara mukhattān gaṇanāthan**

Frère du Seigneur Muruga aux six têtes, Protecteur de l'univers !
Tu effaces les mauvaises actions de Tes dévots,
Tu es le chef de tous les dieux.

**piravi peruṅkaṭal nīṅkiṭavē**
**pemmān mandiram ōdiṭavē**
**araṅkaḷ sirandu vaḷarndiṭavē**
**ambikai bālan aruḷ taruvān**

La justice partout triomphe, nous franchissons l'océan de la naissance et de la mort, la bénédiction du Fils de Parvati est sur nous !

**pārvati maindā pāpa vimōchakā kāttiṭuvāy dēvā**

O Seigneur, Fils de Parvati, Toi qui détruis le péché, daigne nous protéger !

# TUNPANKAḶE (TAMOUL)

**tunpankaḷe vāzhvil ellai entrālum**
**unpadam piṭikkinḍra varamontru tā**
**kaṣṭankaḷ unniṭam serkkumentrāl tāye**
**kaṣṭatilum nī dhairyam tā**

Même si je dois avoir des ennuis jusqu'à la fin de ma vie,
s'il Te plaît, fais que je reste à jamais prosterné à Tes pieds.
Si c'est seulement en traversant la souffrance que je peux me fondre en Toi, alors donne-moi le courage de l'affronter.

**kaṇkaḷum kulamāgum**
**atiloru sukham vaittāy**
**ovvoru muttilum tirumukham kāṭṭi**
**anpuṭan enai pārttāy**
**padam maṭṭum teḷiyavillai - ēnō**
**kal manam kaniyavillai**

Mes yeux débordent de larmes, et cela même est douceur !
Ton regard tendre voit chacune de mes larmes.
Pourquoi ne puis-je voir clairement Tes pieds ?
Pourquoi Ton cœur de pierre ne fond-il pas ?

**kanavinile untan**
**arukinil kaḷikkintren**
**tiruvaṭi padinta mannil puraṇḍu**
**azhutiṭa ēnkukiren**
**āvi pirintiṭumō - enne**
**arave marantat ēn**

Dans mes rêves je m'approche de Toi et je suis heureux.
Le sable béni par le contact de Tes pieds, je voudrais
m'y rouler en pleurant. Mon âme quittera-t-elle le corps
avant d'avoir connu cela ? Pourquoi m'as-Tu complètement oublié ?

# ULAGANKAḶ YĀVUM (TAMOUL)

**ulagankaḷ yāvum nalamāga irukkaṭṭum**
**uyirinam yāvum vaḷamāga vāzhaṭṭum**
**kalahankaḷ nīnkiyē ottrumai ōnkaṭṭum**
**kaliyugam sattiya yugamāga māraṭṭum**

Puissent tous les mondes trouver le bonheur. Puissent tous les êtres connaître le contentement. Puissent les luttes disparaître et laisser place à l'harmonie.

Puisse ce Kali yuga (âge de l'iniquité) se transformer ainsi en Satya yuga (âge de la droiture).

**lokah samasta sukhino bhavantu**

Puissent tous les êtres de tous les mondes connaître le bonheur.

**vānam mum māriyē mazhaiyinai peyyaṭṭum**
**vaiyyagam āṭaiyāy pasumaiyai aṇiyaṭṭum**
**kanivōṭu tiraikaṭal nanmaiyē puriyaṭṭum**
**kaliyugam sattiya yugamāga māraṭṭum**

Puissent les cieux nous donner la pluie au moment opportun. Puisse la flore proliférer sur terre. Puissent les océans nous protéger avec compassion. Puisse ce Kali Yuga se transformer en Satya yuga.

**māndarum aravazhi kaṭamaikaḷ puriyaṭṭum**
**matiyoṭu idayamum kaikōrttu naṭakkaṭṭum**
**kāvalāy annaiyām kāḷiyē nirkkaṭṭum**
**kaliyugam sattiya yugamāga māraṭṭum**

Puisse l'humanité suivre le *dharma*. Puissent notre cœur et notre intellect agir de concert. Puisse Mère Kali, notre protectrice, veiller sur tout.
Puisse ce Kali Yuga se transformer en Satya Yuga.

**lokah samasta sukhino bhavantu**

Puissent tous les êtres de tous les mondes connaître le bonheur.

# UL URAIKINṬRA (TAMOUL)

**Ul uraikinṭra porul enṭrum azhikiṭratillai**
**avan anṭri oru aṇuvum asaikinṭratillai**
**ullukul atusirittāl nammil varum māttam**
**jīvātman tānnazhutāl gatiyil varum ētram**

Le Principe qui demeure en nous ne périt jamais.
Pas un atome ne peut se mouvoir sans le Principe suprême.
Quand Il nous accordera Sa bénédiction,
une transformation intérieure se produira.
L'âme qui pleure pour être libérée trouve le salut.

**Aṭaiyāta peruvāzhva vāzhantum payanillai**
**tun bankal illāmal peruvāzhavum ilai**
**tuṇai śērum porul yāvum nilaiyānatilai**
**nilaiyilai enṭrālum utavāmalilai**

Ni le succès ni les honneurs ne nous permettent d'échapper à la souffrance.
Aucun des objets qui nous entourent n'est permanent.
Leur usage n'est que temporaire.

**Ulkankal yāvum kanavenṭra solvar**
**kanavenṭra sonnālum kāṇāmal ilai**
**irukinṭra pōt nammai parikinṭra māyam**
**tanaiviṭṭa silar tannai tēṭāmalilai**

Tous les mondes qui existent ont la nature du rêve, disent les Ecritures.
Telle est sans doute la vérité, pourtant nous les croyons réels.
Maya nous attrape dans ses filets.
Rares sont ceux qui cherchent la Vérité éternelle.

**Kāmattin koṭuvāzhva tira vāmalilai**
**tirantālum aṭayka vazhī illāmalilai**
**kuttankal palaseyta tiruntiviṭṭā oruvan**
**īśvaranin padamatanai aṭayāmalilai**

Le désir insuffle la passion dans tous les cœurs.
Il existe malgré tout une issue. Même celui qui
a commis de nombreux péchés peut se repentir
et atteindre les pieds du Seigneur.

**Anainattilum vilankum param porulē nī ezhuka**
**iruntum illātirukum uravē nī varuka**
**vēṇṭāta vinaiyanaittum ennai viṭṭa vilaka**
**avan kamalamalar tāl paṇiya guruvarulai taruka**
**sadguru varulai taruka**

O Principe suprême qui demeure en tous les êtres, bien que Tu existes, Tu sembles inexistant. Eveille-Toi ! Pour transcender mes péchés et mon destin, pour atteindre Ses pieds de lotus, puissé-je obtenir la grâce du *satguru*. Puisse Sa grâce se répandre sur moi.

# UNDAN NĀMAM PĀḌI PĀḌI PĀḌI VARUVEN (TAMOUL)

**undan nāmam pāḍi pāḍi pāḍi varuven**
**undan rūpam kanḍu kanḍu kanḍu makizhven**
**ammā... ammā... ammā...**

Je viens chanter Ta gloire et en contemplant Ta forme, j'entre en extase. O Mère, O Mère, O Mère.

**unnara ke nāṭiyye ōṭi ōṭiye varuven**
**unnoṭu onṭrāy āṭave virunbuven**
**ennuḍan nī pāṭi āḍuvāy... amma...**

J'accours près de Toi, je voudrais danser avec Toi. O Mère, daigne danser et chanter avec moi !

**un iniya nāmankal / manatil niraintu niraintu**
**un iniya gānattāl sevikalum kulirndu**
**ennuḍan ni vilaiyāḍuvāy... ammā...**

Tes noms si doux comblent mon cœur et Ta voix mélodieuse charme mes oreilles. Je T'en prie, O Mère, viens jouer avec moi !

**unnai ninaindu ninaindu kan nanaindu**
**nanaindu tuti pāṭuven**
**unnaṭiyin on uṭay innainḍiṭa pirunbuven**
**ennal enuṭum nī niraindiṭuvāy ... ammā...**

Je verse des larmes en pensant à Toi et en chantant Ta gloire. J'aspire intensément à m'unir à Tes pieds. Daigne m'accorder la plénitude et demeurer toujours en mon cœur. O Mère…

**en jīva jotiyum bivya oliyum nīyānāy**
**pon polivu tūvum avvilakkum nānāven**
**pozhindiṭuvāy un arulai ... ammā...**

Tu es la lumière divine de ma vie. Je ne suis que la lampe qui lui permet de briller, je ne suis qu'un instrument. O Mère, répands sur moi Ta grâce.

# UNMATTA PAÑCAKAM (TAMOUL)

**unmatta pañcakam pāṭiṭuvēnō**
**janmattin payan tanai tēṭiṭuvēnō**
**eṇpattum oru viradam irundiṭuvēnō**
**kaṇpotti kaḷikkum kaṇṇā nī solvāy**

Chanterai-je cinq hymnes écrits en extase divine ? Vais-je atteindre le but de la vie humaine ? O Toi qui joues à cache-cache, dis-le moi !

**solvatellām seyvatuṇḍō**
**seyvatellām solvatuṇḍō**
**uyyum vazhi ētum uṇḍō**
**un pādam tozhuvatanṭrō**
**tozhuvatonṭrē vazhiyākum**
**azhuvatu tān abhiṣēkam - atu**
**kazhuvum pāvamellām - atil**
**karayum vinaikal ellām**

Nos actes sont-ils en accord avec nos paroles ?
Disons-nous tout ce que nous faisons ?
Existe-t-il un moyen de me transformer ?
Tes pieds de lotus sont la seule voie ;
le seul moyen de changer, c'est de Te vénérer.
Mes larmes sont le rituel accompli en offrande ;
elles effaceront tous mes péchés.
Dans cette adoration, mon karma sera dissout.

**vinai tīrndāl ānandam**
**sollāmal akattil varum**
**akattil uḷḷa ānandam - enṭrum**
**azhiyā pēttrai tarum**
**pēratanai nān peravē**
**perumai migum padam paṇindēn**
**pērinbam nilai peravē**
**piḷḷai unai caraṇ pukundēn**

Quand toutes mes fautes seront réparées, la paix règnera en moi.
Cette béatitude seule donne l'immortalité.
Afin d'atteindre cet état, je vénère Tes pieds de lotus
et je prends refuge en Toi.

# VANAMĀLI KAṆṆĀ (MALAYALAM)

**vanamāli kaṇṇā nin māṟilē mālayil**
**oru tuḷasi daḷamāyenkil ñān**
**nin kazal patiyunna bhūmiyiloru - cheṟu**
**maṇtari enkilumāyenkil**
**maṇtari enkilumāyenkil**

Vanamali[2] Kanna, je voudrais être la guirlande de tulasi sur Ta poitrine,
ou bien un grain de sable sur la terre, au contact de Tes pieds.

**kaṇṇande rūpam smarikkunna mātrayil**
**kaṇṇunīr ozhukunna mizhiyāyiṭām**
**nī kavarnnuṇṇunna tair veṇṇayāyiṭām**
**nin kālkkalarcchikkum pūvāyiṭām**

Je voudrais être l'œil qui verse des larmes au seul souvenir de la forme de Kanna. Je voudrais être le *ghee* (beurre clarifié) que Tu manges, la fleur offerte à Tes pieds.

**nin muṭichūṭum mayilpīliyiloru**
**varṇṇamāyenkilum chērniṭām ñān**
**kaṇṇā nī ūti uṇarttunna kuzhalil**
**nallimbamēṛunnoru gānamākām.**

Laisse-moi au moins me fondre dans une des couleurs de la plume de paon que Tu portes dans les cheveux. O Krishna, je deviendrai un chant mélodieux, jaillissant de la flûte.

**entākilum kaṇṇā ninnilēkkaṇayuvān**
**vembal koḷḷunnoru manamēkiṭu**
**veṛude janicchu marikkāte nin nāma**
**tīrthattāl pāvana janmamākkū**

Quoi qu'il arrive, Kanna donne-moi un cœur qui aspire à se fondre en Toi. Daigne me purifier avec les eaux saintes de Ton amour ; j'échapperai alors au cycle des naissances et des morts.

[2] Krishna paré d'une guirlande de fleurs sauvages.

# VANDAN GAURĪ (HINDI)

**vandan gaurīnandanā – tujhē vandan sukhamandira**
**sankaṭ sab harttā tērā cintan gaṇanāyaka**

Nous Te saluons, O Fils de Gauri !
Tu donnes le bonheur, Tu chasses les souffrances
de ceux qui méditent sur Toi !

**jay manōjñavigrahā jay trilōkapālakā**
**jay munīndravanditā jay mahēśanandana**

Gloire au Seigneur à la forme magnifique.
Gloire au Seigneur des trois mondes.
Gloire à Celui que les sages vénèrent
Gloire au Fils de Mahesha !

**mangal sab dētā hē tū sang tērē ham calē**
**ānand hē rūp tērā andar ā basē... tū ā base**

Tu répands la prospérité, nous avançons sous Ta protection.
Puisse Ta forme pleine de béatitude briller dans le sanctuaire de notre cœur !

**jay manōjñavigrahā jay trilōkapālakā**
**jay munīndravanditā jay mahēśanandana**

Gloire au Seigneur à la forme magnifique.
Gloire au Seigneur des trois mondes.
Gloire à Celui que les sages vénèrent
Gloire au Fils de Mahesha !

**bālak ham tērē pās āyē hē karanā kṛpā**
**saṇcit santāp sabhī āj dūr karē... tū dūr karē**

Nous sommes Tes petits enfants, nous venons à Toi,
daigne nous protéger !
Daigne balayer nos soucis et nos chagrins !

**jay manōjñavigrahā jay trilōkapālakā**
**jay munīndravanditā jay mahēśanandana**

Gloire au Seigneur à la forme magnifique.
Gloire au Seigneur des trois mondes.
Gloire à Celui que les sages vénèrent
Gloire au Fils de Mahesha !

# VARUGĀ VARUGĀ (TAMOUL)

**varugā varugā ammā varugā varugā**

Viens ! Viens ! Mère viens ! Viens !

**enkaḷ unmai selvam nī ammā varuga varuga**
**kaṇṇukkeṭṭātu dūrattil nī sentrālum**
**nittam nittam enkaḷ cittattil**
**undan ninaivukaḷ**

Tu es notre vraie richesse, Amma, viens ! Viens ! Même quand Tu voyages, loin de notre vue, nous ne pensons qu'à Toi.

**ettanai mananaḳaḷ evaḷavu yēkkankaḷ**
**vimmi azhum idayangaḷ yērāḷam**
**kāṇa tuṭikkum enkaḷ kaṇgaḷakku**
**muzhu nilavāy vārum ammā vārum**

O Mère, pourquoi n'es-Tu pas venue ?
Combien de cœurs se languissent de Toi en pleurant !
Nos yeux frémissent dans l'attente de Te voir !
Daigne Te révéler à nous, Toi qui brilles comme le clair de lune !

**koñcamum mārādu un punnagai mukham**
**koñcamum vāṭātu un malligai guṇam**
**pārkku pārkku paravaśam aḷikkum**
**anpin vaṭivamē varuga varuga**

Ton visage est toujours souriant. Tes manières
ont le parfum délicat du jasmin, qui jamais ne s'évanouit.
O Mère, Incarnation de l'amour, Ta présence est joie, viens, viens !

# VEDANA KOṆḌORU (MALAYALAM)

**vedana koṇḍoru muḷamkuzhal tīrttu**
**kaṇṇīru koṇḍoru yamunayozhukki**
**ōrmmatankanalukaḷ neṇcōṭu certtitā**
**kāttirikkūnnī puzhayuṭe tīrattu**

Avec ma douleur, j'ai créé une flûte en bambou
et mes larmes ont formé une rivière. J'ai attendu sur les rives
de cette Yamuna, les braises de la souffrance au cœur.

**ninakkāy karutiya mayilpīlitaṇḍukaḷ**
**niramvārnna manasil ozhiññiruppū**
**ninakkāy karutiya duritattinnavilitā**
**citalarichen meni vālmīkamāvunnu**

Les plumes de paon que j'avais gardées pour Toi dans mon cœur
pâlissent. Le riz soufflé est devenu un monticule de douleur
suppurant,
et me voilà semblable à Valmiki, entouré d'une fourmilière
pendant qu'il se livrait à des austérités.

**varikilleyennālum kaṇṇā ninnormmayil**
**kazhiyunnu dvārakayil - ennum**
**manasinde dvārakayil**

O Kanna, quand viendras-Tu ?
Je ne pense qu'à Toi ! Je suis à Dwaraka
le Dwaraka de mon mental !

**ninakkāy karutiya arayālinnilakaḷum**
**azhalin venalil kariññuṇaṅīḍunnu**
**ninakkāy karutiya kunnikkuruvukaḷ**
**vīṇḍum taḷirttu niṇamazha tūvunnu**

Les feuilles de bananier que j'avais préparées
se sont fanées, brûlées dans la canicule de la souffrance.
Les graines rouges de *kunni* que j'avais gardées pour Toi
germent, comme s'il jaillissait d'elles un filet de sang.

**varikillayennālum kaṇṇā ninnormmayil**
**kōḍijanmam taraṇe ariyān**
**kōḍijanmam taraṇe ariyān**

Même si Tu ne viens pas, Kanna, accorde-moi
cent vies passées à ne penser qu'à Toi,
à ne chercher que Toi ! Accorde-moi mille vies
afin que je puisse Te connaître.

# VEṆṆILĀ VADANAM (TAMOUL)

**veṇṇilā vadanam veṇṇira āṭaiyil**
**uditta uraintatai en solvēn**

Comment décrirai-je ma Mère ? Son visage a la beauté du clair de lune,
Elle est vêtue de blanc.

**akhilam viyakkum anpukoṇḍu**
**avataritta poruḷ en solvēn**
**kāṇpavar neñcattai kavarntē izhukkum**
**kāntavizhiyai en solvēn**

Comment décrirai-je cette Incarnation de l'amour,
devant qui tout l'univers s'émerveille ?
Comment décrire ces yeux, ces aimants qui fascinent les dévots ?

**nāṭutōrum nāṭichenṭra nanmai**
**purinta nayattai en solvēn**
**bhuvanam ariyā kurumbu punmuruval**
**pūtta putumai en solvēn**

Comment décrire cette bonté qui voyage dans tous les mondes ? Ce sourire espiègle que le monde ne peut pas vraiment comprendre ?

**mūkkuttiyil minukkum minnal**
**oḷiyin vanmaiyin vakaiyariyēn**
**dinamum tiruvizhākāṇum dēvimun**
**tikaikkacheyta tiramariyēn**

L'éclat splendide de Ton anneau de nez m'éblouit. Je reste pétrifié devant cette Déesse, dont la présence fait de la vie une fête.

**ammā inkē vā vā vā āṇḍaruḷ purintiṭa vā vā vā**

Mère ! Viens, viens, viens ici. Bénis-moi ! Bénis-moi ! Bénis-moi !

# VETTRIVĒL (TAMOUL)

**vettrivēl! vīravēl! śaktivēl! jñānavēl!**

Gloire à Toi Seigneur Muruga,
le Valeureux, l'Omniscient et l'Omnipotent !

**aṭipaṇiyum aṭiyavarkku vettritarum vettrivēl**
**aṭuttuvarum tuyarkaḷaiya vīram tarum vīravēl**
**akhilattkkē sēvai seyya śaktitarum śaktitarum**
**anaittuyirum tannuyirāy kāṇavaikkum jñānavēl**

Tu accordes la victoire à ceux qui cherchent refuge en Toi. Tu insuffles du courage à ceux qui doivent affronter les tribulations de la vie. Tu donnes de la force à ceux souhaitent servir le monde. Tu nous enseignes à voir l'Un en tous.

**veḷḷivēl! tankavēl! muttuvēl! vairavēl!**

O gloire à Toi, dieu armé de la lance d'argent, d'or, de perle et de diamant !

**veḷḷaiyuḷḷam koṇḍavarkku nallatuṇai veḷḷivēl**
**vēdanaikaḷ varumbozhutu tānkinirkkum tankavēl**
**munvinaiyai muzhuvadumāy azhittiṭumē muttuvēl**
**varuvinaiyai pōkki nalla vazhi seyyumē vairavēl**

Tu es le refuge éternel des cœurs purs, le soutien de ceux qui souffrent. Tu annules le *karma* contracté dans le passé,
Tu nous guides sur le bon chemin.

**kandavēl! kumaravēl! azhagvēl! murugavēl!**

O Skanda (autre nom du dieu Muruga), Kumara (jeune),
Azhaga (beau), Muruga, gloire à Toi !

**kaṇkaḷtannai kalvi tandu tirandvaikkum kandavēl**
**karpagampōl selvam tandu kāttu nirkkum kumaravēl**
**muyarchiyonṭrē azhagu enṭru uṇarttiṭumē azhagu vēl**
**muyarchiyellām tiruvinaiyāy ākkiṭumē murugavēl**

Tu nous accordes la sagesse : alors le troisième œil,
celui de la connaissance, s'ouvre en nous.
Tu nous donnes tout ce qui est favorable,
Tu nous protèges comme le fait l'arbre *kalpaka*.
Tu nous aides à apprécier la valeur de l'effort,
que Tu couronnes par Ta grâce divine.

**vettrivēl - vēl vēl**
**vīravēl - vēl vēl**
**śaktivēl - vēl vēl**
**jñānavēl - vēl vēl**
**vettrivēl! vīravēl! śaktivēl! jñānavēl!**
**vettrivēl! vīravēl! śaktivēl! jñānavēl!**

# VILVATTĀL ARCHITTŌM (TAMOUL)

**vilvattāl archittōm**
**viśvēśā kāttiṭuvāy**
**allal tarum tuyar nīṅka**
**amṛtēśā kāttiṭuvāy**

Nous effectuons le rituel d'adoration avec la fleur *vilvam,*
O Seigneur de l'univers, protège-nous ! Délivre-nous de la souffrance, O Amritesha, daigne nous protéger !

**vāzhvennum piṇi tīrttu**
**vaiddīśā kāttiṭuvāy**
**vāzhvāṅku vāzhavaittu**
**vaiyyakattai kāttiṭuvāy**

O Vaidisa, daigne nous libérer de la souffrance et nous protèger.
Rends cette vie humaine heureuse et paisible,
accorde-nous toujours Ta protection en ce monde.

**śivanai nān vaṇaṅkukirēn**
**śivappadattai tandiṭuvāy**
**araṇ unnai vaṇaṅkukirēn**
**anbu neñjai kāttiṭuvāy**

O Seigneur Shiva, je me prosterne devant Toi, accorde-moi l'état de béatitude éternelle. Ce dévot se prosterne devant Toi ; daigne Te montrer compatissant !

**śiva śiva śaṅkara gauri manōhara**
**charaṇam śaraṇam sarvēśā**
**śiva śiva śaṅkara gauri manōhara**
**charaṇam śaraṇam sarvēśā**
**śiva śiva śaṅkara gauri manōhara**
**śiva śiva śaṅkara gauri manōhara**

O Shiva, Shankara, Toi que Gauri (Parvati) vénère.
Seigneur de tous les êtres, je prends refuge à Tes pieds.
*(Note: Vaiddisha, Amritesha, Shankara sont quelques uns des nombreux noms de Shiva)*

# VIMMUM KURAL (TAMOUL)

**vimmum kural kēṭṭilayō?**
**vizhinīrai pārttillayō?**
**vimbum neñjai arindillayō?**
**vēdanai tān purintillayō?**

N'entends-Tu pas mes pleurs ?
Ne vois-Tu pas mes yeux pleins de larmes ?
Ne sens-Tu pas à quel point mon cœur brûle ?
Ne sens-Tu pas ma douleur ?

**kanḍrin kural kēṭṭa pinpum**
**kanintiranga pasuvum uṇḍō?**
**onḍriviḍa tuṭikkum ennai**
**odukki vaittāl muraitānō**
**varuvāy varuvāy ena eṇṇi nān**
**engi nirkka kaṇḍa pōdum**
**pāramukham enammā?**

Le cœur d'une vache fond
Quand son petit veau pleure.
Alors que j'aspire à me fondre en Toi,
est-il juste de me faire languir, loin de Toi ?
J'attends Ta venue de tout mon être et pourtant,
Mère, Tu ne m'as pas regardé.

**viḷayāḍa poruḷ tandāy**
**viḷayāṭṭil mūzhkiviṭṭēn**
**arul pasiyai alittiduvāy**
**arul amudai parikiduvēn**
**kuraivellām nirayum**
**kuyilotta un vākkāl**
**varuvatellām nalamākum**
**vañji untan kaṇ nōkkāl**

Tu m'as donné des jouets pour que je plonge dans ces distractions.
Je T'en prie, fais-moi languir de Ta grâce ! Je boirai le nectar de Ta grâce.
Tous mes défauts s'évanouiront au son de Tes paroles douces et mélodieuses.
Quand Tu me regarderas, tout ce qui arrivera sera pour mon bien.

# VINĀYAKANE VINAY TĪRTARULVĀY (TAMOUL)

**vināyakane vinay tīrtarulvāy**
**vaḷangal peruka vāzhkai shezhikka**

Daigne écarter les obstacles qui me barrent la route
afin que ma vie puisse s'épanouir et que la fortune me sourie.

**om enum mandira**
**vaḍivam tāngi vandāy**
**odum maraikalil**
**uṭporulāki ninḍrai**

Ta forme même indique le mantra Om et son message
Tu es l'Essence des quatre Védas.

**malaimakal maindane malaraḍi nāḍukirōm**
**aḍiyavar manadinil nimmadi nilaittiḍa**

O Fils de Parashakti, je viens à Tes pieds de lotus.
Accorde la paix à cet esclave qui T'appartient.

**vēzha mukham kaṇḍāl vēdanai tīrndiḍumē**
**vēṇḍum varangalum vēṇḍāmal kiḍaitiḍume**

Lorsque nous contemplons Ta forme à la tête d'éléphant,
Tous nos chagrins s'envolent.
Sans même que nous le demandions,
Tu nous donnes tout ce dont nous avons besoin.

**ulakattin nāyakane uvappuḍan pōṭrukirom**
**punnakai mukhattoḍu puvitannai kāttḍa**

O Souverain du monde, nous Te glorifions.
Ton visage est souriant
Tu sauveras l'univers !

# VIRAHATTIN NOMBARAM (MALAYALAM)

**virahattin nombaram uḷḷilotukki ñān**
**vijanamām dēśam tiraññiṭunnu**
**māyatan vīthiyil vazhitetti alayunnu**
**māyā mahēśvari nī nayikku**

Gardant mon chagrin pour moi, je cherche un lieu solitaire.
J'erre, perdu, dans les rues de *maya* (l'illusion).
Déesse de maya, daigne dans Ta bonté me montrer le chemin !

**etranāḷ vēṇḍiṭumammē ivanini**
**tṛppādadāsanāyi tīrnniṭuvān**
**nin kṛpā pīyūṣam āsvadippānammē**
**nin kaṭākṣam ennil patiyēṇamē**

Combien de jours me faudra-t-il pour devenir
un serviteur à Tes pieds ? Mère, que Ton regard
se pose sur moi, afin que je reçoive
le nectar de Ta compassion.

**śuddha hṛttil vilasunnōrammē – martya**
**buddhiykkatītamē divya līla**
**eṅgō maraññu nī rasichiṭunnō - ammē**
**māyayām kēḷi tuṭarnnīṭumō?**

O Mère, Tu brilles dans les cœurs purs.
L'intellect ne peut appréhender Ton jeu divin.
Te caches-Tu quelque part pour T'amuser
sans fin au jeu de *maya* ?

**rāgādi dōṣam akannīṭuvānennum**
**hṛttil vasikkumō jagadambikē**
**nityam bhajikkunnu śraddhayōṭēre ñān**
**kāruṇyamekū nin paitalinnu**

Viendras-Tu demeurer en mon cœur
et effacer les impuretés telles que l'attachement ?
Je Te vénère chaque jour avec foi et dévotion.
Daigne répandre Ta compassion sur Ton enfant !

# VIRAYARNNARAYĀLTTAḶIRUKAL (MALAYĀLAM)

**virayarnnarayālttaḷirukal kātta**
**taṭarāṛāyatu pōle**
**nirmmala hṛdayamulachurasikkumi –**
**tētoru vātā vēśam?**

Quelle brise est-ce là, qui se plaît à agiter nos cœurs purs ?
Les voilà qui frémissent, comme de jeunes feuilles de banyan sous l'effet du vent !

**taruṇaruna kiraṇāvalikanṭāl**
**ariyām udayam varavāyi**
**yamunayilōḷam taraḷitamāyāl**
**ariyām murahari varavāyi !**

Les premiers rais de lumière rougeâtre annoncent l'aube ;
les vagues qui ondulent à la surface de la Yamuna présagent la venue de Krishna !

**vanataru pallava vallari kāttil**
**naṭanacch uvaṭukaḷāṭi rasikke**
**pozhiyum mazhapōl pūntēn kaṇikakal**
**pularikkatiroḷi ēttu tilangiḷ**

Les tendres feuilles des arbres dansent au vent;
jaillissant de la lueur des fleurs dans les rayons de l'aube,
des gouttes de nectar tombent comme une douce pluie.

**mādhava mohana muralīravamen**
**karaḷil kuḷirala pākunnu**
**ariyātātma hṛdantam sarabhasam**
**ozhuku, nnonnāyallyunnuŚ!**

Le son enchanteur de la flûte de Krishna apaise mon cœur.
A mon insu, mon cœur coule et va se dissoudre dans cette béatitude.

# VIZHITT IṬUVĀY MANAME (TAMOUL)

**vizhittiṭuvāy maname nam mannanai**
**anta māya kaṇṇanai saraṇpukuvāy**
**mukkuṇamum unnai pinni piṇaikkum munne**
**vizhittiṭuvāy itenna perurakkam**

O mon mental, éveille-toi ! Soumets-toi au Roi,
à l'espiègle Kanna qui captive tous les cœurs.
Avant que les trois attributs ne t'enchaînent,
éveille-toi, O mon mental, de ton profond sommeil.

**saṇcita karma mūṭṭaiyai avizhttu**
**sakalamum samamāy samaittu koḍuttiḍum**
**kālattin kōlattil kaṭṭi karittiḍum**
**kāmamum mōhamum kavarntizhukkum munne -**
**vizhittiṭuvāy itenna perurakkam**

Ouvre le baluchon des *karmas* passés. Dans la création divine,
les différences n'existent pas. Avant d'être hypnotisé par la luxure
et le désir, avant d'être emporté par le temps
O mon mental, éveille-toi !

**viruppu veruppu ena bhēdamkoṇḍu**
**onpatu vazhiyil alaintu tirintiṭum**
**porikaḷ aintilum pukaliṭam koṭutte**
**vātamum rōgamum vantu māyttiṭu munne -**
**vizhittiṭuvāy itenna perurakkam**

Ballotté entre l'attraction et la répulsion, tu erres
sur les neuf chemins (*les neuf ouvertures du corps*)
O mon mental, avant d'être frappé par la maladie
de l'excès des plaisirs sensuels, éveille-toi !

**kālanai tan tōzhanāy koṇḍu**
**pirappirappu ena pēṇi vaḷarttiṭum**
**māya ulakil mayanka seyte**
**tunpattai inpamāy tēḍi kōḍukkum munne -**
**vizhittiṭuvāy itenna perurakkam**

O mon mental, éveille-toi ! Ne te lie pas d'amitié
avec le dieu Yama ; au moyen des cinq sens,
il te prendra au piège du cycle des naissances et des morts.

# VRAJ MĒ ĀYĀ BASANT (HINDI)

**vraj mē āyā basant**
**par radhā kō barsāt**
**bhīga hē uskā dāman**
**āsu bahē dinrāt**

Le printemps est arrivé à Vraj mais pour Radha, c'est encore la mousson.
La douleur de la séparation provoque dans son cœur une pluie de larmes qui jour et nuit inonde sa poitrine.

**jab mēlē mē thē ramē**
**vraj kē sārē vasī**
**mathurā kī ōr dēkhē**
**baithī thī pyārī rādhā**

Tous les habitants du Vraj célèbrent la venue du printemps.
Seule Radha regarde fixement en direction de Mathura et attend Sri Krishna.

**sunnē kō vō atur**
**murali kannaiyyā kī**
**sunī usnē nahī**
**gīt vō mēlē kī**

Elle désire si intensément entendre le son de la flûte de Krishna que la musique de la fête n'a aucun charme pour elle.

**'kyun na ayī rādhā'**
**sakhiyā kehnē lagi**
**ayēngē jab kānā**
**tab hē basant mērā**

Tous ses amis s'étonnent : « Pourquoi Radha ne vient-elle pas ? » Radha déclare : « Le printemps ne viendra pour moi que quand Krishna reviendra. »

# WE ARE ALL BEADS (ANGLAIS)

**We are all beads**
**Strung on the same thread**
**Each one is different**
**Yet all are the same.**

Nous sommes tous des perles
Sur le même fil
Nous sommes tous différents
Bien que nous soyons tous les mêmes.

**Love is the thread**
**That joins us together**
**Love is the Essence of**
**God in us all.**

L'amour est un collier
Qui nous unit tous ensemble
L'amour est l'Essence de
Dieu en nous tous.

**Give your smile to someone lonely**
**See it light their face.**
**In the heart of deepest sorrow**
**God will shine His grace.**

Offrez votre sourire à ceux qui sont seuls.
Voyant cela, leurs visages s'illuminent
Au cœur du chagrin le plus profond
Dieu diffusera sa Grâce.

**Hold the hand of someone crying**
**Shy not from your fear.**
**Share the burdens of their heart**
**Let them know you hear...**

Prenez la main de ceux qui pleurent
Ne te dérobe pas par peur.
Partagez le fardeau de leurs cœurs.
Faites leur savoir qu'ils sont entendus...

**Truth can have no country**
**Love has no caste or creed**
**May the world unite as one**
**By serving those in need...**

La vérité ne peut pas être d'un pays
L'amour n'appartient pas à une caste, ou à un système
Puisse le monde être uni comme un seul
En servant ceux qui en ont besoin.

# YĀDUMĀKI NINṬRĀY (TAMOUL)

**yādumāki ninṭrāy - kāḷī**
**engum nī niraintāy**
**tīt nanmaiyellām - kāḷī**
**deyva līlai yanṭrō?**

Kali !Tu es devenue toute chose, Tu demeures en chaque atome!
Le bien et le mal qui prévalent ne sont-ils pas le jeu de Dieu ?
O Kali !

**bhuta maintmānāy - kāḷī**
**porikaḷaintumānāy**
**bōdhamāki ninṭrāy - kāḷī**
**poriyai viṇci ninṭrāy**

Kali, Tu es devenue les cinq éléments, les cinq sens,
puis la conscience individuelle et enfin, Tu as transcendé tout cela.

**kāḷī mahākālī ...**
**inpamāki viṭṭāy - kāḷī**
**ennuḷḷē pukuntāy**
**pinpu ninnaiyallāl - kāḷī**
**piritu nānumuṇḍō?**

O Kali ! Ta douceur m'a dévoré. Ensuite….
O Kali ! Il n'y a que Toi ! Ai-je la moindre existence ?

**anpaḷittu viṭṭāy - kāḷī**
**āṇmai tantu viṭṭāy**
**tunpa nīkkiviṭṭāy - kāḷī**
**tollai pōkki viṭṭāy**

O Kali ! Tu m'as donné l'amour ! Tu m'as donné
la faculté de me maîtriser. O Kali !
Tu as mis fin à mes chagrins et à mes ennuis.

# YAMUNĀ NADI TĪRAM (TAMOUL)

**yamunā nadi tīram kaṇṇan vizhiyōram**
**rādhā anurāgam gōpi vaibhōgam**

Sur les berges de la rivière Yamuna, Krishna observe.
Radha est pleine d'amour, les gopis sont en extase.

**maunam mozhiyākum manamum mayilākum**
**kaṇṇan kārmēgham kāṇa mayilāṭum**
**vizhiyum mozhi sollum vidhiyai atu vellum**
**kaḷiyil manam tuḷḷum kāttrin idam aḷḷum**

Là, le silence parle, le mental devient un paon qui danse
à la vue de Krishna, l'Enfant au teint couleur de nuages.
Les yeux parlent, le mauvais karma est détruit
et une douce brise semble nous caresser.

**vēṇu isai pāṭum vinaikaḷ parantōṭum**
**anbil manam kūṭum amaiti tavazhntāṭum**
**kaṇṇan mukham kāṇa kānti enai īrkkum**
**sarvvamum avanāka śānti nilaiyākum**

En écoutant la musique de la flûte de Krishna, le mauvais karma est effacé, Le mental se fond dans l'amour, une paix sublime règne. Le visage de Krishna m'attire comme un aimant, puis je sens la paix, comme si tout ce qui m'environne était Krishna.

# YOU HAVE COME TO SACRIFICE (ANGLAIS)

**You have come to sacrifice,**
**You are the candle that burns**
**melting down to give us light**
**calling us with all your might.**

Tu es venu pour te sacrifier,
Tu es la bougie qui brille,
Fondant pour nous donner la lumière
Nous appelant autant que tu le peux

**We are just playing around**
**longing for the things that can't last.**
**Even then, you won't throw us out,**
**even when we break your trust.**
**But time is going by, going by right now,**
**still we don't know how to use**
**the candle that burns in front of our eyes.**

Nous sommes en train de jouer alentours
Languissant pour des choses qui ne peuvent durer.
Même alors, tu ne nous repousses pas,
Même quand nous trahissons ta confiance.
Mais le temps passe, passe dès maintenant,
Et nous ne savons toujours pas bénéficier
De cette bougie qui brille sous nos yeux.

**And all the while, time is going, going by right now**
**still we don't know how to reach You,**
**the Queen of our heart.**

Pendant ce temps, le temps s'enfuit, s'enfuit déjà
Et nous ne savons toujours pas T'atteindre
Toi la Reine de notre cœur.

**Only you know to where this will lead,**
**to where we all go, will it be a sad or happy end.**
**But wherever You go, don't leave me behind,**
**please don't leave me behind.**

Toi seule sait où tout ceci nous mènera,
Vers où nous allons, si cela se terminera mal ou bien.
Mais où que tu ailles, ne me laisse derrière Toi,
S'il te plait ne me laisse pas derrière Toi.

# Table des Matières

# Table des Matières des 6 volumes

www.ingramcontent.com/pod-product-compliance
Lightning Source LLC
Chambersburg PA
CBHW051412090426
42737CB00014B/2628
* 9 7 8 1 6 8 0 3 7 6 4 5 6 *